杜保瑞作品集 001

反者道之動

杜保瑞 著

老子曰：「正言若反。」仁義聖知，天下之通義也。
一個「若」字，妙香流溢，老子最喜用此字。
此語言之秘密，杜君此書，皆一一詳明之，大有足觀者也。

再版序

感謝華夏出版公司樂於再版我的《反者道之動》專書，爲此，寫一篇再版序。

《反者道之動》是我撰寫的《老子》文本解讀的專書，書稿完成於我拿到博士學位之後，在我服兵役兩年的期間，首先寫作《莊子》內七篇的註解一書《莊周夢蝶》，完成之後，就想到要來處理我對《老子》書的註解，書中出現了我對中國哲學方法論的許多初步的觀點，尤其是針對本體論問題的討論，藉由老子的道論，提出了「實存性體」與「抽象性徵」兩個概念，一個處理價值意識的本體論，一個處理抽象思辨的存有論，這是我後來建構方法論四方架構的重要基礎，本體論和宇宙論、工夫論、境界論合構爲四方架構，談的是意義、價值、規律等觀念。存有論就單獨抽離出來，作爲四方架構所需使用的範疇性概念之討論之用，就是當作必須使用到的材料性概念，指的是天、道、理、氣、心、性、情、才、欲等等。

這本老子解讀的專書，其實不是我個人註解《老子》的第一本書，也不是最後一本。在五十幾歲的時候，翻箱倒櫃時，突然看到我不知道是碩士還是博士班時期的一本筆記，裡面將《老子》八十一章做了逐章的解釋，其中的文字非常地抽象，似乎總是在套套邏輯地陳述，抽象有餘，實義不足，像分析哲學的文字風格，對於中國哲學的學習頗不相應，由此可見，我自己在研究生時期的學習狀態，是好思辨，卻不深入。直到我自己在博士班時期，不斷地舉辦大型活動，自己眞正運用過了《老子》的「弱者道之用」的處事技巧，所以文思泉湧，自覺完全認識了老子的智慧型態，也因此使用了「反者道之動」這句話做書名，同時因爲我對方法論的思考，所以就有了「抽象性徵」的思路用來討論《老子》的道論。

對老子的理解，在我後來的教學過程中，不斷地運用並且深入，因爲我一直地在各種課程的場合講述先秦著作，四書講過多次，《莊子》、《列子》、《韓非子》、《荀子》等等都是多次講課，深入各家之後，彼此對比就更清楚了，所以在我後來處理的專書《中國哲學的會通與運用》，就由此大開大闔地展現了《老子》智慧，在中國各家學派中的核心關鍵地位。我說《老子》是做大官的哲學，不是君王而是大臣的思路，老子是最大的儒家，老子是儒家的聖賢，《老子》是入世的哲學，老子是與孔子哲學完全配合的哲學，莊子才是和孔子批評對立的出世哲學，同時在我建立的以周易六爻爻位說中國哲學學派的架構中，把老子放在第四爻，整個也就是坤卦的精神智慧，也是周易各卦第四爻的處境。

在《反者道之動》一書之後，最近在廣西出版社出版了一本《不爭：老子的哲學智慧》一書，另外針對我的一次《老子》講課所做的全書文字檔《道德經通解》，這還是講義，尚未正式出版，都是後來講解《老子》的成果。實際上，《道德經》是我在各種場合給社會人士講課次數最多的一部書，差不多一樣多的就是《周易》，把《道德經》放在周易四爻，以及對比坤卦和各家學派的理論定位，《道德經》的意旨就很清晰了。

老子的人生智慧就是「弱者道之用」，地位越高，就越謙虛，才能做成更大的事業。老子的道論，對道的定位，又可以與西方哲學論實體，以及朱熹講理氣論的理做對談認識。老子哲學對中國哲學影響重大，也對我個人中國哲學的研究理解有關鍵的成長價值。

推薦序

張永儁

《反者道之動》一書，是杜保瑞博士這一年來繼《莊周夢蝶》之後，所撰寫的有關道家哲學研究系列的第二部著作。這本書是專論老子思想的。此書業已殺青，近日就要出版了。荷蒙作者惠示全稿，要我在卷首說幾句話，使我深感榮幸。

回顧近二十年來，研究老子哲學的，頗不乏人。尤其是一九七三年冬，湖南馬王堆發現了《帛書老子》之後，對於這些帛書的解讀和注釋，一時激發了海內外學者的很大的興趣，於是老學之研究，又成爲當代之顯學，但多囿於考據訓詁，其成就也祇限於此，較少注意老子哲學自身之研究。故在當代學人中，透過國學深湛的涵養與西方哲學方法論之訓練，能深入老子哲學思想系統中，列舉其基本範疇，剖析其根本概念，探究其語言指涉對象而揭示其思想奧祕的，限於學力與識力，可謂少有其人了。杜君此書，可說是彌補了這個缺憾，一方面精義入微的剖析了《老子》五千言的玄旨，而體味其妙道之義理；一方面順理成章的暢述其微言大義，而明天人之蘊、道德之要。在有無、體用、剛柔、强弱之際，杜君此書，往往透入奧窔抉疑解紛而一語破的。這在閱讀《老子》五千言，或研究老子哲學思想的人來說，頗有開豁明悟之功，這份成就很是難能可貴了。

杜君此書，所以能有這份成就，閱讀全稿之後，我覺得首先歸功於方法論運用的得當。他對於中國哲學偏重於「生命的哲學」與「實踐的哲學」，而普遍面臨思辨性與理論性不足的困境，爲了在嚴格的意義下，爲中國哲學重新奠定其應有的地位，並且能夠正確的瞭解中國哲學，他提出：「以『哲學觀念研究法』建立『方法論哲學』是解決認識困境的根本之途。」（見本書〈緒論〉）而且認爲：「『方法論的建構』是中國哲學再出發，再發展的道路，是說出中國哲學觀念命題之成立的合法性理論建構，其實就是重新建立中國哲學的理論體系之作。」（同上）這個宏願，是十分可愛的，他所謂的「哲學觀念研究法」之運作，概括來說，有以下幾個重要的功能與特點：

一、哲學家在建構其哲學理論時，是藉著一羣觀念的推演活動而展現其哲學思維的體系。因此哲學觀念之理解、詮釋與分析批判，就成爲研究哲學思想的「工作方法」之必要途徑。

二、一個哲學研究者，在詮釋與批判的工作過程中，應隨時檢核其學力、識力，並培養其客觀的瞭解與創造的詮釋之能力，俾以「溫故而知新」、「承先而啓後」。

三、在哲學原典的詮釋過程中，面對繁瑣而深奧的語言與觀念羣，一個學術研究工作者，應恰當的釐整其觀念活動的推演系統與語言之邏輯表述程序，並找出其核心觀念、剖析毫芒以理解之，旁通統貫以推類之，俾以突顯其「代表性思維」，以清晰明瞭的現代語言以顯豁之。

四、「方法」運作時，在「規則」的範圍內，在「觀念對象」的理解程序中，尤應檢別觀念命題的「形式性義理」與「內容性義理」的區分。前者是一般性的抽象觀念，如儒、道、墨三家，皆有其「道」，此「道」是「虛位」；而後者則是實質的理論內容，如儒家是「仁義之道」，道家是「自然之道」，墨家是「天志兼愛之道」，是「定名」（借用韓愈〈原道〉語），此道彼道，各異其趣，「唯有當屬於『內容性觀念命題』，被『形式義觀念命題』」清楚地烘托出現後，我們才算建構了哲學對象的特殊理論型態。」（本書作者〈緒論〉語）另哉斯言！

杜君此書，在〈緒論〉中，把這一套「方法」的理論與實踐，說得十分詳明而精彩，足以顯示杜君現代西方哲學素養的紮實與深厚，這是「新知」部份。至於「舊學」部份，我從他有關王船山易學的博士論文以及《莊周夢蝶》這部書中，已充分領會其功力與才華，在這本《反者道之動》的老學研究中，他雜引多家當代老學著作，與參酌古今十數家《老子》的注疏，對古奧深玄的《老子》五千言，明析細解，深入淺出，不入於「文字障」，而有「義諦妙」，洵爲大不易也。

「舊學」「新知」，相輔爲用，落實到老子哲學思想的研究中，有卓越的成就。杜君此書，設題爲「反者道之動」，藉以觀《老子》有無妙徼的重玄奧旨，猶如宋儒程伊川〈易傳序〉有所謂「體用一源、顯微無間」，易老之理趣，品味相似也。老子曰：「正言若反。」仁義聖知，天下之通義也，老子果必絕棄而玄之乎？是邪？非邪？「道法自然」，「無爲而無不爲」。莊子曰：

「爲是不用而寓諸庸。」既是「不用」，亦何「庸」之有？所謂「振於無竟，故寓諸無竟」。一切皆緣於不得已耳，一個「若」字，妙香流溢，老子最喜用此字。此語言之祕密，杜君此書，皆一一詳明之，大有足觀者也。

此書概分爲兩大部：上卷爲〈老子的哲學觀念〉，是談老子哲學。下卷爲〈老子的篇章義疏〉，是解述《老子》五千言文義。

是好書，故爲之序。俾與讀者共賞之。

序於臺大哲學研究所

西元一九九五年六月六日

目錄

緒論

本書書名定為《反者道之動》，是因為作者認為「反者道之動」這個哲學觀念乃最足以彰顯整個老子思維的特徵，在理解老子的理論型態上，深具意象鮮明的震撼力量，故而標之為名以定宗旨。

本書以建構老子的哲學觀念為主旨

本書是探討老子哲學觀念的研究性著作，書中將表達作者本人對老子哲學的理解觀點，並據以建立一套老子哲學的詮釋系統，以及對老子章句作逐文義疏。而作者以為，本書的特色將在於書中所使用的「工作方法」①，作者企圖為當代中國哲學研究，提出一套「哲學觀念的理解、詮釋與分析、批判」之「工作方法」，以這個「哲學觀念研究法」為中心，將老子的哲學作一番展示，提出作者本人的理解觀點，使它成為一套在當代哲學學術工作環境下，得以被認識、被討論、被檢證的有體系的老子哲學之詮釋觀點。而我們之所以採取這樣的工作方式，以及我們所預設的在理論的詮構上所要面對的問題，都是爲因應當代中國哲學研究的特殊環境使然，而首先，中國哲學的哲學性問題即是第一個難關。

中國哲學的特殊性導致哲學觀念的建構有其困境

本書所要討論的主題是老子的哲學，老子是中國哲人，老子的哲學是中國哲學的範疇，中國哲學的哲學性問題在哲學界是頗受爭議的，一方面中國哲學本身作爲哲學世界一員的身分受到質疑，另方面當代中國哲學研究成果的若干特定觀念更是被爭辯不休，之所以會有這個現象的發生，主要就是因爲中國哲學的哲學活動形式有其特殊性。中國哲學一般被視爲「生命的學問」、「實踐的哲學」②，甚至有不重語言表達的型態，這就使它被認爲不具客觀的眞理性而是主觀觀點的要求；中國哲學作品的表達形式又多爲言簡義賅，時常有只講結論的簡單直述方式的作品，這又使它被認爲不具邏輯推理性、沒有思辨性。面對這些狀況，使得我們在中國哲學的學術研究領域中，對於「中國哲學是什麼？」這個簡單的問題，充滿了處理的困境；也使得學術界對於當代中國哲學工作者的研究成果，得以處處提出批評與反對的意見。這些都是針對中國哲學的哲學性問題所產生的難題，也都是導源於中國哲學的哲學活動本身的特殊性使然③。

以「哲學觀念研究法」建立「方法論哲學」是解決認識困境的根本之途

為面對中國哲學的這種困境，就作者的態度而言，當然是肯定中國哲學的哲學性地位的，但為使中國哲學的研究工作取得哲學學術研究應有的地位，我們應該針對中國哲學的哲學活動進行理解，找出它們哲學命題建立的活動方法，亦即它們的「問題意識」、「思維脈絡」、「觀念推演」及「論點主張」等，並且為這個方法建立其得以成立的合理性理論，這也就是要建立中國哲學的「方法論」④。這是解決問題的最終目標。所以我們說，在本書的詮釋工作中，我們首先面對的問題是要使老子的思想成為一套所謂的「哲學理論」，其次便在於清楚地講出了這套理論內的所有觀點。而要使老子的思想成為所謂的哲學理論需要的是「哲學觀念研究法」，而要清楚地講出了老子的哲學觀念即是要建構他的「方法理論」。「哲學觀念研究法」是把作品當作「哲學的對象」而予以研究的「方法」，「方法理論」是把研究對象的哲學觀點有體系地鋪陳出來的「理論」。

「方法論」本身是一套完整的哲學理論

為一個特定的哲學活動成果建立一套專屬的「方法理論」，這是重構任何哲學體系的根本解決之道。然而一個成功的方法理論本身已經是一套特定的哲學理論了，因為方法理論的工作目標是針對哲學觀念進行成立根據的解說，為哲學領域中的不同學派之哲學觀念說出它們的成立理由，即是為它們建立方法理論，而要尋找成立理由以保證所說為眞，就是對哲學觀念之「預設命題」及該觀念之「思維脈絡」與「所下結論」等解說其合法性根據，而這個工作的完成，本身又必須是在一整套哲學理論體系中才足堪應付的。例如牟宗三先生為儒學理論所作的一系列解說工作，就是在為儒家哲學觀念建立其成立理據，也就是在尋找其理論的合法性基礎，因此也可以說牟先生的整套哲學理論就是中國儒家哲學的方法理論。當然，要建構一套方法理論，則該理論本身必須即是哲學作品的內在思維，是作品本身的運思進程，只不過由研究者以新詮釋體系的身分將之表述出來而已，所以它所呈現的觀念固然被研究者視為原典的內在義涵，但是它在哲學研究的活動發展中的意義，更多的比重是研究者的理論創造，所以它自身也成為了一套完整的哲學理論。

建構特定哲學體系的方法論即是對該體系建立新的表述系統

「方法理論」是有著特定哲學觀點的理論，是為已表述完成的理論體系尋找成立根據的理論，是為一套哲學觀點說出預設基礎的哲學理論，所以它本身是一套完整的理論，是有「問題意識」、「思辨脈絡」、「基本主張」的理論體系。所以，為說明中國哲學作品中哲學觀念的合法性而建構的方法論哲學，本身成為了一套觀念解說的哲學理論體系，其與原作之差別可說是「原典」與「詮釋作品」之差別，但是兩者都是理論。當然，要置身於今日學術世界中作為一套有價値的詮釋作品，它的特色更應爲「能適應當代學術工作之要求與檢別下而作的新的表述架構」。當我們針對一個哲學作品作重新表述時，我們的新型態的表述架構便也是一個哲學作品，只不過新作品需要面對當代哲學作品所要求的建構模式或表述形式而已。這也正是我們在詮釋老子作品時，所將努力達到的目標，亦即爲它建構一個完整的理論體系，以說明老子的哲學觀念之所以成立的理由，亦從而取得分析批判的言說進路，而參予到當代老學的研究陣營中，從而更得以再發展老子的道家哲學觀念。

「哲學觀念研究法」是哲學研究的「工作方法」而非一套「方法論哲學」

本書所使用的「哲學觀念研究法」，是針對哲學原典中的「哲學觀念」進行「理解、詮釋與分析、批判」的方法，它是哲學活動的一種「工作方法」，是建立「方法論」的工作方法，它本身是「方法」而非「方法論哲學」。「方法論的建構」是中國哲學再出發、再發展的道路，是說出中國哲學觀念命題之成立的合法性理論建構，其實就是重新建立中國哲學的理論體系之作。然而「方法論」之可以合理地建構，是有賴於中國哲學觀念的正確理解與詮釋的基礎性工程之完成的，而這個工程的完成本身仍有賴於一個正確的「研究方法」才可，這就是本書所將強調的「哲學觀念研究法」。通常作爲一個哲學理論的研究者，在對作品進行理解活動的過程中會有兩個難題，第一是理解的難題，第二是解說的難題，解說是解說所理解的內涵，因此解說只是一種表述的活動。「哲學觀念研究法」在理解的活動中，要强調的是找出哲學作品中的「哲學觀念」，從而思考「觀念的推演關係」，繼而透過解說的活動將其有體系地表述出來，而在建立其完整的表述體系的過程中，即是在尋找成立理據的方法理論之建構工程。這個工作方式中的核心特點是在於表述活動中的特殊對象，即是「哲學觀念」，但是哲學觀念的獲得，就是一個理解上的難題了，而理解的難題則要靠哲學研究者的理性能力了。

傳統哲學觀念的難以理解才是中國哲學研究的根本難題

我們要對傳統哲學作品建立新的表述體系，這個工作的完成本身必須通過對傳統哲學作品的正確清楚的「理解」，然而如何正確相應地理解中國哲學的哲學觀念，這個問題本身又是哲學工作者的難題，這個難題之難是難在於傳統哲學觀念本身的難於理解性，以及突破此難而能相應契合地理解，這是一個關於理解活動的哲學問題，是解說研究者、學習者從「不理解」到「理解了」的過程，這個過程中有一個理解的跳躍，這個跳躍的哲學活動中有創造的意義在，在「學習者本來不理解後來卻理解了」的這個事實中，學習者在自身的理性能力上達到一種質的躍升的新境界，從而可以使他對於中國哲學傳統古老深奧的哲理有心契相應的領悟，這種理解活動的哲學問題其實等同於教學哲學或學習理論，禪宗講的頓悟之學是這種理解學習活動的一個極端型，然而在中國儒釋道三家哲學觀念中，其實卻也都充滿了這方面的哲學觀點，即便是老子哲學中，我們也可以獲得老子本人對這個問題的討論意見。這個理解的創造性問題本身是一個哲學問題，在中國哲學傳統中，這是一個極受重視的哲學課題，通常會在功夫理論的討論脈絡裡被說明⑤。關於「整個中國哲學傳統中的理解理論」的問題，不是本書的工作目標，所以我們不在此申論。但是關於如何使中國哲學作品在經過理解之後，仍能透過解說的活動而使得哲學作品中的觀點被架構成為一套觀念明晰的哲學理論體系，這卻是本書研究方法的特點所在，亦即是本書所强調的「哲學觀念研究法」的工作目標。

哲學研究的核心對象即是作品中的「觀念」

關於「如何理解」的問題，我們可以說是一個「功夫理論」的問題。但是關於「理解」的「解說」問題，這就是一個「哲學活動的工作方法」的問題，而這個哲學活動的工作方法的中心問題，是在於找出解說活動的「特殊對象」，也就是哲學理解活動中的「理解內涵」。這個關於「理解」是要「理解什麼對象？」的問題，可以說是對哲學活動本身的認識定位的問題。到底是什麼對象需要我們來理解它並且以語言文字來表達這個理解的結果呢？這就是我們一直强調的「哲學觀念」這個對象了⑥。「理解的對象」的問題，是說在哲學作品中我們要理解什麼的問題，這個問題的答案其實很簡單，我們是哲學工作者，因此我們的閱讀理解工作之對象當然就是哲學作品中的「哲學觀念」了，並且，當這個對象作為「哲學的」觀念的時候，我們的理解重點便一定是對準該作品的「觀念主張」以及這個主張的「成立理據」、「推演邏輯」、「衍中效果」等層面之事。這才是我們在哲學工作中要理解的哲學作品之重點。這個重點的掌握其實來源於一個很簡單的道理，這就是關於「哲學是什麼？」的問題。

哲學活動的最終形式義即為一「觀念的活動」

「哲學是什麼？」這在學術界是一個難以取得共識的課題，特別是在中國哲學的研究脈絡之中來探討時，當諸多活動皆被冠予哲學之名時，哲學活動本身的定義便難以規範了。作者在此也不打算提出任何自以為是的獨斷看法，倒是想從「哲學活動」到底是一個什麼樣的活動入手，來討論哲學是什麼的問題。在這裡我們要提出哲學活動的一種最終形式義的根本型態，那就是「觀念表述的推演活動」，不論任何型態的哲學活動，當它需要被表達或詮釋的時候，它有一個「共通的形式義涵」，那就是一個「觀念的活動」在其中進行的，任何的表述與理解的形式皆為一「觀念的進行」的形式，既然哲學必須在活動形式的根本義上是觀念的活動，那麼哲學研究的工作方法也就在根本上是對觀念的研究。試觀歷來的哲學思想家，都是在自身經歷了不論任何型態的生命活動之後，將其所領會的智慧透過觀念的凝塑而以語言或文字予以表現，他們的產品就是我們所接觸的哲學典籍，因此所謂的哲學作品，就是哲學家透過語言文字將領悟的智慧結晶以「觀念的存有」而表述出的作品。這個領悟本身有運思的過程，因此這個被表述出的哲學觀念就有邏輯的結構，因此作爲研究者的我們的哲學研究也就成爲了哲學觀念的理解、詮釋與分析、批判的一種活動，是一個專注於「觀念的邏輯推演之建構工程」的工作方式。這也就是本書的「哲學觀念研究法」的特徵所在，即「哲學觀念之理解、詮釋與分析批判之方法」。

對哲學作品的研究即爲研究其中的哲學觀念

「哲學觀念研究法」是站在研究者身分上對於哲學原典作品的研究方法，當代的哲學工作者，除非是要進行自己的創造性的哲學活動，否則只要是對於前人的哲學作品進行研究的話，他的研究對象其實已化約爲作品中書寫文字本身的「觀念」而已，無論這些觀念被定位在哲學理論世界中的什麼樣的位階上。作爲研究傳統哲學作品的哲學工作者，這個研究者身分的確立，就已經限定了他只能針對作品作「觀念的研究」。事實上，冠以哲學之名的活動縱有千種，從學術工作的角度而言，哲學的學術研究工作的根本形式卻只能有一種，就是我們這裡所說的「觀念的研究」。它不能仍然是「生活的情調」、「社會的實踐」、「歷史的考證」、「宗教的虔誠」、「詩文的情懷」等不屬於敍述觀念的「事業、行誼」者，這些「事業、行誼、實踐、操作」等，可以是哲學觀念所發表的生活智慧，也可以在生活中展現出來，這也幾乎是中國哲學的特質所在，可以說中國哲學的理論目的，就是要提出可以作爲生活哲學的人生智慧以供具體實踐操作之用者，因此中國哲學的哲學活動從認識上來說可以有實踐操作的定義在其中，然而在哲學學術研究意義中的中國哲學之研究工作而言，哲學的研究活動就只能把工作焦點放在哲學觀念的詮釋與分析一途而已。

哲學觀念研究法之使用將考驗研究者的理解力及創造力

對「哲學觀念研究法」的工作方式的認知，其實是不分中國哲學或外國哲學的，也就是說只要我們能夠在中國傳統典籍中發掘出它們的「哲學觀念」，並且能夠架構出典籍本身的一套「觀念架構」，那麼這就能使該典籍成爲一個「哲學作品」。這就是說我們必須認識到在今天作爲一位哲學界的學術研究者，我們的哲學活動之必要型態，就是針對傳統哲學作品進行其哲學觀念的詮釋與分析的工作而已。「詮釋」的工作是發揮我們理解能力的考驗，考驗我們能否站在原作者的心靈中以他的思維進路爲我們理解及詮釋的進路，從而作出「相應」於原作觀念之詮釋性的研究作品。此外，「分析」的工作是考驗我們的創造能力，考驗我們能否有自己進行觀念活動的創造力，能否站在原作的肩膀上再發揮我們自己的哲學見解，或者對原作進行觀念推演的程序不當之批判，或對原作觀點的預設性理論進行合法性基礎的理論舖陳，或者對該觀念所主張論點在合邏輯推演下的相關命題之發展。

哲學工作者需培養「尋找哲學觀念」的能力

哲學研究的所有工作之要元即在於「觀念」，是原作的哲學觀念，是他的哲學作品中不論直述、或間接敍述、或隱喩地表述、甚或「正言若反」地言說者，所以「觀念」可以說就是哲學作品要表達的內涵，是它的哲學理論要主張的東西，因此也正是哲學研究者的研究對象。任何哲學的作品必定是發表了觀點的作品，不論它的觀點發表方式是故事性、隱喩性、直述性、推理性、規範性等，它都已蘊涵了「觀念」在其中，這觀念也就是我們對哲學作品研究的對象目標所在。我們的哲學研究工作之首要任務就是在將這些觀念給找出來，從而可以分析這個觀念之所以出現的思維脈絡，亦即作者的觀念運思之邏輯推演過程。而觀念的詮釋就是要在掌握著這個作者自身的思維脈絡上來理解進而詮釋它，這個作者的思維脈絡不見得被作者明說，我們作爲哲學研究者的研究工作之重點就在於要善於體貼作者心靈而相應地去說出它，特別是當中國哲學的作品中這個思維的推演過程總是在中國文字表現習慣下較不被重視時，研究者的善於體貼便表現出理解能力的深透度了。

哲學作品本身之優劣決定於它的觀念體系之合邏輯與否

就針對傳統哲學典籍作「詮釋性」的哲學研究工作之意義而言，其工作目的即在於重構哲學作品的「觀念思維脈絡」，而敍述這個思維過程的工作本身，就是在進行哲學觀念的邏輯推演工作，觀念的出現、理論的建構，本身必定有其邏輯性，或合邏輯或不合邏輯，因此合不合邏輯才是我們批判哲學觀念優劣高下的重點，而不是它的表達形式是否依照邏輯秩序。中國哲學的作品中充滿了跳躍式觀念表達的現象，但是有些作品的中間環節可被研究者補足，而其嚴密的推證也可以被研究者釐清，不過有些作品卻本身就充滿了矛盾。可被釐清的作品就是好的作品，觀念矛盾的作品就是作者思維混亂的證明，當然也就不是好的作品。所以研究者要將作品的深義揭露，必須要有能作清楚的觀念推演之理解能力，而這也正是「哲學觀念研究法」著重的目標。當然作品的優劣也可以從所主張觀點的是否符合這世界的眞象來判定，不過這已經超越了詮釋的格局，而進入到比較哲學的工作範疇了，是對理論體系的整體效力來作批判的工作層次，這個層次的工作必須在「正確詮釋」、「建立型態」的工作基礎上才能進行，這需要研究者自己檢取哲學觀點並建立判準之後才能進行，當然這也已經超越了哲學研究工作在詮釋原典作品時所要强調的重點了。

「建構嚴密的觀念推演進程」是「哲學詮釋工程」的必走之途

作品的觀念跳躍與否其實是有其時代性的因素，傳統中國哲學作品在一定的時代語言文字使用習慣下，自有符合其該時代使用的表達邏輯，我們今天會認爲其思想有所跳躍是因爲我們今天對於觀念表達的架構層次之基本要求較爲繁瑣，繁瑣的意義是爲要建構符合學術活動需求的「建構嚴密的觀念推演進程」，繁瑣性是觀念傳達過程中的常有現象，一個學派的觀念發展過程從其敍述文字的愈顯增多現象就可以證明繁瑣化是一個常態的趨勢。但是繁瑣化不一定是深刻化，甚至有可能是僵化，僵化是因爲工作者著眼於不重要的環節作繁瑣地推演，或對於觀念的創發性作了錯誤的執定，導致限定了它的經驗適用範圍，甚或不當地應用。所以研究過程中的關鍵仍在於後學者對於原作心靈的是否善於體貼，或善於創造，善於體貼者則只是以不同的語言表述架構來敍述同樣的觀念，善於創造者則是以更具發展力的語言來開創觀念發展的新路向，這樣的繁瑣化是有意義的，否則只是僵化而已，徒然使這個學派的理論走入絕境。

哲學觀念研究法最終在確立一個「特定的理論型態」

「哲學觀念研究法」將工作重點置放在建立一個「解釋原典作品之詮釋系統」，使得工作成果本身成爲一套哲學理論，並且在理論中有明確的觀念推演架構，從而形成一套獨特的「觀念型態」，以突顯原典作品的「代表性思維」，從而使所研究的哲學典籍成爲哲學史中具有特色的理論型態，而不是僅僅挖掘出若干單一、片面或不連貫的觀念命題以滿足研究者自身的任何非學術性目的。我們認爲，爲哲學家完成一個專屬的理論型態，才是哲學觀念研究法的目標，有了明確的理論型態之出現，才足以檢別不同哲學家之間的差異，也才足以檢別不同哲學學派間的差異。差異檢別之强調，是因爲考量到哲學理論的產出，永遠是人類文明中的創造性工程，既爲創造便有標新，既有標新便有立異，立異即其間之差別，不能檢別哲學理論本身的富有創新性的觀點即不算理解該哲學理論，不能檢別理論體系間的差別即不算進行了哲學觀念的研究工作，哲學觀念的研究工作不只是忠實地理解更是眞實地創造，研究者理解了哲學家的眞實創造面，從而為該哲學家架構了特定的理論型態，更進而檢別出該哲學家或哲學學派與他家它派的差別，從而參予了哲學史的創造工程，這樣的哲學研究才能對哲學史的發展與創新有所貢獻，而貢獻的根本義仍在於觀念的理解與詮釋以及分析與批判的工作之不斷地進行。

「哲學觀念研究法」重視「核心觀念叢」間的一致性推演系統之建構

傳統哲學典籍作為一部思想性的作品，其中必然充滿各種領域的觀念表達，即基於哲學家自身的問題意識而發表著諸多的觀點，如果我們以觀念的可推演性作為研究的目標的話，在原典的諸多觀念命題中應有可形成一致性推演、詮釋的諸觀念命題共構成的一組有體系的理論。這些觀念間可彼此合理性地推演的「觀念叢」應是該哲學典籍的核心觀念，也是該哲學家的哲學思維之有特色的理論型態，這便是我們在「哲學觀念研究法」中的重點工作目標，即對於充斥著諸多觀點的哲學典籍尋繹其中可以形成一致性詮釋推演系統的諸觀念叢，從而建構一組回應若干基本哲學問題的理論體系。至於在這個觀念叢結之外的其它哲學觀念，即便它有深邃的洞見，只要是不能與其它觀念命題組成理論體系的，即不宜過度重視，以免影響一個專屬該哲學家的特定理論型態的建構。同樣地，對於原典作品中所使用到的一般知識，若與核心觀念叢無關者，我們必須把它當作只是基於同時代的一般知識水平上所作的知識使用，我們也不能予以過度的重視，以免把本應屬於他人的觀念創造之功勞，錯誤地强加在我們所研究的哲學家的身上。

哲學觀念研究法重視觀念本身的內容性義理及形式性義理的檢別

「哲學觀念研究法」的處理要元即爲「觀念對象」，觀念是表意的命題，命題中的內容是針對問題而有所主張的觀點，但是作爲一個哲學理論的體系而言，體系中的觀點所回應的問題的層面是極爲廣袤的，爲架構一個理論體系所需回應的問題本身也是爲數衆多且有不同的層面，此處我們針對建構一個特定理論型態的研究進路來作檢別，則應特別注重觀念命題本身的「內容性義」或「形式性義」的屬性區分。屬於「形式義」的觀念命題是爲體系建立的抽象架構作服務的，它本身對於決定理論體系的特殊性沒有決定性的意義，它甚至可爲其它的不同理論體系所使用，只有屬於「內容性」的觀念命題才對理論體系的根本型態有決定性的作用。例如强調「道」或「天道」是「萬物的根本」的觀念命題就是形式義的命題，可以從屬於不同學派而共同使用，但是確立「道」是「法於自然」或是「自身有著道德目的性」的觀念命題則是內容性的貞定，它將決定哲學理論的型態類別。所以我們在任何哲學典籍中尋找的諸多哲學觀念，最終皆須定位出觀念的性格層級，唯有當屬於「內容性觀念命題」被「形式義觀念命題」清楚地烘托出現後，我們才算建構了哲學對象的特殊理論型態。

哲學觀念中的內容性義理及形式性義理的檢別工作是一個相對性的工作

對命題觀念是屬於內容義或形式義的屬性檢別，是一個相對性的工作，基本上要以問題意識作爲檢別的判準，對哲學問題作直接回應的觀念命題針對該問題而言當然是一個內容性的命題，如果命題觀念的抽象層級並不與問題意識直接相應，那麼對該問題而言，這個命題觀念便非直接的回答，而在若干的情況中，便只具有一種形式義的回答性而已，這種形式性的命題觀念，充斥在哲學理論的觀念系統之中，對於我們決定一個理論的根本型態而言沒有根本的助益，但是如果作爲研究者的我們改變問題意識，則該命題觀念又可以成爲內容性的觀點表述。所以對於理論體系中的任何一個觀念命題爲它尋找相應的問題意識是使該觀念成爲有內容性義涵的作法。於是爲回應各個觀念命題使其成爲有內容性存在地位的尋找問題意識的作法，便成爲哲學觀念研究法中的重要功課。然而這仍不是建立整個觀念體系的理論型態的最後要求，在諸多層級不同、型態不同的問題意識之中，研究者要有能力找出問題與問題間的邏輯推演關係，根據明確的思維脈絡架設問題意識間的彼此推演關係，從而將回應諸層級問題意識的觀念命題構作成爲一套有層次的哲學思維進程，這才是建構理論型態的最終目標，也才是在一個特定脈絡下將任一個觀念命題的屬性得以清楚定位的作法。哲學觀念的研究工作，是不能停留在沒有系統的問題架構中，從而使得諸多重要的哲學觀念不能形成一套有組織的理論體系，甚而無法針對基本哲學問題提出觀念的主張，更不能從內容的貞定來貞定該體系的特定型態。

本書的研究工作將完成於提出一套有體系的老子哲學觀念型態

老子書中的作品表述形式是以諸多的觀念命題共組而成的，八十一章五千言的著作中充滿了豐富的觀念直敍語句，爲每一個單一的哲學觀念確定觀念義涵，以及尋繹其所回應的基本問題意識，以及整理諸觀念之諸問題意識間的推演關係，從而形成一套套從基本問題意識而出發的諸思維脈絡，從而構成一個老子哲學觀念的網絡，並在基本哲學問題的回應下找出老子型態的特有觀念主張，從而建立老子哲學的特定型態，這便是本書工作目標的完成。然而以此爲基礎，以便爲檢別老學於道家系統間的特殊型態做準備，甚而爲檢別由老學所代表的道家學說與中國哲學傳統中其它學派的差異之哲學研究工作做準備，這才是我們此書寫作的終極目的。

本書寫作將分「體系建構」與「篇章義疏」兩部份進行

本書寫作將分「體系建構」與「篇章義疏」兩部份進行，我們之所以採取這種方式寫作，是針對當代中國哲學研究環境之需要而安排的，當代中國哲學研究所缺乏的並不是龐大綿密的理解架構，反而是原典義理的忠實理解，多數受過學院內基本訓練的哲學工作者，都可輕易地架構理論體系，但是理解力的方向感卻是千差萬別，所以回到經典重新體貼作者原意的工作益顯重要，因此也可以說面對經典的能力才是學術成果的眞正考驗。作者博士論文的研究對象是王船山的哲學思想，在研究過程中作者獲得了一個寶貴的經驗，船山堪稱中國儒學傳統中能建立龐大理論體系的最後一人，同時也是傳統中國哲學家中能以遍註羣經的工作方式來建立自己的思想體系的最後一人，而其實從船山的學思成長過程中看來，船山龐大體系建構工程的理性基礎正是奠立於遍註羣經的哲學反省中而走出來的，由此可知對經典作地毯式研究工作的重要性，這種型態的哲學活動才是訓練哲學工作者有獨立思考能力的根基，因爲在解經的過程中研究者所需面對的是一個龐大的理論對象，所以對於任一單一哲學觀念的義涵確立都需經過多重的檢驗，要在通過全體的思維中才能提煉出任何單一明確的觀念義理。哲學的思維之可貴即在以最抽象的觀念解決普遍性的問題，這是與意興所至的偶發聰慧截然不同的理性活動，後者人人可爲，前者則只有哲學家才具備此種能力。老子堪稱中國哲學傳統中的開山祖師之一，他的哲學觀念的特點不緊深透經驗世界，更且觀念的抽象度高，適用範圍的普遍性廣大，正是極佳的哲學研究的對象，從中將可領會許多具有中國特色的哲學思維方法，所以對它作篇章義疏幾乎是要理解它的必要法門，即在這樣的工作成果之後，爲老學建立一個有體系的理論型態的工程便已蘊涵其中了，這就是本書同時以兩種面貌詮釋老學的緣由。

注釋

①勞思光先生曾說過：「大致地說，談中國哲學的方法論時，可以有兩種不同的意涵。其一是指研究中國哲學所用的方法問題及其解答，其二是指對中國以往的哲學家自己建立理論時所用的方法之了解及評估。無論取前一種或後一種立場，所談的方法論問題，都落在中國哲學這個層面上，而不是取方法的原始意義來講一種建立知識的程序。也可以說，這是取引申意義來談方法。」（馮耀明《中國哲學的方法論問題》頁六〈勞思光序〉，臺北，允晨，民國七十八年九月初版）本文所指的工作方法，是勞先生所言之第一種意義，與勞先生在《中國哲學史》一書中所提之「基源問題研究法」是屬於同一層次的「方法」，即「研究者自己的工作方法」。

②牟宗三先生言：「中國哲學以生命為中心。儒道兩家是中國所固有的。後來加上佛教，亦還是如此。」又：「中國的哲人多不著意於理智的思辨，更無對觀念或概念下定義的興趣。希臘哲學是重知解的，中國哲學則是重實踐的。」（《中國哲學的特質》頁六、一〇，臺灣學生書局，民國六十九年元月六版）方東美先生言：「中國的哲學從春秋時代便集中在一個以生命為中心的哲學上，是一套生命哲學。」（李煥明編《方東美先生哲學嘉言》頁三一，臺北，文史哲出版社，民國八十一年十月初版）

③馮耀明先生在〈中國哲學可以用分析哲學的方法來處理嗎?〉一文中，對於中國哲學研究中所面臨的困境，及應如何在觀念上重新肯定中國哲學的哲學性問題，都作了清楚的討論，我們基本上非常能接受馮先生的論點。（《中國哲學的方法論問題》頁三一一至三二五）

④本文所指的「方法論」，是前引註中勞先生所言之第二種意義之方法論的更極致化，基本上已將方法論的義涵更深化為重構哲學理論的有體系的詮釋系統，所以我們也稱之為「方法理論」或「方法論哲學」，這可能

更切合本文中對「方法論」的使用義涵。(參見《中國哲學的方法論問題》頁六〈勞思光序〉)

⑤ 例如莊子大宗師文中的「朝徹見獨」，佛教哲學中的「解行並重觀念」及「戒定慧三學」，儒家大學中的「格物致知之觀念」。

⑥ 「觀念」一詞之語義採劉笑敢先生對「觀念」的最一般意義之解說。(參見《莊子哲學及其演變》頁一一〇，北京，中國社會科學出版社，西元一九八七年出版)

上卷　老子的哲學觀念

前　言

本書上卷是以「老子哲學觀念」的「體系建構」爲寫作目標，我們將以「形上學」、「功夫理論」、「境界理論」三個基本哲學主題爲討論的項目，而我們的工作將以提出一套足以貫穿老子全書所有重要觀點的詮釋系統爲重點，這個詮釋系統的要義將在我們處理老子的形上學觀念的研究進路中正式提出來，找出詮釋老學的主軸觀點是本書上篇的工作重點之一。

我們另一項寫作研究的努力是提出「功夫理論」與「境界理論」兩組「基本哲學問題」，以作爲中國哲學研究的重要進路，强調它們對於揭露中國哲學理論觀念的相應性及適用性，並在這兩個哲學基本問題的脈絡下解說老子的哲學觀念之思考綱領。

由於我們下卷的寫作將以上卷的詮釋觀點爲基礎而詳細疏解，所以上卷的討論將只點出要目即可，至於所有細節的問題，是要留置於下卷再予討論的。

歷來對於老子思想的研究，不能不强調他的社會政治哲學側面，我們所以沒有獨立建構他的「政治哲學」，並不是表示我們不重視它，而是老子的「政治哲學」觀念的根本思維脈絡，皆已交代於老子的形上學及功夫論和境界論的哲學觀念中了，因此不需要再重複地建構，同時我們在下卷的討論中將因老子本身政治哲學觀念的發言豐富，故而將有許多的政治哲學觀念的討論。

此外，老子作爲中國古代一位思想大家，我們當然可以對他的作品提出重要哲學問題的發問，例如老子的人性理論思想爲何？戰爭哲學爲何？知識理論爲何？氣功觀點爲何？等等，然而我們以爲，這些哲學問題老子固然也都提到了，但是老子哲學的基本問題意識並不在此，我們以爲，「形上學」、「功夫境界理論」及「政治哲學」是老子思想的主題，老子主要在談的就是這些問題，在這三個側面上老子完構了一個理論的型態，而建構一個專屬老子的有特色有體系的理論型態才是本書研究工作的目標。至於普遍人性的問題、知識的可能性問題、語言的使用問題及對氣功理論的看法等等問題，我們作爲一個研究者，當然可以在老子作品中爲它推演這些方面的可能預設，不過這就已經是一個研究者的哲學創作了，我們不以爲這些問題是已經成熟地潛藏在老子思維中的，所以並不立之爲老子哲學體系建構中的基本哲學問題，而將只在下卷的篇章義疏中隨文討論，對其有所定位即可。

第一章　形上學與老子形上學研究的工作觀念

本文將說明「形上學」在「基本哲學問題」裡的「問題意識」爲何，並說明本書中對老子形上學思想的重要研究進路，以及工作態度。

一、形上學的問題意識

「形上學」是哲學這個學科領域中的核心學門，它研究的問題是「整體存在界的眞象」①。所謂「整體存在界」，是指我們所能知道的甚或只是能想像到的所有世界上的東西對象，不管是眞實知道的還是只是想像到的存在物，通通放在一起作爲研究的對象，這才是哲學研究意義上的整體存在界。所謂的「眞象」，當然就是對整體存在界的眞實狀態的看法，在哲學研究的領域中，所謂對整體存在界的看法，是有它特定的研究方法的，那就是它的討論途徑是「從整體的角度觀察」從而發言的。就是說在哲學工作者的研究態度上，是側重於把整體存在界當作一個統一體，從而尋找它的整體的特質，這個整體的特質如果找出來，那麼這個特質便適用於每一個存在物，因此這個特質對於存在界的每一個對象便是一個普遍的原理。例如如果有人說世界的本質是「氣」，那就表示說他認爲我們眼見所及的每一件事物都是由氣所構成的；又如果有人主張說「天命有德」，那就表示說他認爲這個世界上的所有事物都是體現了道德上的目的而存在的。總之，「形上學」這個學門的研究特色，就在於它是對於整體存在界提出普遍性的觀點，而這個觀點是適用於這世界裡的每一個事物對象的。

從這個意義來認識形上學這個學門時，我們也可以說形上學的研究就是在「提出普遍性的原理」。而當哲學工作者要提出普遍性原理的時候，他首先需要做的就是要「找出所謂普遍性的問題」，這就是要從整體的角度觀察整體存在界時的「角度」問題，由於這個角度的性質，使得哲學工作者的形上學問題又可以分爲兩大領域，一爲「宇宙論」、一爲「本體論」。「宇宙論」討論整體存在界的始源（它的發生、發展及變化）、材質、結構、元素、時空等具體性質的整體存在界的問題。「本體論」討論這個存在界的存在之意義、目的、本質、有無、規律、規範等抽象原理的問題②。然而在形上學研究的過程中，本體論與宇宙論的問題意識經常重疊且互爲假借。這是因爲存在的本身本來是一，而人類哲學活動的思維卻是取徑有別，然而儘管取徑有別但眞象仍一，因此解說眞象的語言總是要掛搭在各種不同進路的言說脈絡之上，因此宇宙論與本體論問題意識上的觀點常常難以獨立界說而需互爲依存，這也是理論表述時的常態。但是區分形上學的這個本體論與宇宙論研究角度的區別仍是重要的理解工作，因爲它極有助於我們釐清哲學典籍的觀念進行的軌迹，使我們在界定及解說上能有清楚的討論脈絡。

在中國哲學的知識領域中，形上學問題中的宇宙論及本體論觀念幾乎在重要的哲學體系裡都是相等併一地被論述的③，兩者同為中國哲學的形上學之根源性問題意識，忽略其一或是取消其一都是不恰當的理解方式，因此，能釐清原典作品中形上學觀念陳述的思維脈絡，並進而統合不同的思維脈絡成為一個統一的世界觀的研究作法，才是今天中國哲學研究的應取之道。

二、本書對老子形上學研究之工作觀念

對於老子的形上學觀念之研究而言，如果我們扣緊從「整體存在界的眞象」的角度來認識老子的形上學觀念的話，那麼我們首先就應找出老子關於這方面問題的發言，那麼很顯然的，我們一定要研究老子討論「道」與「天地」、「萬物」這些概念範疇的話語。首先，「天地」、「萬物」的語義已極明顯，都是直指整體存在界的概念，因此我們可以從老子討論「天地、萬物」的發言中認識到老子的形上學思想的觀點。至於「道」這個概念在老子的首要使用意義是指「原理」④，原理自然是普遍性的，但是任一原理都是屬於它所牽涉的對象，也就是該原理的概念外延，原理的普遍性也只遍於它的外延對象而已，而我們研究老子的道概念時，可以明顯地發現老子對道概念的使用跳躍在許多不同層次的外延對象上，當然我們也看到老子以「道」概念處理「整體存在界的原理」的作法，因此我們在研究老子形上學觀念的時候，特別需要將老子以

「道」概念來稱說整體存在界眞象的發言作爲研究的對象⑤。

我們以爲，老子所發展的整個形上思想觀念的重點，在於「建立常道」⑥，也就是要提出整體存在界各種現象變化的根本運作原理。這是他從事形上思想的哲學活動之工作目標，找出這個根本的運作原理之後，可藉以認識及說明甚而運用於日常社會生活中的所有事務。所以在老子的形上學觀念的蘊涵之下，我們還可以推演出他的「政治、社會哲學觀念」，也就是說，老子藉形上學觀念的提出，以作爲他的社會政治哲學觀念的「成立理由」⑦。同時，老子也得由形上學觀念所提供的根本原理之運用，從而找到爲人處世、領導政治的自我訓練之原理，這個訓練自我的操作理論，就是「功夫理論」，因此老子的「功夫理論」也可以是以他的「形上學觀念」爲成立條件。此外，在操作活動進行途中或其終了的時候，對於這個操作者狀態的描寫則是「境界理論」的建構，「境界理論」所描寫的其實正是形上學觀念在人性位格的具體落實，是「人性存有者」體貼這個「根本的形上原理」之後，在自身的功夫操作下所達致的情狀，因此，這個「境界理論」仍然是以這個形上原理爲確立目標。由此可以見出，老子形上學觀念能夠作爲老子整個哲學觀念核心地位的根本性⑧。關於老子的「政治哲學」、「功夫理論」及「境界論」等思想，我們後文再論，本章仍先討論他的形上學的哲學觀念。

對於老子形上學觀念的理解，我們要指出兩個認識的進路來詮釋它：其一是貫穿老子形上思想與政治哲學的普遍原理，其二是直接針對作爲普遍原理本身特徵的思辨觀點。兩者相對而言時，我們可以前者為形上學觀念的內容義，並以後者為形上學觀念的形式義；前者成為貫通老子哲學的世界運作原理之直接敘述，後者為分析性的普遍原理自身之概念界定；後者純粹是哲學觀念的思辨性研討，深化在中國哲學的形上學傳統中，成為共通的「普遍原理」的抽象特質；前者則是打開了人類認識世界的一片遼闊視野，大開大闔地應用到社會人生當中成為道家文化的代表性觀點；前者是道的諸律則義，表現在「有無相生」、「反者道之動」、「玄德」、「玄同」等運作原理上，後者是關於道概念的抽象思辨觀點，表現在「道」的「道可道非常道」、「吾不知其名」、「可以為天下母」、「象帝之先」等抽象特質上。因此在本論文中，我們將建立兩個認識老子形上學的研究進路：其一為「道的實存律則之認識進路」，其二為「道的抽象思辨之認識進路」。

從這兩個認識的進路來詮釋老子的形上學觀點時，可以讓我們感受到作為一為道家創始者的老子的智慧是表現在律則義的道概念的討論中，而作為形上學的思辨哲學家的老子智慧則是表現在道概念的抽象特質上。在這兩個詮釋進路的架構下，老子的道論思維的形上學觀念都將總攝於內，而老子全書的所有哲學思維則亦將總攝於此，因此它們具有老學詮釋的總攝性認識進路之地位，這是我們檢取之以為討論綱領之緣故，這樣的態度也將幫助我們釐清當代老學研究上的一種新起的重要詮釋進路之定位，那就是對於老子哲學的「氣論思維之認識進路」的詮釋作法。老子思想的「氣論思維之認識進路」有兩種型態，一種型態為著重老子形上學的「宇宙發生論」型態之詮釋進路，配合物質性意義的「氣本體論」之觀點，這一種型態的工作方式在當代哲學工作者的作品中屢見不鮮，而在中國哲學史的發展上也是一條重要的思想史脈絡，表現在「管子」、「淮南子」及「道教哲學」、「宋明儒學」等的傳統中。另一種「氣論思維的認識進路」則是把老子之學當作「氣功養身法」的哲學作品，「河上公注老」及當代若干大陸學者即持此一詮釋作法，如張榮明先生之《中國古代氣功與先秦哲學》即是。對於這兩種型態的氣論思維之認識進路，我們並不將之視爲老子形上學詮釋的總攝性詮釋進路，這是因爲它們都不足以籠罩老子思想的全部面貌以及不能彰顯老子哲學的特殊型態。

就第一種氣論詮釋型態而言，它是一個「氣本體論的宇宙發生論」，我們認爲老子的「道論思想」僅以氣本體作觀念定位是不足的，我們當然同意老子接受了一個氣存在的物質性本體，但作爲老子形上思考的最高範疇卻應是一個「有無並觀」的律則義之「理本體」，即「道」。氣是本體，但不是最高的認識範疇，氣本體只是老子接受的一項中國傳統的認識觀點，但是老子自己的抽象玄思之高度乃超越於此，他思考著萬物作用的原理，因此建立了一個名之爲道的新的最高範疇，並進而對其存在意境進行抽象反思，而產生若干本體與現象界關係的命題，只是這些命題卻被持氣本體論的詮釋者當作宇宙發生論的命題來認識，這一部份的問題討論，我們則總收於「道的抽象思辨之認識進路」中來詮釋。就第二種氣論思維的詮釋型態言，我們當然也接受老子有古代氣功操作的認識，不過這並不是老子哲學型態的特殊面向，這只是老子使用了氣功操作的觀念來討論他的具創造性的哲學觀點，即其諸實存律則之應用面向之一而已，他是使用了氣功操作的知識，卻不是專門地創造了氣功操作的觀念，因此在建構專屬老子特殊型態的哲學體系時，氣功操作的知識便不能作爲詮釋的主軸。以上觀念我們將在相關的章節中再予申論。

後文的討論我們將先從道的「抽象思辨」的認識進路來說明老子的形上學觀念，隨後再就道的「實存律則」的認識進路進行解說。以下仍先附帶地說明兩個作者的研究態度。

三、作者的研究態度

首先，從當代哲學觀念研究的角度來作哲學研究工作的時候，我們首先要認識到：古代的哲學思想家所提出的哲學觀念，必定只是回應他個人所認知的問題意識從而發表哲學觀點的，因此當我們在研究老子的形上學觀念的時候，我們也首先必須放下我們今天的形上學觀念的「所有的」問題意識，因爲老子不可能意識到哲學觀念發展到今天以來的所有的形上學問題，因此我們不能以我們今天的所有的形上學問題來要求老子作答，或是企圖在老子五千言中索求所有有關本體論、宇宙論問題的老子觀點，我們只能就老子所發問的形上學問題以及所提出的觀念主張來作研究，這是哲學觀念研究者的第一序的理解及詮釋的工作。之後，我們可以就老子的這些觀點再作邏輯的推演及觀念的反省，從而提出老子形上學觀念的預設基礎，也就是他的形上學觀念的「成立條件」，這是哲學觀念研究者的第二序的分析及創造的工作。

其次，當我們從理解及詮釋的第一序研究工作作起時，在材料的選取及詮釋工作的進行上，無疑的這仍是基於研究者的主觀判斷，所以本文中對於老子形上觀點的闡釋，也只能代表作者個人的研究心得，是作者的觀點，是作者對老子觀點的闡釋，它當然仍是老子的觀點，但卻不是老子自己的語言，這一點，是所有哲學研究性作品的共同現象，無可爭議，要爭議的，只是那個研究性的作品最能相應老學而已，然而這個爭議卻是永無定論的，因此我們也無須在這個相應的詮釋上爭執，我們只要表明：作者本人只是以「自己的理解成果」進行「對老子形上思想的詮釋與分析的工作」的「認知」態度即可⑨。因此我們必須先讓讀者認識到，本文是作者的個人心得成果，是老子形上學思想的一個嘗試性研究成果，並不反對其它研究作品的獨立存在地位，包括哲學史上的注老之作，及當代的老學研究之作。而事實上，所有的老子形上學的研究性作品都是老學詮釋的一個嘗試性作品，絕非唯一的獨斷的最終詮釋性作品。嘗試性作品本身的好壞可以決定它的權威性，但是有權威的詮釋性作品仍然是個別作者的個人嘗試，並不等於原典作品，因爲老子的哲學已經完成了，就是老子《道德經》本身，不論是老子的觀念還是他所選用以表達此觀念的語言，都已經完成在《道德經》一書的五千字中了。

注釋

① 參見鄔昆如《哲學概論》頁二二〇，臺北，五南圖書出版公司，民國七十七年八月再版。

② 關於形上學名義之使用，在學界常有歧異，諸如「天道論、世界觀、本體論、存有論、宇宙論、本根論」等，都算是屬於形上學義涵之專有名詞，在個別哲學工作者不同的使用脈絡下，為討論的清晰起見，我們不得不做一定的使用約定，因此上述關於形上學的本體論及宇宙論的義涵指涉，某種程度上也只能說是作者本人的概念約定。相關的討論參見作者《論王船山易學與氣論並重的形上學進路》，臺灣大學哲學研究所博士論文，民國八十二年五月。

③ 參見方東美《原始儒家道家哲學》頁一〇四：「道家一方面向上（本體論），一方面又向下（宇宙論），把握大道之祕密後再展開一現實世界。」頁一五九：「儒家……使本體論化為一套宇宙發生論。」頁一五九：「周易從宇宙論、本體論、價值論的形成，成了一套價值中心的哲學。」（臺北，黎明，民國七十二年九月初版）

④ 「道」字義在中國文化中的出現是有其演進的歷程的，但在老子的使用時代，道已有了統論天地的最高原理之義涵，而本書對老子形上義理的詮釋，亦主要將指出「道」作為形上原理義的老子形上觀念之特殊性，即將討論的重點放在原理義的道字義上對老子形上思想作研討，故而此處直接以原理義之道字義說之。參見袁保新先生言：「一旦天道合稱，集成一個複合名詞之後，天道也隨之指謂一項具有普遍性客觀性的形上原理。」（《老子哲學之詮釋與重建》頁一八，臺北，文津出版社，民國八十年九月初版）另見許抗生先生言：「在中國哲學史上，把道作為世界總根源的這一哲學概念，是老子首先提出的。這一哲學概念的提出，說明老子已經不滿意籠統地談天，而是要找尋世界的最後根源、世界的統一性問題了。」（《老子研究．老子在

中國哲學史上的地位和影響》頁一八六，臺北，水牛出版社，民國八十二年三月一版二刷）

⑤ 陳鼓應先生言：「老子哲學的理論基礎是由『道』這個觀念開展出來的，而『道』的問題，事實上只是一個虛擬的問題。『道』所具有的種種特性和作用，都是老子所預設的，老子所預設的『道』，其實就是他在經驗世界中所體悟的道理，而把這些所體悟的道理，統統付託給所謂『道』，以作為它的特性和作用。當然我們也可以視為『道』是人的內在生命的呼聲，它乃是應合人的內在生命之需求與願望所展開出來的一種理論。」（《老子今註今譯及評介》頁一，臺灣商務印書館，民國七十四年二月修訂十版）我們對老子道論的詮釋觀點，基本上就是陳鼓應先生以上所言的這種態度，把道當作老子社會人生智慧的觀念結穴之地，先假設出一個對象，來承載這許多的觀點（實存律則），然後對它發表意見（抽象思辨）。

⑥ 我們所指的「常道」是「律則義」的「規律、原理」，參見拙著〈律則中心的老子詮釋進路〉（《哲學雜誌・第三期》，臺北，業強出版社，民國八十二年一月出版），這個觀念將是本書詮釋老子形上學思想的關鍵核心，這樣的老學詮釋之眼光，是與勞思光先生所謂的「觀變思常」及「道是萬有的規律」的看法相同的，從此一步所發展的老子全書之詮釋體系才能有清明的格局。勞思光先生言：「老子思想何自起，蓋起於觀『變』而思『常』。二十三章謂：『飄風不終朝，驟雨不終日。孰為此者？天地。天地尚不能久，而況於人乎。』此言萬象流逝，皆不能『久』——即不能『常』；見觀『變』之意。然此所謂『變』，乃事物之變；老子即舉『天地』以概括經驗世界之萬有，言萬有無不『變』；但不屬於經驗世界之事象羣者，則可久可常。此即事象所循之規律，老子命之曰『道』；規律本身非經驗事象之一，老子即以超乎『天地』之語以說之。」（《新編中國哲學史・一》頁二三八，臺北，三民書局，民國七十五年十二月增訂再版）

⑦ 「成立理由」的意思是說在理論體系中的上位觀念，也就是一種邏輯秩序上的優位者，也就是說，社會政治

觀點的出現，確實應該是老子思想發生上的起點，但是老子是一為偉大的理論工作者，他會去為他的社會政治哲學尋求更堅實的理論基礎，也就是建立天道觀哲學來支持他的社會政治哲學，以我們今日的語言來說即是建立形上學以作為社會政治哲學的理論基礎，這也就是哲學是社會科學的基礎的一般意義，這也正是馮友蘭先生所說的：「按一哲學系統之各部份之發生程序，與邏輯程序，不必相同。」（《中國哲學史》頁二三〇）

⑧ 我們所謂的根本性，其實是站在研究者身分上對哲學典籍進行詮釋時的體系建構之需求而說的，是站在一個詮釋體系的觀點上要求一個詮釋的觀念起點之需求而說的根本性，我們以為從觀念的推演架構上說來時，老子形上學方面的觀念正是作為他的其它哲學基本問題的理論基礎，故而以根本性說之。

⑨ 我們這裡的態度與袁保新先生所言者相同的：「當我們面對老子義理多向發展的哲學史時，實不必慨嘆老子哲學的本來面目在那裡，而是應該自覺到：老子本來面目的揭露，原只是每個時代詮釋者的理想。」（《老子哲學之詮釋與重建》頁六二，臺北，文津出版社，民國八十年九月初版）

第二章　老子形上學的抽象思辨之認識進路

在建立老子哲學理論體系的詮釋活動中，本章之作的工作意義乃是：為回應形上學這個基本哲學問題的反省，企圖說出老子在形上學問題脈絡下的觀念活動之型態之一。我們以為，老子的整個形上思想的觀點，可以歸約在兩個不同的思維脈絡下來討論，從而形成兩組不同層次的形上學觀點，這兩組思維脈絡都是老子的運思進程，因此也就應該作為我們的研究進路，而這也正是我們藉以認識老子形上學的兩個認識進路。本章將討論其中屬於「抽象思辨」運思進程的這個層面，下章討論「實存律則」運思進程的另一層面。而這兩個層次的思考基本上都是屬於形上學問題意識中的「本體論」範疇中的問題。

就「道的抽象思辨的認識進路」而言，我們指的是說對於老子書中許多討論道的語句或命題者，其中有若干項觀念的內容，是在稱說一個作為整體存在界的總原理的特殊對象本身的特徵的①，這個總原理的內容是一些天地間萬事萬物的實存律則，但律則本身是一個抽象的存在，所以以作為這些律則的總名概念而存在的「道」概念，當它自身作為一個認識對象的時候，由於它的身分的特殊性，以及它在中國哲學觀念發展史上的逐步出現的過程②，只有老子書中才首次對它進行深度的純粹思辨性的概念討論，因此，我們對老子形上學觀念研究的第一種研究進路，即爲提出一個「道概念的抽象思辨的認識進路」。此實爲老子自身對作爲整體存在界一切事務運行的總原理的道概念本身，先將之對象化，對象化之後再以抽象思辨的分析方式，進行解說，因而產生了若干關於道的抽象存在之身分特徵的形上學觀念③，當我們以之爲研究對象時，當然便要以相應於老子的觀念建構之思維脈絡作爲研究方式，這便是我們對老子形上思想的第一個研究的進路：「道概念的抽象思辨之認識進路」。

以下，我們先看幾段老子抽象地處理「道概念」的文字：④

1. 道沖而用之或不盈。淵兮，似萬物之宗。挫其銳，解其紛，和其光，同其塵。湛兮，似或存。吾不知誰之子，象帝之先。（第四章）

2. 天地不仁，以萬物為芻狗。聖人不仁，以百姓為芻狗。天地之間，其猶橐籥乎！虛而不屈，動而愈出。多言數窮，不如守中。（第五章）

3. 視之不見名曰夷，聽之不見名曰希，搏之不得名曰微。此三者不可致詰，故混而為一。其上不皦，其下不昧，繩繩不可名，復歸於無物。是謂無狀之狀，無物之象。是謂惚恍。迎之不見其首，隨之不見其後。執古之道，以御今之有。能知古始，是謂道紀。（第十四章）

4.有物混成，先天地生。寂兮寥兮，獨立而不改，周行而不殆，可以為天下母。吾不知其名，字之曰道，強為之名曰大。大曰逝，逝曰遠，遠曰反。故道大，天大，地大，人亦大。域中有四大，而人居其一焉。人法地，地法天，天法道，道法自然。（二十五章）

5.執大象，天下往。往而不害，安、平、太。樂與餌，過客止，道之出口，淡乎其無味，視之不足見，聽之不足聞，用之不足既。（第三十五章）

6.道生一，一生二，二生三，三生萬物。萬物負陰而抱陽，沖氣以為和。（四十二章）

首先討論第四章的觀念

道沖而用之或不盈。淵兮，似萬物之宗。挫其銳，解其紛，和其光，同其塵。湛兮，似或存。吾不知誰之子，象帝之先。

本文中對道概念進行了三種型態的闡釋。其一爲：「道沖而用之或不盈。淵兮，似萬物之宗。……湛兮，似或存。」其二爲：「挫其銳，解其紛，和其光，同其塵。」其三爲：「吾不知誰之子，象帝之先。」其中的第二項是關於「道的實存律則」的觀念言說，所以此處先不處理。第一項說著道這個對象，它在存在上不是在具體經驗世界中的存在型態，所以它的存在型態是「虛」（沖）象的存在，是虛象的存在也就是抽象的存在，而且這個抽象的存在在它作用的時候，好像並不盈滿整個空間似的（道沖而用之或不盈）。這表示老子對於他所使用的道概念在作爲整體存在界的總運行原理時，這個原理的作用，雖然「在於」天地萬物之中，卻帶著某種遮掩的特質，使它不那麼明顯地爲人所察覺，好像它的作用不是那麼理直氣壯地明顯站出，但是它的作用又是那麼地眞實，那麼地根本性（淵兮），好像是萬物的宗主（似萬物之宗），指揮著萬物的運行。而這個宗主本身又是那麼地內在，因此它的顯現度便極爲不明朗（湛兮），使得我們對於它的存在的眞實也產生了認識上的不確定感（似或存）。

此處，老子已明確地述說了他所謂的道的存在特徵⑤，即：「盈」（滿於整體存在界）、「萬物之宗」、（眞實地）「存」（在於天地萬物之間）。雖然都是用著不確定的狀詞稱述，例如「或」、「似」、「似或」等，但是這種不確定的狀述方式其實正是道在被語言化過程時必有的現象，這也是「說道」的語言本身的特點。正如老子首章所言之「道可道非常道」，這個道的被語言化的工作就是這個「可道」的工作，「常道」則是那些實存律則⑥，原本我們不需要再將道對象化而予抽象的討論，我們只需要討論常道就可以了，而道本就是這些常道的總名而已。因此這個「可道」的工作，就是把「道」當作一個抽象的討論對象而予以分析地解說的活動，所以這裡便只有對「道」作概念的釐清工作，只能在形式的意義上進行觀念的分析，不能進入實質內容的討論，實質內容是「常道」的層面，因此直接針對「道」的概念本身所作的「可道」活動，便只能是抽象的思辨活動，即所謂的存在特徵上的諸事，然而這個「可道」的活動，其實是「無從道起」的，這在老子第二十五章中所言：「吾不知其名，字之曰道，强爲之名曰大。」中已明說。對於我們前面區分道的「抽象思辨」與「實存律則」的認識進路，是以老子對於「實存律則」的認識是直接揭露式地說，而對於「抽象思辨」的認識進路則是「遮掩地說」、是「不能直說」、是「雖然可道」、「吾不知其名」、只「字之曰」、是「强爲之名」的。從老子的表述活動看來，對道的這兩個層次的認識，是似乎兩者皆可說，但在莊子的認識理論中，實則兩個層次皆不可說，因爲在這個描述的工作中，道本身是不可能被把捉、被描述的，所有對道的描述及認識的活動其實都是「在於」道的運行之中的，所以有著一個描述活動上的弔詭性，這個道的語言活動之特徵可以是處理道家哲學的語言哲學問題的論題，這個理論的發揮在莊子〈齊物論〉中最爲極致⑦。至於老子的處理，其實是兩個層次皆予明說，只不過是對「實存律則義的道之內容性義理」以直接明白的方式言說，而對於「抽象思辨義的道之形式性義理」以間接遮掩的方式言說。

現在我們再回到第四章討論「道」的存在特徵上。雖然老子用了「似」、「或」等不確定詞，但老子所要表達的卻是肯定的觀點，只是不直接敍述而作間接的表明而已。所以我們還是可以說老子的眞正意思是：「道是盈滿於整體存在界中不斷地作用在天地萬物的所有活動之中，道是一切活動方向的根本規定者指揮著萬物的活動格式是萬物眞正的宗主，道是眞眞實實地存在著的雖然在顯現上有著不易被認識的存在型態。」這一切的描述語，如果把它們化約爲「道是整體存在界的總原理」，或是「道就是本體論中的萬事萬物的意義本體」，甚或是「道是宇宙論中的存在的始源」⑧，那麼對我們今天的哲學工作者而言，道是一個很簡單的概念，道就是「哲學基本問題中的最高概念範疇」，很容易了解的，而老子所說的那些存在特徵也幾乎是基本哲學常識中不言而自明的觀念知識，但是對於我們來說是容易的事對在老子那個時代的人卻不是一件容易的事，所以老子絕對是一位偉大的形上學家，他的工作就是在進行哲學的基本概念的抽象思辨活動，而我們這樣詮釋老子的哲學觀念，就是在對老子的哲學觀念進行成立條件的解說，我們後退一步，在老子哲學觀念的理論意義上進行釐清，才得以讓老子的觀念意義豁然開顯，而不再需要停留在「沖兮、淵兮、湛兮」上作「同語反覆」的喃喃自語，這基本上決不能增加我們對這些概念的理論意義的認識，反而只是文字考據的沈溺而已，而不是哲學的研究。

接下來我們要討論老子本文的第三項觀念命題：「吾不知誰之子，象帝之先。」「吾不知」等於就是說「我不認爲」，「吾不知誰之子」就是說「道不是任何存有者的所生之物」。爲何如此？這是因爲，道是存在界的總原理，當然就不隸屬於任一存在物，更有甚者，如果曾有任一存有者會是存在界的存在始源的話，例如「帝」，那麼，這個作爲原理義存在的「道」，便會是「象帝之先」，亦即在存有位階上，道還要高於帝。道家莊子在他的〈大宗師〉一文中也曾說：「神鬼神帝生天生地。」因此無論是「天、地」這樣的具體存在界的對象，或是「鬼、帝」這樣的非經驗但在觀念中仍實存的神性存有者對象，道的存在位階都高於它們，這便顯示了道家哲學的存在界之最高範疇是交給一個抽象的觀念存在，而不是具象的經驗的存在「物」的對象，簡言之它只是一個「原理」。從存在的認識進路上說此最高範疇時，最高範疇只是一個「理」存在，而非「物」存在，因此存在界的一切本體論的討論及宇宙論的討論，在道家哲學的觀念討論脈絡中，便總在原理的層面上發言，原理語意多重，道家老莊列亦有差異，此處暫不深究，就老子的理存在而言，理有二義，一為理之自身的形式義的討論，一為理之對越在物的規範律則之討論。「象帝之先」就是理之自身的形式義之討論，是說出道的原理義存在性徵上的「更在於存在物的最高造始者之上」之義。

第四章的討論暫止於此。

以下討論第二十五章

有物混成，先天地生。寂兮寥兮，獨立而不改，周行而不殆，可以為天下母。吾不知其名，字之曰道，強為之名曰大。大曰逝，逝曰遠，遠曰反。故道大，天大，地大，人亦大。域中有四大，而人居其一焉。人法地，地法天，天法道，道法自然。

本章是老子論道體最直接深入的文字，歷來討論老子形上學思想的論文未有不處理此章者。

以下我們先把老子此文中的觀念命題分而揭出：

A：「有物混成，先天地生。」

B：「寂兮寥兮，獨立而不改，周行而不殆。」

C：「可以爲天下母。」

D：「吾不知其名，字之曰道。」

E：「强爲之名曰大。大曰逝，逝曰遠，遠曰反。」

F：「故道大，天大，地大，人亦大。域中有四大，而人居其一焉。」

G：「人法地，地法天，天法道，道法自然。」

A：「有物混成，先天地生。」

這是說有一個存有者（有物），它先於整體存在界之既有而已有（先天地生），然而因其之「有」乃是在於天地萬物之先，是認識無法通達、語言無法置辭的一個特殊的存在對象，所以它「有」得極爲始源而渾樸（混成）。此一存有物實即爲道，後文即明言之，此文句最重要的觀念提出，就在於「先天地生」一命題中⑨，辨析這個先天地的「先」及先天地生的「生」概念之義涵是認識老子哲學最高觀念範疇的重要關鍵之處。

老子的整個形上思想的思維活動在抽象思辨的這個進路上，他所進行的工作都是在對這個

「混成的物對象」進行分析式的認知活動，而在我們的經驗世界中，我們已經把山河大地人物百獸當作一個天地萬物的統一體概念來思考，反省這個整體存在界的存在意義，尋找它的存在活動的原理，這個存在的原理本身的定位不同於整體存在界中的任一存在物，說它在天地之先，是必然的，否則它便不能是存在界的原理，原理以指揮規範的身分當然要在邏輯上先於天地萬物，這個邏輯並不是時間的先後之邏輯，因爲原理的存在者身分不是天地萬物中的任一物，不在空間之中，因而也不在時間之中，那麼這個先在的邏輯是什麼呢？這是一個「思維認識的脈絡上的優位義」之先的邏輯，是在「規範者與被規範者」關係義下的優位，所以雖然老子以經驗中的時間上的「先」字來說道與天地的關係，但是我們在理解上要從「非時間性」的「思維優位」上來認識此「先」，那就是：「原理以規範者的身分指揮著經驗的發展」，因此說道就是天地萬物運行的總原理，也就是說原理對經驗而言有著規範義的優位性。至於「先天地生」的「生」之語義，在此文中只是「有」、「存在」之義，而不是「使它物有」、「使它物存在」之「生」的語義（四十二章則是「使生」之義），此文中之生既只爲存在之義，那麼我們只要注意它是在說「道」是一種抽象的存在，因爲它本身只能是一個原理的存在對象。

B：「寂兮寥兮，獨立而不改，周行而不殆。」

道這個對象，作爲一個抽象的存在，以聲音求，無聲（寂兮），以形象求，無形（寥兮），它是天地萬物的原理，不依恃任一存在物而生（獨立），也沒有任一物能影響撼動它（不改），因爲道是規範萬物的存在，當然是既獨立又不可能被反過來影響的（獨立而不改），它既存在又作用著（周行），且無止息地作用著而不會有一刻暫停（不殆）⑩。這些對道這個存在原理的抽象描繪語幾乎是一種「同語反覆」的說明活動，實在沒有增加我們新的知識內容，所以我們說這個對最高概念範疇的抽象思辨之認識進路，是一種形式認知的知識活動，是對這個抽象存在的概念分析的觀念活動，此時所進行的言說工作頗有玄之又玄的味道，然而只要我們能掌握到這種觀念活動的定位，便不至於爲其玄妙的語言所牽絆，而能立即在認知的脈絡上釐清其進行言說的思維脈絡，從而明白地認識其說的必然如是。意即道的這些性徵的成立條件，其實早在道的作爲整體存在界的原理義的最高概念範疇之身分時，已完全蘊涵其中了。

C：「可以爲天下母。」

「爲天下母」的語義與「似萬物之宗」的語義相同，這個「宗」與「母」的概念所指涉的觀念義涵仍是「規範性的總原理」，這又是一個「同語反覆」的觀念活動。

D：「吾不知其名，字之曰道。」

這個抽象的對象在我們對它反省之初，它只是一個「有物混成」，我們對它在知識上不是很了解，要當我們對它的性徵更加釐清之後，我們對它到底是什麼的一個情況才能有所領會，於是老子才說：「吾不知其名。」因爲在我們通常的知識世界中原本並沒有這樣的一個對象，即便有一個最高範疇的對象，它的語義也未能像老子此刻所說的這個對象這樣地明確、這樣地特殊，因爲老子是透過自己的抽象思辨能力，破天荒地找出了這樣一個純屬抽象原理的特別對象，要作爲天地萬物運行變化的總原理，它與過去所有傳統知識中的最高概念範疇都不相同，例如天、地、萬物、神、帝等等，所以這個特別的對象其實是一個新的概念範疇，是過去所無的，所以「吾不知其名」。於是老子便在中國文字辭彙中重新定位「道」這個字，作爲這個對象的名字。「字之曰道」是「給它一個名字叫作道」，其實是「找出道這個字來稱謂它」。然而自此而後，中國哲學領域中便有了一個道家哲學傳統下的老子義的「道」之特殊的概念範疇。

E：「強爲之名曰大。大曰逝，逝曰遠，遠曰反。」

對於一個知識領域中的新對象，一個具有「先天地生、寂、寥、獨立不改、周行不殆、爲天下母」等如此特殊性徵的「有物混成」，當我們也爲它賦名了之後，我們在意象上對它的感受，率先出現的是「大」的感受（強為之名曰大），大是狀詞，是對道這樣的一個特殊對象的形容，但是道的大又是什麼樣的意思呢？如果我們把大也當作道的性徵的話，那麼這個大的性徵就是在述說它的存有活動的範域，它遍在於整體存在界，它運行於整體存在界，因爲它根本上就是規範著整體存在界，所以就存有活動的範域而言，道是在範域上最大的存有。這個最大的存有在它的活動進行中，我們爲這個活動的進行再作觀念的同語反覆之分析，則可以得到「逝、遠、反」三項概念（大曰逝，逝曰遠，遠曰反），逝是行，遠是遠，反是反，逝遠即行遠，即道之「作用的廣袤」、「運行的週遍」，這是道概念本身所已蘊涵的分析性觀念。但是「反」者的觀念意義則不然，「反」的觀念已涉及到實存律則，是老子跳出了形式義的抽象的概念分析，而進入了老子本人特殊的實存律則之領會後所下的判斷命題，「反」的觀念意義我們將在道的實存律則的認識進路中探討，此不多論。就老子的觀念進行過程而言，由分析性的抽象思辨轉化到判斷性的實存律則之思考，這是自然而然蘊於其心的觀念活動，但我們在理解及詮釋的工作中卻需暫予區別。故而對於「遠曰反」的命題我們暫時保留詮釋的工作。

F：「故道大，天大，地大，人亦大。域中有四大，而人居其一焉。」

老子以「大、逝、遠」等意象作爲道的性徵，是表出了道這個對象的活動的廣袤性。接下來老子換個角度思考，要讓這個對象的義涵更加落實，要在更具體的認識對象的身上來顯現這個義涵的廣袤，於是就找到了「天、地、人」三者。原來，我們的思考本是對準著整個存在界的全體的，是人存有者對越於天地萬物的運行，爲其尋繹此運行原理的根本義涵的思考活動的，因此除了道本身具備此廣袤性徵之外，天者與地者所象徵的存在界的全體亦「具備了」此義，而人存有者以義涵的掌握者身分因而亦「掌握了」此義，故而「故道大，天大，地大，人亦大。域中有四大，而人居其一焉」。然而，雖然天地人皆與道同有此大之義，但此四者的「有大」的意境畢竟不同。人是對道概念有觀念的理解，所以人大，地與天則因代表了存在界整體的別名，故而皆以作爲大的道的活動場域之身分而有其大。

G：「人法地，地法天，天法道，道法自然。」

從此四者與大的關係不同，便可知此四者的存有位階乃有所不同，但是雖有不同，卻又都因大而關係在一起，意即皆同在一個「思辨存有」的活動中而關係在一起，這個活動從人的抽象思考作起，一直到找到整體存在界的實存律則爲止。而人對道的大的意義的掌握是透過天與地所代表的整體存在界的運行法則的體貼而找出的，故曰「人法地」，地與天在概念上可同可異，當其同時，天地並舉，共指整體存在界，當其分時，天高於地，地尚取法於天，故曰「地法天」，總之是人法「天地」，是人對天地的存在作整體性反思，找出天地運行之原理，從而由人存有者在生活中效習之。然而這個天地運行的原理本身，如果又再被對象化，就如本章所言之「有物混成之道」的話，那麼，這個天地的運行當然是取法乎道，道成了一個新的存有者，規範著天地萬物的運行，故曰「天法道」，其實道就在天地之中，道是天地的規範者，道是規範者自身，道是自己是原理本身，道以自己爲法，道自己就是法，故曰「道法自然」，道本就不能再以它物爲法，這是道的存有位階，也是道的概念規定。

從以上第二十五章的討論中，我們最應强調的觀點仍是：道是作爲整體存在界運行的總原理身分而存在的概念範疇，它的一切性徵都是抽象思辨的推理過程下的產物，那些性徵都是早已必然地蘊涵在道概念之中的。這也顯示，老子將這些必然概念透過觀念表述一一說出的理論言說工作，確實就是抽象思辨的哲學工作，這使得他成爲一位偉大的抽象思辨之形上學家，他在這方面的觀點，將使得往後的中國哲學家在形上學的最高範疇之觀念架設工作時，不能不將老子道概念的抽象特徵作爲共同的觀點，所以我們也說這個抽象思辨進路下對道的諸觀點之陳述，是一種形式義的工作，是對於道的形式義原理的討論，這個討論後的結論將對於所有同位階的概念範疇產生一樣的理論效力，儒家、法家、道教、佛教哲學的系統皆可使用，所以我們在中國哲學史上看到道家以外的諸多哲學系統也使用了老子的許多觀點，此時如果我們以爲諸學同源，便輕下結論說諸學亦同趣，那就大錯特錯了，基本上諸學之差異不在最高範疇的形式特徵而在內容特徵，意即在於我們以實存律則解說老子形上學原理時的諸多觀點中，這才是各家的差異之處，才是各家差異的根本義，也或許正是諸家終究無法融通之處。⑪

以下討論第十四章

視之不見名曰夷，聽之不見名曰希，搏之不得名曰微。此三者不可致詰，故混而為一。其上不皦，其下不昧，繩繩不可名，復歸於無物。是謂無狀之狀，無物之象。是謂惚恍。迎之不見其首，隨之不見其後。執古之道，以御今之有。能知古始，是謂道紀。

道無色（夷）故看不見，道無聲（希）故聽不到，道無形（微）故摸（搏）不到，因此對於道這個對象我們根本不能作任何具象的形容（不可致詰），總之它就是道這個特定對象就是了（混而為一），從上面看它它也不光亮（其上不皦），從下面看它它也不黑暗（其下不昧），它眞是玄之又玄地無法稱名以形容（繩繩不可名），總歸它是在經驗上並不存在的東西（復歸於無物）。所以我們若從它的外貌的形狀來說它時它根本是個無形狀之對象（是謂無狀之狀），又若從具體存在物的角度要來認識它的時候，它又根本不是一個具體存在的對象（無物之象），它的這種存在的型態眞是虛而不實模模糊糊（是謂惚恍）。我們要迎上去見它它也沒有前端（迎之不見其首），我們要隨後頭跟它它也沒有尾端（隨之不見其後）。這眞是一個奇妙的東西啊，不過這個東西自古既存，且規範著一切事務變化的法則，所以我們如果能運用這個自古以來即規範事務變化的法則的話，那麼對於我們生活上的事務定能處理得更得心應手（執古之道，以御今之有），當然，這個奇妙的東西並不是那麼輕易地能知道的，如果我們能認識它的話，就表示我們已經掌握了天地萬物的運行法則了（能知古始，是謂道紀），所以我們應該要努力地認識它。

道是存在界的運行原理，它本身就是一個抽象的存在，其實它就是在人存有者心中的知識觀念，這才是它眞正存在的地方，但是當我們把它對象化了以後，當我們又企圖用抽象的思辨來稱說它的時候，當我們思考到它的存在性問題的時候，它在存在上的眞實情狀便極特殊了，這個特殊性在於它不能被以任何經驗世界存在物的方式來認識。其實，當然。道這個對象物本來就是一個觀念的存在，本來就不能以經驗的方式來認知，所以，以看、以聽、以摸都是不搭調的認識方式，它只能以想而被認識，它也能以用而被認識，對於它的用是一種功夫，一種在智慧中的功夫，它是能被用的，「執古之道以御今之有」，它是能被認知的，「天下有始，以為天下母。既得其母，以知其子，既知其子，復守其母，沒身不殆」（第五十二章），但是這個被認知到、甚而被運用著的道，卻只是一個觀念的存在，所以無相貌、無形狀、無聲色等都是必然的，既然是必然的所以老子此章中之言語本可不說，就算說了，也並未增加道概念的任何新的功能，所以這裡的說也都只是一種分析式的說、形式義的說，又是一個原理義的道概念之分析的解說而已。

老子第三十五章的討論亦然

執大象，天下往。往而不害，安、平、太。樂與餌，過客止，道之出口，淡乎其無味，視之不足見，聽之不足聞，用之不足既。

能掌握了道就能處理世上的一切事務，「執大象，天下往」，而且絕對安全，「往而不害，安、平、太」，然而這麼有用的東西卻不能以明確的形式吸引人類的注意，不像音樂與美食能讓過客駐足，「樂與餌，過客止」，「道之出口，淡乎其無味，視之不足見，聽之不足聞，用之不足既」。道是無味、無色、無聲的存在，道只是確實地「在作用中的有」而已，「用之不足既」，用它的話永遠都不會被用光。老子使用了這麼許多的生動語言來說道的這些性徵，但是道爲什麼是這樣的性徵呢?理由很清楚，只因爲道是一個抽象的存在，如此而已，只因爲這個抽象的存在又正是整體存在界的運行總原理而已。

老子第四十二章

關於老子的「抽象思辨之形上學認識進路」，我們暫論至此，在以上就老子的抽象思辨的形上學認識進路之討論外，另外還有直接關於「宇宙論」及「本體論」的兩組觀念值得提出討論。首先，老子在「宇宙論」問題脈絡中接受了一個「氣存在的元素觀」。其次，在「本體論」問題脈絡中，提出了「無道德目的性的存有觀」，這兩個觀點，仍需以抽象思辨的認識進路來認知，故討論於此。首先，在「宇宙論」的根本存在元素問題上，老子於第四十二章中有一段文字提到：

> 道生一，一生二，二生三，三生萬物。萬物負陰而抱陽，沖氣以為和。

本文所引爲此章之前部份文字，後部份與此處討論無直接關係故不引之。此文是老子形上思想的另一個高峯，仍分兩部份，前一部份是討論道與萬物的生屬關係，後一部份是在一個「氣化世界觀」下的發言。就前一部份而言，在我們以抽象思辨的認識進路來詮釋老子形上學思想的工作態度下，對於道與萬物的生屬關係，只能定為道是以原理的身分規束著萬物的運行變化的關係，但是此文中的文義又有極為明顯的創生義在，似乎是明言道在一個系列的發生階段中創生了萬物，那麼我們在這裡應如何詮釋呢？這是一個重要的詮釋關鍵問題，因為這將涉及到「抽象思辨的認識進路」之詮釋效力問題。

我們以為，將本文從抽象思辨的認識進路來詮釋，仍是比較恰當的，也就是從「本體論的生屬關係上」來詮釋，是比從「宇宙論的始源創生上」來詮釋較恰當[12]。在我們另一系的老子形上學思想之認識進路中，即實存律則的認識進路中，我們也不採取創生發展的認識觀，所以此處我們仍只將此一道與天地萬物的生屬關係，放在以原理規範運行的關係上來認識，即萬物自有其生滅變化的繁多現象，而道則只扮演這個繁多中的秩序原理的角色。是道讓那變化有了起點（道生一），於是事務始生複雜（一生二），然後事務更趨複雜（二生三），於是形成「萬物並作」、「夫物芸芸」的現象世界（三生萬物），這樣的詮釋仍將道只作為一個原理身分的存有者，而不是一個宇宙始源義的創生物。因此說「道讓變化有了起點」其實是說一切變化的起點仍是在一個總體的規律原理中的發生而已，至於事務的更趨雜的過程也只是說著道仍在於複雜化的過程中規範著它們的方向而已。

我們採取從本體論角度來言詮這一段充滿了宇宙發生論色彩的文字，其實還另有支持的理由，主要是從哲學觀念研究法的角度上來思考的，就是針對老子全書觀念的援引及鋪陳而言，以這個方式來詮釋是能夠配合我們在全書核心觀念叢的義理探討的，亦即能配合我們在道的實存律則之形上學認識進路的角度來思考的，如果採取宇宙發生論的詮釋進路，例如有許多的歷來的注家在「一、二、三」的文字中架構了繁複的階段原理的作法，雖然表面上看來十分合理，但是從全面詮釋的角度看來，老子對於道之創生萬物的觀點並未多置它辭，並沒有其它重要的文句以為援引及佐證，因此所有的解釋都流於猜測，它在理論上的意義反而是提供了詮釋者自己創造了關於天地萬物創生的發展理論，這在中國哲學史上的道家、道教哲學傳統中所作極多，都是重要的宇宙論之理論型態。因此，對於後來的詮釋者以老子此文為玄思的起點，從而創造了自己的宇宙創生發展之宇宙論哲學，就這點而言，是值得我們肯定與研究的，但是對於老子此文之詮釋則仍未能就此確定⑬。因此我們不能確定老子在此文中已明確地給出了創生義的從無至有之宇宙發生發展的觀點，即我們不能確定老子有一個「宇宙是從道到萬物即從無至有的創生發展」的觀點，因此也不能將此文當成是老子解說宇宙從無至有的創生哲學觀點，我們只能將之詮釋成是老子對於萬物紛雜的變化現象過程中，說出一個以道為其由簡至繁地變化的規範原理。

本文的第二部份，也是老子發表重要形上學觀點的章句，「萬物負陰而抱陽，沖氣以為和。」是說萬物皆在一個陰陽二氣的激盪調和的存在狀態中。這是一個先秦思想的一般觀念，老子知道這個知識，一併說出，對於老子哲學體系的獨創部份所增不多，因為老子只是在使用這樣的氣化世界觀的觀念，而並不是有體系地在建構氣化世界觀，故而此文亦並未使老子成為一個

「氣論思維」的大家，也未對老子哲學最精華的實存律則中提供創造性的思維。這是我們對處理此文的觀點，只是老子的一個一般常識的使用案例，因此我們也就提到了即可。⑭

老子第五章

老子另一個關於「本體論」問題脈絡的「目的性問題」的發言見於老子第五章：

天地不仁，以萬物為芻狗。聖人不仁，以百姓為芻狗。天地之間，其猶橐籥乎！虛而不屈，動而愈出。多言數窮，不如守中。

說「天地不仁」，就是說天地作爲一個存在界的籠罩性整體時，它在存有原理中的道德目的性上是不以「仁」爲本質的，即老子否定以道德性的目的作爲整體存在界的存有原理。此處老子語意明確，就道德義的目的性原理而言，天之道是不具備這個東西的，天地之道僅依存有的原理運行，「地法天、天法道」，故而萬物的存在的活動只是依照該有的規律在進行而已，萬物並不生而擁有仁澤的廣披，萬物只生而在於律則的躍動（以萬物為芻狗），律則是冷靜的理性，是普遍的原理，是對天地萬物皆然的掌握者，是一個非道德性的存有，所以「不仁」。「道法自然」一語中已說出了天之道本身只以根本存有原理身分而存在，道最終最本質的定位仍在於它自己身上，而它自己就只是一個「律則」，一個「常道」，是一個「理」，而不是一個「仁」，不是一個「仁之理」，而是我們下章才將談到的「實存律則」。本體論的最高範疇以律則的身分成爲理性的形式，對它最後的本質規定只能是「有理性存在的普遍形式」，而不是「有觀點存在的特定目的」，它以理性的律則掌握著天地，道德不道德已落入第二序了。此外，在常道的玄德義中老子討論到了「慈」的觀念⑮，但這只是實存律則的引用範疇，卻不是本體論的本質範疇，而是最高範疇項下的若干德目表式之一而已，然而以道德性的目的義的慈概念爲本體論的本質範疇可以是儒家的哲學觀念，以救渡衆生的慈概念爲最高目的是大乘佛學的最高原理，老子的哲學觀念並不如此建構，這是道與儒佛的重要差別，從形上學的觀念研究的角度而言，這個差別是必須釐清的。

上文的後段文字中所言之「虛而不屈動而愈出」，又是在道的抽象思辨理解下對它的「作用不息」的抽象概念的一個「經驗象喻」而已。

以上關於老子形上思想的「抽象思辨之認識道路」的討論就進行至此，接下來我們要進入老子形上思想的一個認識脈絡中，即其「實存律則的認識進路」。

注釋

① 馮友蘭先生早年寫作《中國哲學史》一書時屢屢使用這樣的詮釋觀點，可是他在後來的大著《中國哲學史新編》叢書（臺北藍燈版）中卻絲毫未提此類觀點，我們不確定他在這個道概念的理論意義上的關懷是否有新的不同意見，但仍然對於他早期的詮釋觀點是極為肯定的。其言：「古時所謂道，均謂人道，至老子乃予道以形上學的意義。以為天地萬物之生，必有其所以生之總原理，此總原理名之曰道。」（馮友蘭《中國哲學史》頁二一八）馮友蘭先生亦以道之總原理義之性格而分析了若干老子章句，極為暢達，這與勞思光先生的思路是一致的（參閱勞思光《新編中國哲學史》），而這也是作者的研讀心得，我們將可以透過把老子言道之諸文析為「討論總原理本身」（本章）及「使用總原理」（下一章）兩種認識方式而將其義完全解明。

② 張立文教授言：「老子是道家的創始人，他以道為其哲學的最高範疇。在先秦哲學中，老子第一個把道提到本體論高度，在道範疇發展史上占有重要地位。」（《道．中國哲學範疇精粹叢書》頁三八，北京，中國人民大學出版社，西元一九八九年三月第一版）

③ 大陸學者許抗生先生亦曾指出：「首先，范蠡的天道觀對老子的哲學思想有十分重要的影響。我們知道，老子關於道的學說，就是從當時時代的天道觀基礎上發展而來的。天道本指的是天的法則，在范蠡以前春秋時代，這一概念就早為人們所重視。……老子則把道這一概念用得很廣泛，他既講天道，又講人道，乃至一切事務皆有自己的道，如說明有明道進有進道等等。同時老子又指出了一個天地萬物之先的作為宇宙本源的道的概念。把道當作為宇宙萬物的始基本源，這是老子的獨創，是發前人所未發的。」（《老子研究》頁一八二）既然是發前人所未發，那麼針對這個如此特殊的抽象概念，老子對它進行概念的抽象思維也是正常的，這個將道概念對象化以其自身之抽象特質作為哲學反省活動的結果，就集結了本章所將討論的「道的抽象思

辨之認識進路」下的諸多文句義理之詮釋觀點。

④本書中之老子引文以余培林註譯《新譯老子讀本》，臺北，三民書局，民國七十六年二月六版為據，如對引文有它解時則另註之。

⑤傅佩榮教授言：「面對這樣的道，無疑可以論斷它的超越性。但是，超越的道如何可以用語言表達出來？老子發明了『疑似法』，以不確定的『或詞』描寫道，但是隱然指涉了這種超越的道之性格。」（《哲學雜誌．第七期》頁二九，臺北，業強出版社，民國八十三年一月出版）

⑥勞思光先生言：「老子即舉『天地』以概括經驗世界之萬有，言萬有無不變；但不屬於經驗世界之事象羣者，則可久可常。此即事象所循之規律，老子命之曰『道』。」（《新編中國哲學史．一》頁二三八）

⑦參見拙著《莊周夢蝶．齊物論》一文之義疏。臺北，書泉出版社，民國八十四年二月出版。

⑧這個觀念還需釐清，待本文下章討論道的實存律則時，我們將會取消道的這個宇宙論之始源之義涵。

⑨勞思光先生言：「『道』即指萬有之規律，因規律本身非萬有之一（即非經驗事象），故謂『先天地生』。」又：「『先天地生』即不屬經驗世界總體之意。」（《新編中國哲學史．一》頁二三九）

⑩勞思光先生言：「『道』本身雖非經驗事務，並非超離之存在，而為經驗世界恃之而形成之規律，故謂『周行而不殆』，又謂『可以為天下母』。『周行不殆』，言此規律之運行徧於萬物而無終止。『天下』亦與『天下萬物』同義。寂寥獨立，則狀此規律之獨一性。」（《新編中國哲學史．一》頁二三九）

⑪陳鼓應先生近年來提出「道家主幹說」，以中庸易傳書中多有道家哲學觀念住於其中，遂有中國哲學的大傳統應是道家哲學為主的說法。我們對於中國哲學的大傳統應是儒是道的問題沒有什麼特別的意見，因為這似乎是一個難以用理論來辯證的問題。但是對於陳鼓應先生所提在中庸易傳文中的道家風味的文字觀念的問

題，我們以為，它即便在表義的形式上相似於道家，甚或在對命題觀念的證立之哲學理論建構活動中，意識到道家哲學所處理的基本哲學問題意識，從而在自己的理論建構中亦予以處理，這樣的作法，也不能就以之為「源於道家」，甚或「同於道家」，因為這樣的形式義及文字義及外在問題意識義的相同相似的問題層面，基本上與哲學理論作為一套有特殊型態的觀點是不相關涉的。這是模糊了哲學理論的答案的部份、內容的部份、基本主張的部份在觀念表義上的根本重要性地位。（參見陳鼓應《易傳與道家思想》，臺灣商務印書館，西元一九九四年九月初版）

⑫許抗生教授言：「老子的哲學講的是宇宙生成說。但講得都很簡單，並沒有加以詳細的論證，只是在中國哲學史上第一個提出這一問題而已。……《淮南子》講宇宙生成說，要比老子講的詳細得多。」（《老子研究》頁二〇三～二〇四）許教授認為老子講了宇宙生成說，但講得不多，而是淮南子講得較多。我們則認為，根本上可以忽略老子此文中的宇宙生成說，而得以本體論的眼光來詮釋它。至於中國哲學史上的「宇宙生成說」之創造地位，則應讓位給其它的哲學作品來擔當美名，例如《淮南子》，這是我們以「哲學觀念研究法」的工作態度，強調有創造性的特殊型態理論體系之詮釋原則下，所作的檢別。

⑬馮友蘭先生曾討論過這個問題，並採取了宇宙論進路的詮釋觀點，他的根據是以本章後文的「負陰抱陽說」來判斷。但是我們以為，馮先生的論據是很薄弱的，這可以說只是老子的單一知識的借用，並未有整體理論的發展，所以不能即此論斷。馮先生言：「對於老子的這幾句話，可以作宇宙形成論的解釋，也可以作本體論的解釋，……就老子四十二章說，它大概是一種宇宙形成論的說法，因為它在下文說：『萬物負陰而抱陽，充氣以為和。』照下文所說的，一就是氣，二就是陰陽二氣，三就是陰陽二氣之和氣，這都是確有所指的，具體的東西。」（《中國哲學史新編．第二冊》頁五二）

⑭ 大陸學者在「老學的氣論思維之詮釋進路」上向來多有發揮，然而我們以為，放在哲學史上看中國氣論思維的發展是很好的，但放在老學詮釋上稱頌老子的氣論思維則是過美之作。關於氣論思維的有體系性的特殊理論型態之建構，應由《管子》、《呂氏春秋》、《淮南子》、《河上公注老》等作品來承擔創作的美名。例如許抗生教授即言：「《河上公老子注》最突出的一點，是用元氣、精氣來解釋老子的『道』。這顯然是對先秦稷下黃老學用氣或精氣解釋道的思想的進一步發揮。由於時代的影響，《河上公老子注》把『道』說成即是元氣的這樣的物質存在。」（《老子研究》頁二〇九）

⑮ 《老子》六十七章言：「天將救之，以慈衛之。」又：「我有三寶……一曰慈，二曰儉，三曰不敢為天下先。」

第三章　老子形上學的實存律則之認識進路

「老子形上學的實存律則之認識進路」，是對於老子形上學思想的一個研究進路，是將問題意識集中在老子所提出的整體存在界的運行原理上，側重於對這些原理的義涵及其成立條件的討論。如果說道是老子形上思想的最高範疇，那麼前章便是在本體論的問題意識脈絡中討論此道之存在性徵，相較於老子討論道概念的其它側面而言，是屬於純粹抽象的形式義的討論，至於本章之討論，則是在形上學的本體論問題意識之脈絡下，討論此一道本體的義理內涵，是道在被老子視為規範原理身分上的義理內涵，是有著具體觀念內容的討論①，是在解說整體存在界所展現的本體律則，而不是如前章地把這個律則本體的形上特徵當作研究對象。展現這個律則的運行是要落實在自然與社會人文活動的範疇中的，所以我們稱之為「實存律則」。

老子作為道家哲學傳統的第一位大哲學家，他的道家風格之特色就在於道家的「常道觀」之提出，這是有別於儒家的一種世界觀及處世的智慧，千百年來成為中國哲學思想的一大傳統，落實在政治哲學、宗教哲學、教育思想、兵學、體育、氣功、社會價值觀念等多種文化活動層面中。這些觀念的層面固然很廣，但在觀念的關係邏輯上，「常道」的諸律則首先以整體存在界的運行原理身份，總攝了諸層次的義理，成為形上學問題中的觀念主張，因此我們首先必須在形上學的問題層次上來討論這些原理。

「常道」的觀念位階就是在形上學的問題意識中說出關於整體存在界的運行原理，這個原理從抽象思辨的認識進路來定位它時，它在理論位階上的地位，是天地萬物共循的法則，而這個法則的內涵在老子的觀念裡將涵蓋人事物的全面原理，意即它將作為自然存在物的存有活動之原理、也將作為人存有者生活世界的活動原理、還將是社會存在的歷史事變之發展規則等，因此這個常道成為老子所提出用以認識這個世界的統一原理，認識之後生活於其中並運用這個原理於其中，因此我們稱之為「實存律則」，因為老子本就是以之為天地運行的根本律則。

在老子的理論觀點中，這些普遍性的原理是天地萬物實際運作時的法則，它們實存於天地萬物的生滅變化之道中，也因此它們在人存有者的認識與運用中亦同時實存於人存有者的生活世界之中，因此它的實存性徵首先是「在於」老子的理論觀念裡的實存於存在界，至於它們是否眞正實存在存在界？這便是這些實存律則的是否成立的問題了，這是我們這些當代的哲學觀念研究者所應解決的問題②。我們應一方面清楚地認知這些實存律則在老子使用中的理論意義，另方面則應發表對於這些實存律則之存在性的合法與否的討論觀點，本章對於老子的實存律則的詮釋與分析將以此二方面的觀念工作為重點。

就老子本人的觀念建構之一致性要求而言，他的實存律則之提出，必須在理論上要符合兩個條件：其一爲諸律則本身在觀念上的可蘊涵性，或說是在命題上的可推演性，亦即是邏輯上的一致性，也就是諸律則本身共同構成一套理論體系，這是第一個條件。爲滿足這個條件，我們必須讓本文中所提出的老子的實存律則，能夠鋪陳在一套一致的思維脈絡中將之串連起來，這一項工作是本章的重點。第二個條件爲：老子以他的實存律則之原理所應用在功夫理論、境界理論、及政治哲學中的所有觀念命題，必須都能在律則之一或所有律則之中獲得理論的基礎。也就是說這些律則將能以根本律則的身分用來解釋老子在政治哲學、功夫理論、境界哲學等理論範疇中的主張。這項工作我們將在其它章節中表現。

老子的實存律則約而言之有四項：一爲「天下萬物生於有，有生於無」及「有無相生」，二爲「反者道之動」，三爲「玄同」，四爲「玄德」。以下是老子關於這四組律則的直接發言：

1. 天下萬物生於有，有生於無。（第四十章）
天下皆知美之為美，斯惡已；皆知善之為善，斯不善已。故有無相生，難易相成，長短相較，高下相傾，音聲相和，前後相隨。（第二章）
無，名天地之始，有，名萬物之母。（第一章）
2. 反者道之動，弱者道之用。（第四十章）

3. 塞其兌，閉其門，挫其銳，解其分，和其光，同其塵，是謂玄同。（第五十六章）

4. 生之，畜之。生而不有，為而不恃，長而不宰，是謂玄德。（第十章）故道生之，德畜之。長之，育之，亭之，毒之，養之，覆之。生而不有，為而不恃，長而不宰，是謂玄德。（第五十一章）

這四項原理爲老子認識世界的四組根本法式，是老子天道觀思想的核心觀念。如果我們要找出老子形上思想的實存律則，就必須以此四者爲研究的焦點，因爲一方面此四者互相關連形成一套解釋體系，二方面老子所有的自然、社會、人文生活之原理也都得匯集在這四項觀念之內。

一、「有無並觀」的實存律則

我們先討論「天下萬物生於有，有生於無」及「有無相生」的實存律則。這其實就是老子使用「有無」範疇以認識世界實相的律則，而在老子的使用中，則一直都是「有無並舉」、「有無並觀」的一組認識法式，它的具體義涵得顯現爲「天下萬物生於有，有生於無」及「有無相生」，更可顯現爲所有「以有無言說」的觀念型態中。於是我們必須首先解析老子在「有、無」這一對範疇中到底眞正言說了什麼。

首先，就「天下萬物生於有，有生於無」的文句而言，其語言表面上的義涵是指「天地萬物」之「存在」上的原理，但是在更深入地分析之後，我們會說它是在說明存在的出現之「意義上的固定法式」。首先，就「天下萬物生於有」而言，天下萬物是一個事實上的已存在，但在人類的認識活動中必須經由人類的意識活動之後才使得它們的已經存在的事實得以彰顯，所以人類的「賦予認知」之作用是天地萬物之「在認識上」的存在的必要條件，所以可以說天地萬物的彰顯是在於人類的認知意識裡，這個認知意識即是一個「有」，是一個在平常生活世界中的一個特意認取的活動，從而使得任一事件成爲了有意義的存在結構，使得它發生了。其次，任一存在的事件，就它在發生的始源意義而言，它是立基於它的本來未發生的這件事情的意義結構上的，也就是說使它發生的這個「有」的意義結構是立基於它的「有的不發生」之「無」的意義結構之中的。所以我們說這是「意義」的問題就在於指出這個「有生於無」的存在命題，是一個在「認識活動」之中的命題觀念，而不是關於「宇宙論中的存在始源」之討論。

關於「宇宙論的存在始源」的問題，我們可以說老子並未多作討論，而老子對「有、無」這一對範疇的討論，則都是關於認識中的意義結構的討論，這是我們解消對老子形上思想之詮釋的「宇宙論認識進路」的基本態度。也就是說：老子提出的第一個「有無並觀」的實存律則「天下萬物生於有，有生於無」，根本上是一個認識中的法則，是實存在人類認識活動中的一個固定的意義結構。因此這一個描述存在的發展的律則，實則解析了存在在被認知中的固定法式，從而掌握了人與事之互動原則，成爲老子提出以面對世界的作用原理，這個作用的原理的更清楚的義涵展現，即在「有無並觀」的另一組表現型態上，即「有無相生」的法則。

其次，老子提出的「有無相生」的觀念，本來是在說這個對於存在的出現之認識上的有與無之意義上的並生結構，經其轉化使用之後，直接擷取有與無兩概念在意義上的對立義涵，因而表述了一個從「有生於無」中轉化出來的「對立面意義同時呈顯」的律則，即「有無相生」的實存律則，如同老子於第二章中所使用的：「美惡」、「善不善」、「難易」、「長短」、「高下」、「前後」等的對立性概念範疇，都顯現了在認識活動中有一體並現之隨伴產生的現象，這也是一個在「認知上的固定法式」，是說任一概念的出現，都是伴隨在它的對立面被否定的前提下而出現的，也就是說任一特定的意義主張，是立基於否定了它的對立面意義之上而主張的。所以「有無相生」本來就是在說事件的發生是與它的對立面同時發生的「認知活動中的觀念命題」。

現在我們把「有無相生」與「有生於無」放在一起來討論，也就是說：任一事件，當它在認知中被意識到的時候，它的出現之「有」的意義，是與它的不出現之「無」的意義同時存在的。並且，當它的「有」的意義明確化了之後，它的對立面的意義也伴隨而顯出了。亦即是：任一事件的在認識中的出現之時，它的發生的否定面（即是它的不發生）與它的意義的否定面（即它的對立面）都同時並現了。這是一個從認識活動中講起的觀點，這也是一個事實存在的現象，我們在思維中對一個事件有所認知，認知到它的發生，這項活動的意義是，它的「有」是在於它的「無」

之中的，所以「天下萬物生於有，有生於無」。在一般的狀況之下我們只認識到事件的出現，而老子卻是要提昇我們的認識的抽象層級，將我們對生活世界中的一切事務之出現、發生的存在事實，拉高到一個「出現、發生、存在」的意義結構裡面來理解。在這個意義結構中是：一個「出現」乃是蘊涵在它的「不出現」之意義中；一個「存在」的被認知是蘊涵於一個「不存在」的曾經不被認知；一個「發生」的意義是它本來是「沒有發生」的所以才有這個發生的被認識。因此整個「有生於無」的律則命題表面上是一個「關於存在」的命題，事實上卻是一個「在認識活動中」的「固定的意義結構」之命題，是說這個命題的論述脈絡是置於對認知活動的意義結構之分析的觀點上來論述的。而就「有無相生」而言，這個「有」是一個意義中的特定面向，我們通常只認知到它的特定性、獨立性，卻忽略了它的排斥性、否定性，這個特定的有的觀點之凸顯，一定是在於它同時排斥了或否定了另一個特定的觀點之後而有的，因此我們可以說：就存在的出現而言，老子建立了一個「有生於無」的認識中的意義結構；而就出現的意義而言，老子建立了一個「有無相生」的認識活動中的眞象。

因此，關於這個世界到底是「什麼東西應該出現」、「應該先出現」、「應該不能出現」等眞正屬於宇宙論項下討論的存在的問題，並不是老子哲學的核心問題。因此「有無相生」或是「天下萬物生於有，有生於無」的一組觀念，並不是宇宙論的始源問題，所以，「有、無」更不是存在上的範疇，而是認識上的範疇。「有、無」是狀詞觀念，狀述存在的在認識中之運作的律則之觀念，而不是作爲存在的名詞之範疇。「道」概念可以是存在義的範疇，因爲至少它是總原理的本名，它是一個存在的對象，雖然是抽象的存在，但因它的作用的眞實，使得它的存在無可置疑。然而有與無卻不是存在的概念，因此決不是存在位階上的概念範疇，所以我們不能說老子主張了一個「無」的存在範疇，接下來主張一個「有」的存在範疇，因而有了「無的存在始源」及有了「有的存在之開展」。這是把老子在律則範疇中的概念予以存在化了的理解方式。所以在存在的範疇中，老子並未主張有一個「無的存在階層」及一個「有的存在階層」，老子的主張是：在任一個認識活動中，都有一個「無的意義結構」及一個「有的意義結構」，所以可以將此「有生於無」及「有無相生」的意義結構拿來作爲認識的法式，這就是老子爲人類的認識活動所打開的一個廣大的空間，一個觀察認知的實存角度，「常無」及「常有」就是這個認識的固定法式：「故常無，欲以觀其妙；常有，欲以觀其徼」。所以老子會以有與無爲認識的根本法式，會以這一對認識法式恆常地觀察這個世界的所有事件。

即如老子所說的：「無名天地之始，有名萬物之母。」（第一章）萬物之有是在於天地這個存在的範域之中的，如果沒有萬物的存在被認知者意識到，那也不會有空洞的天地被意識到，因此以「有」代表整體存在界中所有的萬物存在，而以「無」代表萬物存在的立基點，便是這個天地，而在整體存在界的天地萬物並觀之下，天地與萬物同其爲有。作爲萬物基地的天地，在萬物作爲有的出現之意義結構中是扮演了本來沒有的意義結構，即無的意義結構，並不表示天地自身之根本意義是「無」，更不表示有一個空虛無物之存在的始源作爲天地萬物的創生者，「天地作爲萬物之基地自始即已有」，只是在「說明」人類的認識活動中的固定的意義結構時，如果我們以天地萬物作一實例的話，則「萬物」是那個意義中的「有」，而「天地」則可以是那個意義中的「無」。而其實，在認識活動中，認識到萬物之有，即意味著已發掘了天地之存在，因爲有在無中，故天地早已蘊涵了萬物，故而天地即萬物，都是那面對整體存在界的對象統一體，故得以「有無並舉」以名之，因而更得以「有無並觀」以實存地活動於其中，這便是「故常無，欲以觀其妙；常有，欲以觀其徼」的觀察法式之作用目的。

所以當我們來回應對老子形上學的「宇宙發生論之由無至有」的解讀，或是「本體論之本體是無」的解讀時，我們便必須反對這兩種的解釋意見。

以上便是老子第一個實存律則的討論。

二、「反者道之動」的實存律則

其次，就老子第二個實存律則「反者道之動」的律則原理而言，當老子以「有無相生」的觀察法式觀察這個世界的時候，會得到另一個恆常的存在發展的律則，那就是「反者道之動」的律則。「反者道之動」在命題的文義上是說：事務發生的規律是向著它的對立面發展的③。但是我們從這個觀念的理論意義上來解讀時，我們必須指出這其實仍是一個認識上的情狀規律。事物在被意識到的時候的存在狀態是一個「有」，它已經蘊涵了被它排斥及否定了的對立面，因為這個存在的現象的當下意義，固然是被認知到的觀點，但是這個當下被認知的觀點的意義，只是在認知者心中所明確意識到的意義，而且特別當認知者對事務採取這個特定的認知觀點時，這個觀點在它自身的意義結構上，其實已伴隨著它不是這個觀點的對立面意義之已經存在，存在於以認知者為中心的所有自然社會結構之中，存在於與認知者相關的社會羣體之中，也就是存在於「天下皆知美之為美」的「天下」的環境互動裡。

所以這個「認知」，與其說是知識上的獲得，不如說是意義上的界定、觀點上的選擇，所以這個「認知」其實是「認取」，認取了這個特定的意義觀點，將這個特定的意義賦予這個事件對象，這就使得這個意義的對立面也在認知者不自覺的情境下被揭露了，被從玄冥中攪動了出來，潑灑在相關的時空之中，為一切相干及不相干的人士所吸納著。

然後在這個認取的活動之後，事務它繼續地發展著，而在事務朝著被意識到的意義之路上盡極地發展的過程中，它的未被意識到的對立面之意義也一樣地盡極地發展著，當兩者皆極致地發展了之後，它的對立面意義終於茁壯到認知者無法忽略的地步，逼使認知者清楚明確甚至驚訝恐懼痛苦地認知著它，甚至使得事務原來的認知意義的存在毫無價值可言，在認識上變成了被否定的對象，而這整個事變的過程就令人感受到事務的發生發展總是朝著它的對立面去進行，亦即「天下皆知美之為美，斯惡已；皆知善之為善，斯不善已」之義。因此老子建立了這個「反者道之動」的實存律則。

所以這個關於發展性的實存律則，實際上是說的「認識的注意力被迫朝向對立面發展」的律則，因此「反者道之動」這個實存律則，它的存在是「在於」人存有者的認知活動之中，它的成立則是成立於人存有者認知活動的固定法式中。而這個固定的法式卻是決定於人存有者的心理感受下而造成的，因此它是一個感受性的認識原理，是人類認知事物發展時的意義採取之恆常現象，是意義採取的活動決定了人存有者的認識結果，所以其實不是「存在的事務朝向它的反面發展」，而是「認識的焦點朝向它的反方向選擇」。

至於事物發展的眞實情狀，在「有、無」的意義結構理解下，是一體兩面同時成長的，「有」的側面與對立面意義的「無」的側面永遠同在，它很公平、很穩定、很實際、很殘酷、很不顧人類的感受、根本不管人類心理上的欲求，但事務的發展與人類的認取心畢竟是兩回事，所以只要人類恆常地有意地從片面的眼光擷取所欲，那麼這個律則便會恆常地作用。因而這種認識活動中的恆常現象之所以發生，就是在於人存有者的認識活動中總是忽略了「有無相生」的原理，總是沒有認知到在我們所採取的認識觀點之背後所已經蘊涵的對立面的意義觀點。所以「反者道之動」的事務發展結果成了我們認知活動中的「固定錯誤」。就是說人們總是在事務發展到了極致之後，才會注意到它的對立面，這是人類思維活動的固定錯誤，是思維的抽象能力未被提昇的結果。但是這個錯誤是恆常地發生的，因爲它的發生是這麼地固定的，所以它成了實存律則，實存在存在的運作中成爲整體存在界的運行原理，成爲老子形上學思想的原理，是老子在形上學這個問題意識中所主張的對於整體存在界的觀點，然而實際上它卻是一個認識的規律，是一個認識存在的法則，而不是一個存在的法則。至於存在的法則和認識的法則的關係本身是一個新的問題，老子雖未明確地處理，卻顯然地以認識的法則來界定存在的法則，但是老子並未主張存在的法則即認識的法則，只不過是老子的存在法則實即認識法則而已。

對於老子的「反者道之動」的實存律則之認識，其實還有更貼切的認識進路，那就是在功夫理論的討論中，特別是爲著特定的社會目的而操作的主體性功夫作爲之中，是充滿了對此一律則的認識及應用之道的智慧的，那就是在認識上的恆常錯誤將由功夫上的鍛鍊而超越它，這些觀念我們將在功夫理論一節中說明，而更切近的討論則將放在經文義疏中進行。

以上是老子的第二個實存律則之討論。

三、「玄同」的實存律則

現在討論老子的第三個實存律則：「玄同」的律則。「塞其兌，閉其門，挫其銳，解其紛，和其光，同其塵，是謂玄同」。

「玄同」在語意的表現義涵上是指「天道將一切特出的存在的表顯予以解消」，「兌、門、銳、紛、光」是特出，「塞、閉、挫、解、和」是解消。使特出的消解之後與一般的同其狀態。

「玄同」仍是在認識上的律則，老子並未有足夠的論證說到存在，老子「玄同」的表面語意固然是說存在，但以他的思維脈絡而言，老子實只說到了認識。假使我們從自然現象與社會歷史的發展過程來看「玄同」義理的落實，這個世界也的確沒有任何的存在能持續地特出又持久地恆存，但是這是不是就能將之歸約爲有一個「玄同」律則的作用結果呢？當我們在反省這樣的問題的時候，我們又必須認識到所謂的特出也是一個相對性的觀點，在一個明確的標準出現之後才有存在的特出與否，如果我們不建立判準，不落入成心，則必無特出，因此也就不出現「玄同」。其次，特出的「解消」涉及到存在的持久性標準，這也還是一個相對性的觀點，在如何的時段之內的解消算是「玄同」律則的作用，這也必須建立判準，否則只能是將事務的自然遷流變化生滅的現象之實然，當然地置放在「特出之必然解消」的認識架構下。這對「玄同」的律則而言，也並不是有意義的處理。而另外的一個事實則是：存在的每一個當下都是差異，也就是「不玄同」。天地萬物的存在都有一個「有」的特徵，也都是特出，因此特出的存在也是現象的實然。因此主張「事務總是不持久」的觀點，衡諸於存在的眞實而言，這是一個極鬆的認識，然而老子的「玄同」命題的提出卻是一個强的命題，若直接置放於存在的現象法則上來理解是很牽强的，它必須在有足夠的解說判準建構之後才成爲可行，那麼我們應該如何理解「玄同」的律則呢？關鍵在於：自然現象尚非老子言「玄同」的論述目的，所以朝向此處理解也就不是重點了。

那麼，如何使老子的「玄同」的命題的强制性簡易地合理化地理解，這就只有重新從「有無相生」的認識法則中才能看出。特出是「有」，是「作爲」的有，不論是自然的作爲還是社會的作爲，都是一個「有」的意義結構，然而老子已指出：「有無相生」及「反者道之動」，所以一個特出作爲的出現，必然導致它自身走向反面，從而被吞噬，於是就在它的被吞噬中解消了它的特出，特殊解消同於一般，於是事務的存在與發展體現了一個「玄同」的律則，就此而言，從「玄同」這個詞彙表面上的語言意義所說的這個存在的特徵，其實便只是「有無相生」及「反者道之動」的另一種詮釋。因此「玄同」原理作爲實存律則的理論意義便仍是認識上的結果，而不需從存在的眞象中去論證它的實存。它最多是自然現象的粗略的歸納原理，它眞正能夠深入解釋的是人文現象中一切「有爲」的行爲的不可逃脫的命運，是在人文活動中的實存律則。如要運用於自然現象的解釋，那只能說是觀察者的固執，故意地採取了這個觀察態度，從而使得自然現象的變化服從於這個律則，其實只是服從於觀察者的觀察指令，如：「飄風不終朝，驟雨不終日。孰爲此者？天地」（第二十三章）、「人之生也柔弱，其死也堅强。萬物草木之生也柔脆，其死也枯槁。故堅强者死之徒，柔弱者生之徒」（第七十六章）等自然現象界的解釋，都是老子觀念上的强爲，因爲反面上的說法也仍然可以成立，所以並不能在此建立自然的律則，而只能是人文的律則。

當「玄同」的觀念是要放在人文的活動中來認識之時，「玄同」則得轉化成爲一種功夫的觀念，那是一個胸懷的型態，就在人存有者以「玄同的胸懷」來修養自己及對待他人並處理社會事務的活動中，「玄同」的實存律則義取得了經驗的落實，成爲了人存有者的修養，這樣的觀念我們將在經文義疏中再予解說。以上對老子的「玄同」的實存律則之討論暫作至此。

四、「玄德」的實存律則

老子的第四個實存律則是「玄德」。「玄同」是認識上的人文活動中的實存原理，「玄德」亦然。「生之，畜之。生而不有，爲而不恃，長而不宰，是謂玄德。」「玄德」是老子描述「道對待天地萬物的態度」，是天地萬物作爲一個對象的被對待的方式，是一個被對待的原理，所以「玄德」是本於以一種胸懷的意味而作爲實存律則，是「天之道」永遠以這樣的一種胸懷來對待天地萬物，因此「玄德」也成爲道的實存律則義之原理之一。「玄德」的文義是指「供給而不宰制」、「主持而不主導」，「宰制」、「主導」是有主體身分者的活動義，是依於意識型態的要求而有的非自然性行爲，而道主體卻正以玄德的胸懷而拒絕了這樣的行爲，所以「玄德」的觀念預設了道的有人格性意味，所以就本體論的觀點而言，我們可以說老子的道是攜帶著人性位格的概念。

老子「玄德」觀念的理論基礎何在？從實存律則的角度來說時，這是對於「反者道之動」的生動的認識之後，對於人存有者的這種錯誤的思維習性所反顯的天道自然無爲的體認。人的認識總是片面地採取觀點以及固執地勇往直前，因此造成事務的存在與發展都是那麼必然地「有無相生」、及「反者道之動」，可是在事務的自然生態中，如果我們不那麼有意地採取觀點，更不要那麼片面地一往直前，那麼事務便可以在自然環境中平實地發生發展著，道對天地萬物的態度就是如此地「玄德」。

我們如果從道的抽象思辨的認識進路來說時，天地萬物本是一個存在的整體，一切事務的運行本是一個意義的原來樣相，「道」不採取觀點、「道」不採取態度、「道」不發生情緒，在天地萬物自然地開展的過程中，「道」這個有人格義的存有原理並不站出來主張自己的角色功能，但是「道」仍默默地發揮著它的內在作用力，「道」以律則的身分存在在事務的運行原理之中，「道」成爲了事務運行的本身，「道」隱藏了自己的貢獻，「道」其實本來就不曾以存在者的身分存在過，所以「道」在天地萬物的發生發展過程中，從來就不以人格主體的身分發生情緒、採取立場、表達是非判斷，因此「道」這個人格主體對待天地萬物的態度是一個供給者而非宰制者，主持者而非主導者，「道」是永遠地以「玄德」的胸懷來對待天地萬物的發生發展，而這就又使得「玄德」成爲「道」的一種實存律則。

總之，這個「玄德」觀念的提出，在老子的內心思維意識之中，它的基礎是更在於「反者道之動」的認識法則上的，「反者道之動」是一個錯誤的認識習性，使得人存有者的意義世界發生了事務運行必然走在「反者道之動」的規律上，然而天地的存在本不應該如此，天地的存有活動也本來不是如此，但是如何能不如此地錯誤呢，原來天地萬物在自然的情狀下運行自身時，它從不採取有價值性的認知態度，因此不會出現一個意義上的「有」，在意義上它仍是「無」，所以「玄德」是「生而『不有』、爲而『不恃』、長而『不宰』」，這個「有」、「恃」、「宰」的態度，就是在認識上採取了有價值義的意義觀點，就是那個本來沒有必要發生的「有」，那個重複在人類世界犯錯的片面地採取的觀點。而「玄德」觀的提出，就是不會在事務的開始的時候採取片面的觀點，那也就不會在事務的發展過程中固執地勇往直前，最後就不會出現那個片面態度的對立面意義因爲片面態度的勇往直前而伴隨著成長茁壯，因而因爲意義的深刻造成感受的強烈，所以在認知上吞噬了原來的片面意義，更因爲此，它便保留了事務存在發展的本來樣相，在它的自然的軌迹中自然地成熟了，所以「玄德」的胸懷也可以說是一個態度上的「無爲」，而它的結果，就是事務的自然成熟，也就是「無不爲」，「無不爲」是說天地萬物在它的自然之道中無所不能地完成了它所要走的道路，所以「玄德」的胸懷從效能的角度上來描述時，便可以說是「無爲而無不爲」。而這也正是「道法自然」的存在的本然樣相而已。

五、實存律則的性格定位

關於老子的諸律則觀念之「建構過程的思維脈絡」及其「觀念成立之義理」，我們已說之如上。但是老子獲得這些實存律則的理性觀察過程仍有重要的理論上的意義，這便是他從自然現象、社會變遷、人事更迭中經過理性歸納之後所獲得的觀點，也就是說從認識的進路上說，自然秩序與人文秩序都是這些實存律則的觀念來源，而從效能的進路上說，自然與人文都是實存律則的應用對象，這是律則之所以爲整體存在界的原理的身分地位之意，這幾條律則將作爲自然存在及社會存在的運行原理之通式，這是一個關於老子的實存律則之理論性格的重要認識。

但是，我們更應强調的是，這些律則的深意其實是一些人類思維活動中的認識法則，甚而是一種習性或胸懷，因此根本上它們的適用範圍只在人文現象中有效，而不能過渡到自然現象，我們可以以這些律則來觀看自然現象，從而得到若干的領會，但是自然現象卻並不服從於這些律則的規律，反而是在人文活動中，當我們恆常地如此認識，並如此地行動之後，則一切環境的互動都將遵循這樣的律則來運行，所以我們要强調，老子自己對這些律則的認識與應用是綰合自然與人文的範域，但是我們經過觀念研究的判斷，卻必須指出這些律則只在人世的經驗範圍內有其適用性，它的普遍性乃只有實義地普遍在人事社會歷史的活動中而已。

另外，特別在中國哲學領域中的認識問題，是與功夫操作密切相關的，就老子的實存律則之認識而言，也有一個功夫操作的過程使他能夠清楚地得知常道，這點，即其「致虛極守靜篤」一段，我們在論功夫時再來討論。

注釋

①所謂「有具體觀念內容」的意思是相對於「抽象形式」而言的，我們在對老子的道概念的討論中，將之分為兩組思維進路，其一為論道之身分特徵，指出其即萬有之總原理，是為一律則義之存有，此為一形式義之探討，說出了道之形式義卻未說出道之內容義，內容義之道則指得是道之具體的律則原理，即本章即將討論的「有無相生」、「反者道之動」、「玄同」、「玄德」等律則，當然這樣的對老子之道的形式與內容義之區分，是一個相對比較下的區分，是為觀念的解析之清楚界說的需要下所作的區分，兩義皆為老子的創作，若置放於先秦思想之比較架構中觀之，老子言道與儒家言天之差異，亦得以老子此道之規律身分之形式義為一內容義，即在最高範疇為天或為道之比較觀中，老子言道為最高範疇之抽象思辨的諸觀點即是這個比較題目下的直接答案，意即內容性的答案，這就是我們採用哲學觀念研究法中討論觀念的形式義與內容義之既應區分又得轉化的相對性觀點。關於道的內容是諸律則之觀點，勞思光先生亦有如此的語言使用：「反即道之內容。」又：「所謂道之內容即是反。」（《新編中國哲學史．一》頁二四〇～二四一）

②我們對老子哲學的成立問題的看法，是認為老子的實存律則在人文活動中視有效的，但是在自然律則中則是無效的，相關的論述見本文明之。陳鼓應教授有言：「最後，我們要談談老子哲學上的缺點：首先，我們很容易發現老子常使用類比法（Analogy）去支持他的論點。例如他從柔弱的水，可以衝激任何堅強的東西，因而推論出柔弱勝剛強的結論來。這種類比法的使用，雖然有相當的說服性和提示性，但是並沒有充份的證據力。因為你可以用同樣的形式例舉不同的前提而推出相反的結論來。你可以說，堅硬的鐵鎚可以擊碎任何柔脆的東西，因而推論出剛強勝過柔弱的結論來。這裡僅就老子所使用的類比法加以批評。當然我們了解老子的用意，只求在經驗世界中找尋說明他的道理的論據，這些論據雖然無法保證他的結論之必然性，然而並

無礙於他的道理之能在經驗世界中得到運用。」（《老子今註今譯及評介》頁四二，臺灣商務印書館，民國七十四年二月修訂十版）

③ 老子的「反」的觀念，我們只以「朝向對立面的運作」意義來解讀，我們不接受「循環反覆」的詮釋方式，後者在功夫理論中是沒有意義的，而前者在功夫理論中則被老子充份極致地使用著，成為社會、歷史、政治、倫理等多重行為的準則，我們從「哲學觀念研究法」所強調的「體系一致性」之詮釋原則上來討論時，便能理解將反的作用原則從循環的意義來解讀是不當的，當然，學界中以之為循環反覆之意義的觀點是很多的，但我們仍認為這樣的詮釋是不充份、不深入的。陳鼓應教授即以規律義的道有兩種型態，一為對立轉化的規律、一為循環運動的規律，其言：「老子重視事物相反對立的關係和事務向對立面轉化的作用。但老子哲學的歸結點，卻是返本復初的思想。『返』和『復』，與『周行』同義，都是循環的意思。這是『反』的第二意義。『反』若作『返』講，則老子說『反者道之動』，即是說『道』的運動是循環的；循環運動是『道』所表現的一種規律。關於『道』的循環運動，老子在二十五章和十六章上都說過了……」（《老子今註今譯及評介》第一〇頁）對於這樣的看法我們是反對的，對於相關章節的實際的解讀，我們將討論於下篇的經典義疏中。

第四章　功夫理論與老子的功夫論觀念

「功夫理論」是談操作的理論，特別在中國哲學研究的工作方法中，「功夫理論」是揭露哲學理論核心觀點的基本研究進路，這也是作者在中國哲學研究的努力進程中，所欲建立的一個重要的基本哲學的問題意識，希望將「功夫理論」發揚為中國哲學觀念闡述過程中的一個獨立的基本學門，而就在本書對老子思想研究的寫作中，賦予其應有的重要的角色職能。當然「功夫理論」是一個中國哲學領域內的普遍性問題，它可以在老子思想中出現，它更可以在其它哲學對象中出現，老子哲學的功夫理論僅是一個應用的引例，是我們藉以試用功夫理論作為獨立問題意識的一個使用案例，他將隨著哲學對象的理論型態之不同而展現千變萬化深入淺出的多種姿態，而正在這多種姿態的展現中，即將充份地施展功夫理論對中國哲學問題的強力解釋效度。

中國哲學重點在談人的問題，談人應該如何生活的問題，中國哲學的理論建構透過「天道論」就要來建構「人道論」，「天道論」是屬於「形上學」問題的領域，從「本體論」角度、從「宇宙論」角度、從「世界觀」角度等去陳述整體存在界的根本道理，道理陳述之後直接就要對人的生活方式表示意見，發表人在這樣地一個存在界中的應取之道，這便是「人道論」的範疇，「人道論」的範疇從基本「人道論」哲學問題的角度上說來，我們可以從「功夫論」、「境界論」、「倫理學」、「社會政治哲學」等的表述進路來架構它。至於從理論的關係上來說，則「人道論」可以是依於「天道論」的命題而立說的，但這可能只是哲學命題間的表面關係，任一位中國哲學家的「天道論」命題，更可能是基於他在功夫操作上的觀點，因而在根本的思維型態上反而是功夫論來先在地決定了天道論命題的走向。關於個別哲學家的理論建構方式中之「天道論」與「人道論」的關係，都是要個別地研究分別地理解的。不過就理論關係的關係原理上說來，任一家哲學體系都必須使他的「天道論」與「人道論」保持命題義涵的一致性、不矛盾性，如此才能使得他的哲學觀點成為一套好的理論體系。

「功夫理論」在中國哲學系統中，幾乎可以說是任一家理論系統必然蘊涵的哲學觀點，而且可以說就是理論建構的目標所在，這當然和中國哲學的特質有關，中國哲學的理論目標最後都是要落實到提出一套「人生哲學」的觀點，提出人存有者應如何生活的哲學，在「天道論」中說出世界存在的本來樣相，在「境界論」中說出最完美的人存有者應該達致的存在狀態，這個最完美的最高級的人存有者的存在狀態當然是依於「天道論」的觀點而來的，天道的根本存有道理為何，人的最佳存在狀態就應為何，這是人類哲學思維的共同且固定的法式。在這裡，就出現了人存有者應如何達致那個最佳狀態的問題，這個對達致方法的研究便是「功夫理論」的重點，「功夫理論」就是在討論人要作如何的功夫操作，才能使自我的存在狀態達致符合於天地運行的根本原理的最高級狀態之中，在儒、釋、道三種不同型態的哲學傳統之下，中國的「功夫論哲學」也出現精彩的觀念辯論之高峯，從心上修、從性上修；從理上入、從行上入；漸悟、頓悟；讀書、明理；修身、煉形……都是「中國功夫論哲學」的重要理論辯論的議題。

討論「老子的功夫理論」，首先要了解老子心目中的理想人格是一個什麼樣的存有者，簡言之：「人間政治的高明操作者。」他的理想人格的稱名即爲「聖人、侯王」，這就明顯地區別了作爲神仙、方士義的道教中的理想人格，也不同於作爲比丘、居士義的佛教中之理想人格，至於這與儒家的聖人、君子的理想人格是否相同呢？當然也不同。這是可以從所有的基本哲學的問題脈絡來解明的，是要從包括形上學、功夫論與境界論及政治哲學等觀點的差異中來解明的。多數思想工作者，喜於融合儒道，這作爲一種人生的態度，是可能的，更是可取的，但作爲觀念的研究，在認識其眞蘊的需求中，先別其異才是要務。這個區別其異的態度是觀念工作者的本職，我們寧願以先別其異的工作態度來研究他們，這樣才可以見到哲學家的原創力部份，至於當研究者自身有了原創力之後要以更高抽象原則來融合儒道，這已經是第二步的工作了。在檢別了老子最高境界存有者身分意義的型態之特出性之後，再來進行其相關理論的理解及詮釋時，老子功夫論哲學觀念的思維理路才能淸楚顯現。此處討論其「功夫理論」的工作方法即是如此。

老子的「功夫理論」，最根本的問題意識，就是在找尋追求理想社會的操作原理，所以作功夫者的身分主體是一個社會理想的關懷與實踐者，而功夫的操作的思維脈絡，則是如何能使社會朝向理想的境界，因而其操作原理的理論型態，是一種處世的哲學，是在這個社會中應如何運作與外在世界中的人、事、物的關係的哲學，因此可以說仍是一種屬於「修養論」進路的「功夫理論」①。

老子「功夫修養論」的觀念源頭，就在「玄德」的實存律則之中，也可以說是「無爲無不爲」的運作原理，還可以說是「弱者道之用」的功夫型態。本來，「萬物將自賓」、「萬物將自化」，於是理想的社會就自然存在在那裡，然而人類多欲，意識型態太多，才會搞得天下大亂，爲避免這種情況的發生，就要自我化解慾望的衝動，這是老子功夫思想的根本義涵。慾望的衝動表現出「要强」的態勢，所以功夫的運用就要以「守弱」爲格式，此弱非眞弱，只是不喜於表現一般人慾望中的「强」勢行爲而已，所以老子以「弱」字表述。慾望的背後就是一種意識型態的堅持，是爲一種「有所爲而爲」的態度，所以功夫的要點就要放在「無爲」的心態中，但是「無爲」並非不處事、不經營，只是不在心念上貪求經營活動本身之外的名、利、財、貨等，所以聖人、侯王仍是社會存在的「依託者」，只不過聖人的功夫是要「使它發生卻不宰制」，這就是「玄德」的胸懷。不宰制就是「無爲」、「守弱」，「道常無爲而無不爲」及「弱者道之用」，都是說著聖人在作爲社會存在的依託者身分的時候，一方面要使社會有所生存發展，但是不要走向「反者道之動」的錯誤路向，所以要「弱者道之用」，這樣便可以「無爲而無不爲」，社會依然生存著，卻自有其自然的「賓」與「化」的流行自正，不會有盜賊兵凶，也不會有政治鬥爭，也不會使聖人自己陷入爭奪的痛苦中。

當我們重複地檢視所有的老子講理想人物的生活操作哲學的觀點時，所有的觀念都是指向化除這個片面堅持的毛病，而片面堅持是心理意識的問題，是欲有作爲的態度，是「有爲」，是「有無相生」的「有」，是「餘食贅行」，是對於事務的本來單純的結構投下了複雜性的行爲，因而化除這個複雜、拔除這個慾望等工作便是老子「功夫理論」念茲在茲的要點了。即從這樣的思維脈絡下來解讀老子書中的許多章節文字時，觀念的脈絡便容易釐清了。例如老子談：

「不尚賢……不貴難得之貨……不見可欲……。」（第二章）

「聖人後其身而身先，外其身而身存。」（第七章）

「夫唯不爭，故無尤。」（第八章）

「聖人為腹不為目，故去彼取此。」（第十二章）

「絕聖棄智……絕仁棄義……絕巧棄利……見素抱樸，少私寡欲。」（第十九章）

「聖人抱一為天下式。不自見故明，不自是故彰，不自伐故有功，不自矜故長。夫惟不爭，故天下莫能與之爭。古之所謂曲則全者……」（第二十二章）

「明道若昧，進道若退，夷道若纇。上德若谷，大白若辱，廣德若不足，建德若偷，質真若

渝，大方無隅，大器晚成……」（第四十一章）
「知足不辱，知止不殆……」（第四十四章）
「大成若缺……大盈若沖……大直若屈，大巧若拙，大辯若訥。」（第四十五章）
「不出戶……不闚牖……」（第四十七章）
「為學日益，為道日損。損之又損，以至於無為。無為而無不為。取天下，常以無事；及其有事，不足以取天下。」（第四十八章）
「不可得而親，不可得而疏；不可得而利，不可得而害；不可得而貴，不可得而賤。」（第五十六章）
「我無為而民自化，我好靜而民自正，我無事而民自富，我無欲而民自樸。」（第五十七章）
「聖人方而不割，廉而不劌，直而不肆，光而不耀。」（第五十八章）
「聖人無為故無敗，無執故無失。……慎終如始……欲不欲，不貴難得之貨；學不學，復眾人之所過；以輔萬物之自然，而不敢為。」（第六十四章）
「以其不爭，故天下莫能與之爭。」（第六十六章）
「有餘以奉天下……為而不恃，功成而不處，其不欲見賢。」（第七十七章）

以上這些觀念都是功夫理論的觀點，而所有的觀念義涵皆爲「無爲」、「守弱」的格式，詳細的義理將在本書下篇中疏解，此不多論。

老子的「功夫哲學」中也涉及了提昇認識能力的功夫，這個功夫的目標在使存有者進入一個高級的認識能力的狀態，使得存有者在這個狀態中得以體認存在的眞象，這也意味著最高境界的存有者，除了在心理修養方面以「玄同與玄德」爲胸懷，而充份地與存有的原理冥合一體之外，同時在存在者的自身能力上具備了體悟存有的質能，這就是老子談「致虛極守靜篤」的觀念之作用，就是要在「虛靜」的功夫入了味之後，才可能「觀」與「知」。老子第十六章言：

「致虛極，守靜篤，萬物並作，吾以觀復。夫物芸芸，各復歸其根，歸根曰靜，是謂復命。復命曰常。知常曰明；不知常，妄作凶。知常容，容乃公，公乃全，全乃天，天乃道，道乃久。沒身不殆。」

從「功夫理論」的角度來說，本章的功夫作用是爲得其常道之玄智而操作的，在「致虛極守靜篤」之後要「觀復」，「觀復」是什麼呢？就是「觀其常道」，即其言：「夫物芸芸，各復歸其根，歸根曰靜，是謂復命。復命曰常。知常曰明；不知常，妄作凶。」「復」就是持守在常道中的天地萬物之運行變化，所以說是「復命曰常」。「常道」是什麼？就是前章的「實存律則」，從實存律則作爲變化規律的總理解之後，便得找出實踐的理想行徑，這就進入了本章的

「功夫理論」的要義，就是「無爲」、「守弱」的根本格式，但是「無爲」及「守弱」的功夫觀念本身是來自於實存律則的推演之中，那麼「致虛守靜」的功夫觀念又是如何獲得的呢？從命題的形式義涵來看，「致虛守靜」與「無爲守弱」是一致的，那麼它們應不應該一致呢？以及它們彼此之間是由誰來決定誰呢？對於這兩個問題，可以說是在「哲學觀念研究法」中應該要追問的問題，但是卻是不易解決的問題，甚而可能是不需要太過認眞解決的問題。從「同一哲學體系的觀念一致性的原則」而言，認識的功夫與生活行爲的功夫可以是一，但是當其中之一種功夫作爲另一種功夫的前提時，兩者即位處不同的理論位階，因此並沒有一不一的問題，只當在無窮追溯源頭的時候，兩者在理論推演上通常會發生循環論證的現象，因此我們在面對這個問題時，最終也只能訴諸論證的循環，特別是當我們一直持守在老子本人的思維格式中作推證之時。那麼這也顯示了老子思維的一個現象，他的實存律則的使用層次是渾通爲一的，作爲認識原理的功夫與作爲生活原則的功夫是在老子的使用中本自爲一的，老子本人並未有這樣的問題意識，所以並不曾進行功夫位階的層次區分，因此兩者的操作形式義涵幾乎相同，實質一致，且互爲保證，並非誰要決定誰。

以上是從「功夫的角度」說的一致同一性情狀。如果從「境界理論的問題意識」中來探討時，進入了「致虛極守靜篤的境界狀態」之中，才能理解常道，理解之後才能操作「無爲守弱的功夫」，從而達致「無爲無不爲的境界」，而成就老子型態的最高級理想人格境界。因此我們可以說，致虛守靜的功夫是內在的修爲，無爲守弱的功夫是應世的操作，兩種工作的操作目標方向不同，但是操作的內在心法一致，這就是爲什麼會有形式義涵相同一致的情況發生之原因。

此外就功夫理論的身體操作進路而言，老子也提供了「修鍊」的觀點，然而老子在這方面的觀點僅是知識上的提到，尚未進入觀念的整體性創造的思維階段，因此算不上是他的功夫理論「體系」的核心要點，不過仍值得注意。這就如第十章言：「載營魄抱一，能無離乎？專氣致柔，能嬰兒乎？滌除玄覽，能無疵乎？」等觀念之重點。這是因爲這些觀點在老子的全書篇章中僅僅因使用的需要而偶有出現，並未深入身體氣力之操作鍛鍊知識的整套體系性探討，所以不能形成一套豐富的觀念體系，所以也不能算是老子哲學思維的有重要創造力的重點型態，倒是可以作爲哲學史中關於氣論思維的一個發展的線索，例證了老子知識系統中已經擁有了對氣論思維的深度認識，既然觀念的「有體系之理論架構之鋪陳」不必在老子，那就應由其它的哲學著作來承擔這個氣論思維的創造的美名②。

「功夫理論」包括了認識存在眞象的認識功夫，以及達到與存在眞象合一的內心觀念的操作功夫，這都是追求最高級存有情狀的境界的功夫，然而功夫理論的進路仍不只此，這涉及到不同理論系統所處理的與最高存有眞相冥合的觀點問題。在多數儒學的理論體系中，認識上的努力與心性上的努力是功夫的重點，但是在道教及佛教密宗的理論裡，尚有精神及身體的鍛鍊也是功夫的核心義③，在老子的功夫理論裡，就詮釋系統而言，基本上也涉及到這樣的爭辯，以爲老子是在談氣功修鍊的解老作品所在多有④，甚而在東漢《老子想爾注》書中的老子觀念，還是探討追求神仙長生的作品⑤，然而作者的態度仍以「心理的修養」爲理解老子功夫論哲學的軸心，所以仍是一個「修養論型態的功夫論哲學」，就是那個「損之又損以致無爲」的功夫。至於全體地以「鍛鍊神形的氣功詮釋進路」來說明老子的功夫理論的作法，作者並不採納。也就是說，對於把老子的功夫思想就定位在鍊氣功的說法，作者並不接受，主要原因是，這樣的理解進路，將強烈地遺失老子在政治目的上的操作智慧，亦即心理修養義的功夫思想，作者認爲這才是老子功夫論哲學配合其形上思想的整體性創造體系的精彩豐富之處。

注釋

① 作者博士論文中對於功夫理論的討論，認為可以區分為「修養論」、「修鍊論」及「修行論」三型。參見拙著《論王船山易學與氣論並重的形上學進路》第一章第二節。

② 大陸學者烏恩博教授著作《氣功經典譯注》一書，其中選錄了老子的章節，似乎說明老子文句即是談氣功的作品，其實不然，烏恩博教授所選錄的其實是河上公的老子注本，其言：「河上公，漢代的隱者，姓名不詳，道家。因在河濱結草為庵，故號河上公。河上公從治身養生這個角度出發，為老子道德經作注釋。他的注釋反映了我國古代氣功學說處在萌芽時期的基本觀點，因此歷來為人們所重視。」（《氣功經典譯注．前言》，吉林文史出版社，西元一九九三年一月第一次印刷）由此可見《河上公注老》才是氣功養生學的有體系的觀念創造者。

③ 參見《佛教氣功百問》、《道教氣功百問》，作者皆為大陸學者陳兵，臺灣佛光出版社出版。

④ 大陸學者張榮明教授言：「老子的思想學說迷離惝惚，比較玄虛。老子在許多地方隱隱約約、閃爍其辭地表達了對古代氣功的看法。他的某些哲學論述與古代氣功學說若即若離、水乳交融，給人有一種似是而非似非而是的感覺。但是老子本人對於淵源悠久的中華氣功一定是有所瞭解的。」（《中國古代氣功與先秦哲學》桂冠版頁一四一，上海人民出版社，西元一九八七年出版；臺北桂冠圖書股份有限公司，西元一九九四年三月初版二刷）張教授對老子的「氣功養生學的詮釋進路」，基本上都是以後人的氣功養生的注老之作以為引證，這就顯示，老子之言說仍可以有不同的詮釋進路，他可以只是心理修養功夫的觀念表達，不一定就是那麼直接深入的氣功養生之觀念表達，當然老子書中確實也有若干章句是在談養生治氣的功夫操作之觀念，但是我們站在整體性創造理論型態的詮釋觀點來看時，若干反映養身治氣的文句之出現，只能確認為老子有意

將養身治氣的觀念引為論述他的實存律則之形上原理，及無為守弱的功夫境界理論之例用，而不能即表示老子正全面地開展他的氣功修鍊的理論，因為我們綜觀老子全書的文義宗旨，基本上還是在針對社會政治問題，思索常道，從而提出處世哲學的理論型態，因此他的功夫思想應定位為一種入世型態的心理修養理論，那種近乎出世型態的身心鍛鍊之功夫理論，應該是莊子及其學派的功夫理論型態，這便是我們對於這一個問題的態度。基本上並不反對老子有氣功修鍊的知識，只是不把它當作老子的理論目標，因此那些近似氣功操作的文句義理，應定位為藉以引證老子討論無為守弱的功夫修養之操作方法，其目標仍是放在成就聖王功業的修養境界上。

⑤ 參見《老子想爾注校證》，上海古籍出版社，西元一九九一年十一月第一版。

第五章　境界理論與老子的境界論觀念

「境界理論」是本文中將提出處理的一個獨立的「哲學基本問題」，也是作者認為應該在「中國哲學」研究中將之廣泛發展的一個「研究進路」，它應該被當成「人道論」中的重點研究主題，與「功夫論」哲學同為詮釋中國哲學作品時最核心的基本問題。

作為哲學研究的基本問題，必須是在眾多的哲學理論體系中，同時為不同哲學理論體系所共同處理到的問題。例如我們能以「本體論」、「宇宙論」為哲學基本問題，並且廣泛地應用在中國哲學作品的研究上，使得我們作出一篇篇的研究性作品，名為某某的「本體論」、「宇宙論」、「形上學」思想等，這就表示中國哲學原典作品中本來就蘊具了「形上學」這樣的問題意識，傳統作品中的觀念發表本來就在回應形上學這樣的哲學基本問題，例如中國哲學作品都有「天道論」的觀點，都在處理「天道是什麼、是怎樣」的問題就是明證，因為在觀念的義涵上兩者相同，在問題的意識上，兩者在一定的抽象高度之上也是相同的。當然它們也有不同的地方，而這就是需要我們這些從事中國哲學研究的觀念工作者予以耙疏釐清的課題。

我們認爲，作爲今天一般的哲學基本問題的學門觀念，與傳統的中國哲學作品的問題意識及思維脈絡仍有所不同，所以在中國哲學研究中的根本性問題意識，仍不能一一相應地落實在今天哲學研究的基本問題中，我們如果緊守今天哲學基本問題的思維脈絡而去範限中國哲學作品的問題意識，則將有若干不相應、或有重要遺漏、或有未盡其義的情況。

「境界理論」的提出，就是要提出一個「作爲中國哲學研究的本來存在的重要問題意識」。特別是在儒家、道教、佛教哲學的傳統中，幾乎每一個理論體系都已有明確的理論觀點在發表關於境界的看法，特別是作爲人存有者應該追求的最高境界，特別是透過功夫理論的逼近之後，這個最高級存有狀態的「境界理論」，更是明顯地作爲這些哲學傳統的理論終趣。因此將「境界理論」明白標出，作爲中國哲學研究中的一大基本哲學問題的理論學門，應該是必須提倡的重要作法。這個提出「境界理論」的工作意義便在於：在中國哲學作品的研究工作中，「境界理論」本就是原典作品中的基本問題意識，有許多的觀念發表，都是匯聚在這個基本問題的討論中，所以作爲一種研究進路而言，「境界理論」是恰當其份地可以作爲研究者進入原典作品的研究方法。先提出「境界理論」的基本哲學問題，讓原典作品來回答關於「境界理論」的問題，然後我們可以發現，許多原來散置在社會哲學、倫理學、價值哲學、人生哲學等領域的觀點發表，都能在「境界理論」的問題意識項下獲得觀念表述的更恰當定位，這便是我們提出「境界理論」作爲中國哲學的哲學基本問題學門的良好理由。也就是說，「境界」是中國哲學家本身的問題，是中國哲學原典中許多觀念要回答的問題，所以正好是中國哲學研究者的好的研究問題，好的研究進路。

「境界」是存有者的存在狀態。「境界理論」則從存在狀態爲思考的軸心，討論它的觀念主張及理論根據，從中國哲學關懷的問題意識之本質而言，儒、釋、道三學皆重於提出理想的人格境界，而理想的人格境界則依據於各家的價值觀念，價值觀念則以「世界觀」爲基礎，「境界理論」則是要說出在一個特定的「世界觀」下，那個最高的價值標的在人存有者身上的表現型態。「世界觀」是「形上學」討論的課題，各家戮力於提出世界的本來樣相之觀點，從「本體論」的思考進路而言，「本體論」要說明世界存在的意義、目的以及法則性的運作原理，因此就人存有者的境界理論之根據而言，這個整體存在界的本體原理便是要作爲人存有者存在活動的精神標的；從「宇宙論」的思考進路而言，「宇宙論」要說明整體存在界在存在上的始源、材質、結構及生滅變化的原理等問題，因此就人存有者而言，「境界理論」便要解說存有者的型態類別的問題，以及最高級存有者的存在狀態的問題，以作爲人存有者追求理想人格的努力之道時，對最高級狀態的存在情況之認識。

作爲「境界理論」中所主張的觀點的觀念成立根據可以是「形上學」理論的範疇，但是境界在人存有者主體中的達致，則是功夫的結果，所以「功夫理論」與「境界理論」幾乎是互爲推演個一組哲學範疇①。

「境界理論」在一個哲學體系中是處理人存有者的人格型態的問題，就以追求理想人生爲目標的理論體系而言，一定存在著最完美的人格型態之理論，例如儒家聖人觀、莊子眞人至人神人觀、道教神仙論、佛教菩薩說等，這些關於理論體系中的最完美的存有者型態之觀念表述部份，即是境界理論的內涵。然而，境界理論也不只是處理最高境界的存有者型態，而應該是在一定的宇宙論觀念系統下，同時也討論著不同層級的存有者類別區分的觀念，例如《莊子・應帝王》篇中的壺子四相的故事即說出了四種存有境界，例如佛教禪定哲學中因等第的不同亦有多重存有境界之差別，當然我們也可以討論儒家的君子小人之別及俗儒雅儒之別，因此在境界理論的基本哲學問題項下，我們將可以發掘出中國哲學傳統中豐富的存有者境界問題中的研究題材。

「境界理論」是一個基本的哲學問題，所以它是一個題目，一個學門，而不是一個答案，牟宗三先生曾指出中國哲學儒釋道傳統中皆有「境界型態的形上學」的意味在②，牟先生所說的「境界型態的形上學」一辭基本上是一個主張、一個答案，是針對中國哲學的形上學特質所提出的一個觀點，是一個著眼於形上學問題的觀念主張，主張中國哲學的形上學觀念，特重於從人存有者經功夫操作後所達致的境界的進路，來呈顯存有的眞相並印證了本體的眞實，故而說中國哲學的形上學之證立進路，是一個透過境界證立的理論型態，而這也就是一種實踐哲學的進路。然而我們所提出的「境界理論」的概念，本身卻是一個「學門」的意思，而不是一個論點，是一個側重於將存有者的存有情境作爲觀念解析的「討論題目」，在這個討論題目項下才要發表特定的觀點的，例如我們即將發表的老子在境界理論這個哲學基本問題下的觀點即是。當然從牟先生對「境界型態的形上學」的強調，也可以說是境界理論得以作爲中國哲學的基本哲學問題的良好例證。

以上是關於「境界理論」的說明，以下是「老子境界論」觀念的詮析。

「老子的境界理論」在扣準他的功夫哲學的理解之下，所有的觀念陳述，便都是在指向「無爲的境界」，也就是「玄德」的實存律則中的「不有、不恃、不宰」的狀態，就是這種當下的不營造功夫努力之下的人存在之狀態。在這個判準下，智者、有道者、聖人、侯王等等人存有者皆必須是理解「無爲之益」、並且「守弱謙下」、同時達到「知常知足」等境界的人，這個境界的達致之後，則對於社會活動目標的結果便可以獲得，也就是老子政治哲學觀念中的所有目標，在聖人或侯王達致這個境界之後，便都可以出現。那麼這也就是說，在老子境界理論的思維脈絡中，本來一般而言，境界本是功夫追求的目標，但老子卻更把政治上的結果作爲境界追求的判準。這也是老子的哲學根本上說仍是一套政治哲學觀念的道理所在了，意即作爲政治操作中的可用之學是老子哲學的發言目標，因此我們也可以在老子的政治操作者意義下的「聖人觀」中來研究他的境界理論。

就我們對「氣論思維的認識進路」的檢別態度而言，我們也發現了許多談境界的觀點是以身體操作的「中國古代氣功思想」的進程來探討的，而我們在詮釋與理解的態度上則是將之作爲一個無爲的修養功夫的例證，並且進入到了身體鍛鍊的意境裡，我們當然也不認爲這是一個老子思想中可有可無的部份，我們絕對承認這是一個相當重要的部份，不過它的「重要性」的「理論溯源工作」老子並未「明言」，所以許多以「氣功進路」來詮釋老子的學者，也都「明說」了老子是「隱諱」了這部份的觀點，那麼這中間理論扣合的環節怎麼辦呢？這就需要後學者的努力，後代注家中對此觀點的發揮，即是一個觀念的創造，而我們對於這個創造作品的理解與詮釋即是一個創造的繼承，這部份的觀念連結需要後人補述，我們也是補述者之一，所以我們不把理論體系完構的功勞歸給老子，因爲我們必須透過歷代注家的詮釋而把爲什麼要進行身體鍛鍊以達無爲境界的緣由說出，這是我們自身仍需參考其它典籍才能完成的工程。但是就無爲的心理因素及社會效應的觀點，這卻是豐富地在老子篇章中即已明確闡釋的觀念，所以我們仍以「修養論的功夫哲學」說之。

關於老子談境界的文字，在老子八十一章中隨處可見，詳細的義涵說明，我們將在本書下篇中再進行。

注釋

①高柏園教授言：「由實踐之根據到實踐之完成，顯然需要主體的功夫修養之參與，而主體境界之層次也正相應於主體功夫之修養層次。依此，凡是在實踐之學問中，論及功夫論之種種語句，不但可以作為功夫論之指標，同時也可以作為境界層次之指標。易言之，功夫論之層次實與境界之層次相應，將其中之動態義加以強調，即可構成功夫論，而將其中之靜態義加以著重者，即可成就其境界義，二者實為一體之二面。」（《莊子內七篇思想研究》頁一七九，臺北，文津出版社，民國八十一年四月出版）

②參見牟宗三先生《中國哲學十九講》頁一〇三，臺灣學生書局，民國七十二年出版。

下卷　老子的篇章義疏

前　言

本書下卷〈老子的篇章義疏〉是將《老子》書八十一章作全書的義理疏解，我們在疏解該書時著重於以下幾個原則：

一、寫作格式

下卷之內容包括「原典章句」、「觀念主題」、「文句義疏」等項目。必要時針對重要哲學問題進行「觀念研究」之探討。

二、原典處理

老子原典各版本間多有歧出，如何檢擇，極難公斷，然而我們要做篇章義疏，則自然要對於老子篇章之字字句句有所定奪，作者本人之學科背景爲中國哲學，是以在檢擇時僅能借用前人既有之版本，我們主要是以余培林教授著，臺北三民書局出版之《新譯老子讀本》爲依據，間或小有出入，則主要發生在句讀及釋義上，出入發生之緣由皆爲義理性的觀點之差異，義理觀點之判準則爲本書上篇之老子形上學的認識進路中之觀點。總之，本書中之老子章句之確定，原則上多以符合現代使用之文字辭義爲撿取原則，當然，其中缺失決難避免，然而本書自始以觀念研究爲主題，便不細敲文字今古訓詁之別，總以一套思維順暢之老子今版爲著錄目標，從章句至句讀皆然。

三、主題標明

下卷各章在原典文句之後將指出簡明的該篇章哲學主題，例如「形上學」、「功夫理論」、「境界理論」、「戰爭哲學」、「政治哲學」、「人生哲學」等，這些主題的提出其實不能有必然確定性，僅僅是作爲詮釋與表述的一個起點，間或爲讀者易於進行理解的切入角度之用。實則，一個有體系性的哲學作品，基本上可以在任何角度的表述脈絡中推演至其他的所有表述脈絡上，所以各章的主題標明，確實僅能作爲義理詮釋的起點，得魚應忘筌。

四、義疏原則

篇章義疏之寫作方式是夾雜著語譯處理及義理解說同時進行的，然而主要是義理解說，解說之理論基礎當然即在上卷之工作成果中。對於語意明白淺顯的文句，我們是不作語譯的，對於義理觀念已經交代清楚，而不需要再進行語譯的文句亦予略過，讀者應可參考一般老子書的白話語譯之作品。此外我們即便在進行語譯的工作時，也並不是在作直接口譯的白話翻譯工作，而是以彰顯文句中之觀念意義爲寫作的進行脈絡，即是一種義理性的口語轉譯，而非對照式的白話翻譯。

五、觀念研究

義疏中針對因詮釋而引發的較深入之哲學討論的題材，我們亦獨立地進行觀念研究的討論，特別是在上卷中不及言明的諸多更細節的老子的哲學觀念部份，例如老子對於人性問題的思考、老子的整個政治哲學的思維觀點、老子在氣功知識的理解及使用，以及我們對氣論思維的老學詮釋進路的研究態度之表明等，都是我們在下卷〈老子的篇章義疏〉中會重點處理的哲學問題。

道德經上篇

第一章

原典章句

道可道，非常道；名可名，非常名。無，名天地之始；有，名萬物之母。故常無，欲以觀其妙；常有，欲以觀其徼。此兩者同，出而異名，同謂之玄，玄之又玄，眾妙之門。

觀念主題

本章談形上學。

文句義疏

道可道，非常道。名可名，非常名。

首章論「道」，「道」就是「常道」，是一個特殊的對象，是老子在中國哲學傳統中要大大地加以重用的一個新的概念範疇，所以它在認知上尚未被清楚說明，於是要開始說明。然而，說明的工作卻必須要分爲兩層來進行，首先，老子對於他自己在思維中探討的這個道對象，認知到它的無可被描述性，因爲它本身只能夠是一個抽象的玄理，這抽象的玄理之存在是一個超越性的存在，對於它的討論只能在一個抽象分析的脈絡中進行。

其次，對於這個道範疇的探討，老子要提供給世人的，卻是處世的智慧，這是一個活生生的存在規律，是天地依循的「常道」，是有道者行爲的準繩，所以老子要直接講述這個常道。至於那個抽象反思中的思維對象「本身」，則暫時不論，它雖然「可論」，但不是眼前我們需要的東西，它雖然「可道」，但不是「常道」，就如同賦名於物的思維活動中，物可有名，但是脫離了物名之義的「名對象本身」之研議，則與對物之認知之事無關。因而當老子在思維中要首出地提出他對世界存在的觀察之後的終極理解之時，他首先區分了「常道、常名」與「道本身及名本身」的區別。當然，「名本身」與「常名」兩者即是對終極存在的道概念的稱說，所以根本上即是「道本身」與「常道」之區分，「常道」可暫以我們一般概念使用中的「德」來認知。

無，名天地之始。有，名萬物之母。

老子要首先講「常道」，常道是天地萬物運行的法式、規律、原理、律則，所以老子首先以常道來表述存在的本始，這個本始我們以「天地之始、萬物之母」來稱述，「天地」與「萬物」在認識上是誰也離不開誰的，我們不能想像沒有天地的萬物，也不能想像沒有萬物的天地，兩者是整體存在界的整體概念中事。整體存在界是一，在認識上可以只說天地，但此時早已有萬物在其中才會有此天地的被認識，同樣地，我們在認識上可以發現萬物，但萬物的被發現早已蘊涵了天地已在其中存在了，天地萬物在認識的意義結構中不可能被分開，兩者是在被認識的意義上，它們的存在是相生的。

那麼，「天地之始、萬物之母」是什麼呢？這個問題能說清楚則天地萬物運行的原理也就揭露了。那麼老子是怎麼說的呢？老子的解說就是常道的應用了，老子以「無」來說「天地之始」，而以「有」來說「萬物之母」，這又是什麼意思呢？原來，天地萬物本就是整體存在界的全體，老子思維中的那個尚未解說的道就是整體存在界的總原理，這個原理的適用範圍是存在界的全部，故而當老子在討論這個整體存在界的本始的時候，這個天地之始即亦爲萬物之母，老子並未在此處將其認知概念作出區分，天地萬物爲一、爲自然之整全，說天地之始即說萬物之母，即整體存在界的本始。

對於這個本始，老子「同以有無」來說之，即是要同在一個「有無相依」的認識範疇中來說述，所以既以「無」說之復以「有」說之，「有與無」是一對認識的思維原理，亦爲存在的運行原理，存在的運行展現著「有無相依」的作用法式，思維的認知活動便得以「有無範疇」來把握。這裡老子已運用了「存在與思維同一」的原初哲學思維慣式。

故常無，欲以觀其妙；常有，欲以觀其徼。

首先，存在的本始展現出「無」的意義，亦即天地間萬事萬物的發生過程中蘊藏著隱蓋自身的奧妙之境，它需要玄智的觀照，否則將永遠以決定者姿態卻永不爲人知的方式在操縱著事變的發展，所以我們應該要「常無」來「觀妙」，嘗試運用進入隱微藏匿的思維法式，來認識天地萬物的運行情狀。隱匿是相對於認識者的玄智深度言，深度深者則對於深度淺者所認識的層面是視爲表面情狀的，而他自身的認識則是深透入深度淺者所未曾見的隱匿之地的。其次，存在的本始展現出「有」的意義法式，存在的湧現一直在進行著，湧現就是一種意義上的有，這個展現出有的意義的活動型態是天地萬物運行的實然情狀，所以我們在認識存在變化的時候要以之爲眼，「常有」，「以觀其徼」，緊隨著事變的發展步步清楚明瞭。

此兩者同，出而異名，同謂之玄，玄之又玄，眾妙之門。

有與無是一對抽象的意義範疇，是智者觀察天地萬物發生發展變化的理解原則，是存在界變化情狀的內在原理，是老子玄智獨照的超越智慧，是道家思維提供給世人的智性領悟之原則，老子建議世人從「有無法式」認識事變的根本義涵，這一對法式是直接揭露天地萬物變化的情狀，它就是常道的律則的原型，它是一對意義範疇，是一個同源的相依，是一個事變的一套邏輯，而不是對立或無關的觀念，它是一個整體的原理，就是常道的玄智自身，就是一切存在變化的奧祕基地。從此二者出，將凝鍊出許多理解存在界的規範性律則命題。

因此，「有與無」是在「觀」中而建之「常道」，是在觀察事變之情狀時所提用的理解架構，因此是認識的法式，而非存在的範疇，所以，老子並未在存在的問題上建構一個「無」的絕對最高範疇，也沒有建立一個「有」的次一範疇，反而是「有無」並建成爲一個認識的原理。至於老子的存在上的絕對最高範疇是「道」，而「道」同時是「玄」、是「大」、是「逝」、是「遠」、是「反」等。

第二章

原典章句

天下皆知美之為美，斯惡已；皆知善之為善，斯不善已。故有無相生，難易相成，長短相較，高下相傾，音聲相和，前後相隨。是以聖人處無為之事，行不言之教，萬物作焉而不辭，生而不有，為而不恃，功成而弗居。夫唯弗居，是以不去。

觀念主題

本章是形上學的討論。

文句義疏

天下皆知美之為美，斯惡已；皆知善之為善，斯不善已。

美就是美，惡就是惡，善就是善，不善就是不善，那麼，老子為什麼提出美、惡、善、不善的轉換呢？原來「美、惡，善、不善」是主觀的感受，感受過了頭就會轉換，這就是老子對天下事的睿智觀察。「天下皆知」就代表了這個觀感的透支，天下是一個複雜的社會網羅，裡面容受了過多的人類情緒的紛擾，一種觀點的過度擴散必然牽引更多觀點的紛紛而起，從而在一個私心擾攘的作用情勢中，終將吞噬這個本來的觀念。這個事變發展的規律便是後文中的「反者道之動」之律則法式，這個規律法式的背後根本理由是人類的心理現象，也可以說是人性的實然使然，是人性的騷動決定了事變的發展，決定了社會的意識。

我們觀念中的好的事務，在我們的觀念中誕生了，但是這個好的事務、好的價值，好的形象卻是人類私心中的共同趣向，它本來只在於我們的感受認知中愉悅地發生著，但是假如我們的人性中有一個擴展的欲求的話，假如我們讓這個「屬我的價值形象」凸顯於天下人之眼前中的話，那麼那些「他人欲佔為己有」或「他人因欲求不得而製造破壞」的諸多擾攘便都來了，此時我們心中的那個美好的歡愉可能成了恐怖的夢魘，又有何「好」可言！我們的主觀的擴張帶出他人的反感，他人的反感吞噬我們的主觀，我們的主觀走向反面，造成我們不樂意的結局，這便是「反者道之動」的律則，便是「天下皆知美之為美，斯惡已；皆知善之為善，斯不善已」。

故有無相生，難易相成，長短相較，高下相傾，音聲相和，前後相隨。

為什麼我們的主觀會帶出他人的反感呢？這是因為我們的觀點本身是一個「主觀」，一個主觀就是一個意義的攫取，我們以為我們得獲了一個客觀的意義，其實仍是在於「存在的我」的「主動提出」的一個觀點，其實就天地自然而言，我們的「意義的理解」只是一個「情狀的發生」而已，這個情狀的發生在於我們的攫取意義的一面是一個「有」的湧現，然而我們這一個有的湧現是在一個「未曾有湧現」的結構中的凸顯，所以我們的凸顯是建立在它的對立面意義的被遮掩之下的實然，所以就自然的本身而言，我們的主觀的意義攫取的活動，是同時發生了凸顯與遮掩的活動，是同時在一個「有的意義結構」及「無的意義結構」中的發生。這一個玄智的認識，是發生在生活世界中的所有知識性、意義性、情感性活動的實然中，這也是老子玄智的特出洞見，我們試觀「難易、長短、高下、前後、大小、東西、美醜、善惡、好壞、遠近……」，所有的這些特出的認知之一方，都是同時掛搭在對立的一方的意義對比之上而有的，當我們認知了我們主觀上意欲的意義的一面之時，其實在自然天地的整體意義之觀照下，我們同時遮掩了它的對立面意義。

然而我們自身並未認真察覺，就在這個忽略當中，牽引了事變的複雜發展，「天下皆知……」的情境紛湧而出。我們的一個自以為客觀的認識，其實在無窮的環境互動中激發了社會的對立主觀，我們肯定事務的活動，刺激了事務中未被肯定的對方的負面感受，我們認為美好的價值選取，强烈地宣告了沒有被我們選取的對象是在價值上的醜惡，我們自以爲是地湧現主張，社會周遭則頑强地引發不滿，我們的活動刺激了幽冥，我們的命運捲入了玄奧，除非是清醒的智者，否則自己終將被反面的力量吞噬，這是「反者道之動」的超越律則，是老子清楚提醒的事變常道，是規約著社會變遷、自然發展的永恆定律。

　　這個定律的背後是人類認知模式的定然結構，是「對立面的意義永遠跟隨在正面意義的出現結構中」，只不過它的發生是一個隱微的醞釀，所以需要「常無」的玄智才能「觀妙」，當我們以「常有」的玄智在「觀徼」之同時，我們必須要認清還有一個幽隱在洶湧，所以我們要「有無並觀」，我們要認知到有「對立存在的相依共存」，老子名之曰：「有無相生。」我們不妨把它當作「反者道之動」的實存律則的成立條件，即以「有無相生」爲事變的另一個常道，它自身也是一個律則，實存在人類認知活動的意義結構中，隨著人類理智的意識情狀及處事方式而產生社會效應，人類理智活動如果忽略這個定然的意義及意識的律則，更有甚者，如果更隨順人類情緒慾望的無限擴散，從而引發一連串的社會效應的話，那麼我們必然進入「反者道之動」的常道律則當中，於是我們就被陷溺在其中而不可自拔，這是一個律則，面對這個律則便產生了處世的智慧，於是形而上的律則提供了人生哲學的反省條件，成爲功夫理論的前提，那也就是要再追問下去的問題，那就是，我們應該在認知到這個「有無相生」的定律之後再作怎麼樣的反應呢？

是以聖人處無為之事，行不言之教，萬物作焉而不辭，生而不有，為而不恃，功成而弗居。夫唯弗居，是以不去。

「無爲」是老子對我們反應模式的智慧警語，「無爲」是那個情緒慾望之無限擴充的抑制，那個作爲的出現——「有」的存有活動，是要進行的目的，是聖人用世之方向，是人類活動中不可免的作爲，不過那個作爲要謹守它在反應上的幅度，避免它在社會效應上的盲目擴散，從而吞噬作爲的成效。這也就正是「玄德的胸懷」，同時是天之道的法式，從天道言是一實存律則，從人道功夫言，是聖人的生活準則，是一般人應進行的修養功夫，是成功有道者的胸懷意境。

那麼，如何謹守？其實很簡單，不驕傲、誇張、欺凌他人，如此而已，這就是「處無爲之事，行不言之教」。事情做著就是了，沒有必要讓他人來歌功頌德，行若無事，讓我們想要達到的效用出現即可，而不是讓天下人知道我們完成了什麼豐功偉業，這是人類心性中的一個毛病，總是意欲超越別人，總是虛懸著一些美麗的頭銜在身上裝飾著，期望他人來稱頌禮讚，從而充實自我存在的豐足感受，好像不如此不足以爲聖人，錯了，多餘，沒必要，而且危險。因爲，人同此心，名聲你拿了，人家怎麼辦，定然搶之，衝突發生，總有失著，受到損傷，前功盡棄，效果沒了，自己還失了寶，不智之極，卻重複上演。所以有智者在操作運動的時候，謹守著活動的幅度，除了直接對準活動目標的行爲之外，不會把自己無謂的情緒、感受、慾望滲入其中——「萬物作焉而不辭，生而不有，爲而不恃，功成而弗居」。

有智者不會在權力操作的同時還要上演名聞傳播的幼稚行徑，使得事件的牽連引動他人隱匿的心思，從而在隱匿的角落中蘊藏反抗的力量，當經過長期的蓄藏之後，終有一日會以巨大豐沛的態勢侵凌而來，這就是我們要受傷的時候了。所以如果我們不去侵佔名聞聲勢之市場，如果我們謹守著工作的目標本身，僅僅為原始的目的而進行必要的勤奮而已，那麼它的效果自然出現，如果我們沒有多餘的心理欲求，那就不會有他人的心理反擊，然後我們所追求的目標的成果將終永不息地保存著——「夫唯弗居，是以不去」。

所以老子所提出的智慧警語，直接地是在處理人類的心理問題，是人類的心理現象之實然產生社會事變之規律，在社會事變之律則中掌握天地事務變化之道，以之為常道，從而再以常道應世，成為人類行為的智慧之路，成為聖人應世治國的法寶。所以老子的常道之根本的意義基地在於人類的心理反應模式，其實是心理變化的規律，所以對於老子的常道的應用之最有效的範域也正是社會事變的對應，所以老子的常道之領悟來自於人生哲學的基本問題，它的有效運用幅度也正是在於人生哲學的基本問題中。我們如果不謹守在此一範域中來理解與使用老子學說的話，那麼將發生處處無效的情狀。

第三章

原典章句

不尚賢，使民不爭。不貴難得之貨，使民不為盜。不見可欲，使民心不亂。是以聖人之治，虛其心，實其腹，弱其志，強其骨。常使民無知無欲。使夫智者不敢為也。為無為，則無不治。

觀念主題

本章是社會政治哲學，也是聖人的功夫理論。

文句義疏

不尚賢，使民不爭。不貴難得之貨，使民不為盜。不見可欲，使民心不亂。

「有」的行爲一定蘊藏著「無」的意義，「善」的意念一定引發「惡」的效應，這就是前章言「有無相生」之原理的具體義涵。例如在聖人治國的時候，爲了建立典常，所以舉出「尚賢」的標的，殊不知，賢者一人誕生，非賢者遍佈天下，「尚賢」的措施反而引發非賢者的心思萬千，基於對人性慾望私心的清楚透視，爲免更大的難堪發生，不如不尚賢吧。不把這個賢的眞實作意義的凸顯，從而引發人人帶著假面具來爭作賢者，搶個虛名，因而造成人人相爭的局面。原本尚賢的美意是爲人人效法賢者，卻不知反而帶來社會的紛爭，所以只好祭出「反者道之動」的操作智慧，給它來個反面操作——「不尚賢，使民不爭」。

難得之貨得了就收著，如果常常拿出來炫耀，那就表示君王自己酖溺於此，那就是告訴臣子應該搜括更多的美貨來討君王的歡心，或者是造成人人爭相保擁美貨的結果，這就又造成社會貧富貴賤的對差，豈不正好引人爲盜，所以，還是使用「反者道之動」的操作智慧吧，給它來個「不貴難得之貨，使民不爲盜」。

這些情境的產生都是社會紛亂的源頭，都是有智的聖王應該避免的作爲，原因無它，人人心中充滿了爭心慾望，只要稍稍引動必然澎湃發展。老子深知於此也深戒於此。所以，我們以爲美好的物事或措施通常也會爲我們帶來災害，因爲意義的發展是「有無並生」的一個定然結構，在我們認爲是「好」的意義，它在社會的效用上充滿了成爲「不好」的感受的機緣，所以爲了避免這些「不好的效應」的產生，不如在一開始就取消這個「好的意味」的製造，讓存在的環境保持一個樸素的情狀，讓一切的特出在一開始就不出現，從而也無須消解它們。原來我們面對的永遠是人心的實然，所以老子在操作上運思用智，提出對付的技巧，既然一切的「出現——有」都將引發爭心，那麼就在操作者自身隱藏這個「出現——有」，使得一切慾望爭心的眞實缺乏存在的空間，使它們沒有「生發引動」的條件，如此則在環境世界中沒有爭端——「不見可欲，使民心不亂」。這是聖人操作的技巧，也是修心的法要。

是以聖人之治，虛其心，實其腹，弱其志，強其骨。常使民無知無欲。使夫智者不敢為也。為無為，則無不治。

如果能夠做到在國家的管理上，讓百姓生活在樸實的社會中，沒有什麼引人激動的「美好」，讓他們好强好勝好名好利的心志，降低在極微弱的意識中，僅僅專注於人民生活的溫飽康健，那這才是治國的標的——「是以聖人之治，虛其心，實其腹，弱其志，强其骨」。在這樣的國境中，根本沒有任何私心爭奪的情境條件——「常使民無知無欲」，讓好慾之徒無從馳騁其智，如此則天下豈不太平——「使夫智者不敢爲也」。

這是老子對政治社會的思考，他所著重的是社會紛亂如何從根本上就不發生，如何還淨社會一個樸實的秩序，一個寧靜、不紛亂、無盜賊的祥和社會才是老子心中所預設的社會理想。如果我們爲老子標舉政治哲學中的社會目的問題時，那麼我們可以說，老子的社會理想是一個寧靜無盜賊的祥和樸實之社會，而追求這樣的社會的方法則是讓人們心中沒有爭强好利的慾望，於是我們又可以說，老子的處理是讓私心慾望在社會活動中不發生，而不是在人性結構中的本質上的淨除，如果沒有聖智的君王來操作政治的秩序的話，爭心隨時即起，社會立現動亂。所以老子對於人性的觀察是冷酷中帶著理性，不熱情不幻想不對治，在己身的修心中固然力求化除，但對於天下中人則注重社會條件的製造，將人性當作一個動態的存有活動，全體地朝向私心慾望流動的實然存有，理解它處理它，妥當地控制它，從而經營出一個祥寧的局面，如此即可。

當一切條件情境被控制在一個樸實、無欲、不爭的境界中時，聖王的政治理想便得以實現——「爲無爲，則無不治」。這個理想便是一個樸實無華的詳和社會。至於人性之因何常常騷動？老子未說，以及人性之可否從本質上修正爲純粹無欲？老子未說，這是儒家和佛家處理到的問題，這是道家未予解答的問題。

第四章

原典章句

道沖而用之或不盈。淵兮，似萬物之宗。挫其銳，解其紛，和其光，同其塵。湛兮，似或存。吾不知誰之子，象帝之先。

觀念主題

本章是形上學的討論。

文句義疏

「常道」是天地萬物生存變化的實存律則，是「有無相生」、「反者道之動」等事變法則，對於常道的律則我們可以應用在社會生存的操作中，即正當我們「功成弗居」、「不尚賢」地作爲之時。但是對於「常道作爲常道這個東西的自身」到底是怎樣的一個模樣呢？這眞是一個問題，但這也眞是一個在老子以前無人思索過的問題，不過這在哲學上卻又是一個重要的問題，這就是一個形上學的問題，是對於那個「作爲存在的絕對的本質眞相的對象的性徵」的探討的問題，也就是「道的形上位格」的問題。這也是在首章中的「道可道」、「名可名」的層次上的問題，在首章中暫時擱置而在此處即正面處理。

我們對老子形上學觀念的理解可以區分爲兩層，一個是對道自身性徵的理解，一個是對常道的理解，兩者都屬於「本體論」層次的觀念探討，其一爲最高範疇的性徵定位，即對道自身的存在定性之描述，我們即以「抽象思辨的認識進路」來稱述。其二爲超越原理的律則型態之描述，即是常道的內涵，是天地萬物之運行原理的探討，我們即以「實存律則的認識進路」來稱述。

就道的最高範疇的性徵定位而言，老子即在本章中明確發言：「道」是盈滿遍在地作用在天地萬物之中——「道沖而用之或不盈」，它是以整體存在界之運行總原理的身分作爲了萬物的宗主——「淵兮，似萬物之宗」。在它的主導作用中造成了天地萬物齊平爲一的同化效應——「挫其銳，解其紛，和其光，同其塵」，它恆在地存在且深刻地作用著——「湛兮，似或存」，它根本就是一切的始源的始源——「吾不知誰之子，象帝之先」。

但是道的遍在、存在、作用、主導等等活動，雖然是那麼地眞實，但其實這些都是在於我們的抽象思維中的理解，從現象的角度而言，現象就是天地萬物的如實來去如此而已，如果我們不深入事變的背後去尋繹變化的律則的話，我們是無從發覺道的作用的，所以道的一切存在活動的眞實其實都顯現著相當的隱藏性（沖、淵兮、湛兮者也），這就使得老子在稱說道的遍在、主導、實存、超越（盈、萬物之宗、存、象帝之先）等特質的時候，需要在稱說的當下又保留這些稱述的明晰度，稍稍地予以隱藏掩蓋著，所以說它是「或不」、「似或」、「不知」等，這都是爲保留這個極高明而超越且眞實遍在並作用著的道這個對象，在被認知時的抽象情狀，因爲道只能在抽象思維中被認知，不似天地萬物可以在實存活動中被感知，因此這種抽象的領悟的對象本身必然不易被確知，爲保留這種難以確知的性徵，所以就以不確定的態度表述，以便彰顯它的抽象特徵，而其實，它的作用實存遍在且超越的情狀，卻是確確實實地有著的性徵。

第五章

原典章句

天地不仁，以萬物為芻狗。聖人不仁，以百姓為芻狗。天地之間，其猶橐籥乎！虛而不屈，動而愈出。多言數窮，不如守中。

觀念主題

本章是形上學的討論。

文句義疏　一

天地不仁，以萬物為芻狗。聖人不仁，以百姓為芻狗。

「仁」是一種普遍的關懷，對每一個對象施以主動的愛護，讓每一個存在感受到溫暖的照拂，如果天道如此，人間豈不美善有加，然而天道的作用並不如此，在老子的眼中，他所發覺的天道作用實爲一個冷冷的秩序，一個冷酷的律則，只有絕對的必然性在規束著事變的發展，沒有特殊的情懷來照拂人類的心情。天道對存在界的物種千萬是如此，物壯則老、茂盛凋零，形成永恆的鐵律，鐵律無可撼動，所以聖人在操縱事變的智慮上，也不妄加私意，也必須謹守常道變化的律則，要在常道的規束中來進行人類生活的秩序安排。天地萬物與人類生活都是本來在於鐵律中的存有活動，都只能被當作芻狗來對待，都只是被安排、處理的對象，因此千萬不要自以爲是，妄意造作，慾念奔狂，否則失卻天道自受身殃。

觀念研究

儒道本體論之區別

老子的常道是律則，律則是法式、規範、定律，是變化的脈絡，而不是目的性的情懷。儒家的天道是目的性的情懷，是仁德之道，所以儒家的生活哲學是體現仁德。道家的天道觀是冷酷的律則，所以道家的生活哲學是智慧的應世。從形上學的本體論思維中來討論時，我們可以在儒學系統中發現豐富的目的性原理，但在道家哲學系統中卻排斥目的性思維，要不就是老子型態的冷靜律則，要不就是莊子型態的瀟灑自適，我們找不出超越的目的要作爲生命的標的，莊子的「與造物者遊」的觀念是一種自適的貼合，自適而已，而不是一種定然的要求；老子的「知常曰明」的觀念是一個觀解存在的理性，帶出「守中」、「抱一」的限制性規束，理性而已，絕不熱情，這是道家本體論對人生哲學的決定。但是在儒家的目的性思維下的理論系統則顯現出必然的要求，要求中有應然的强勢壓迫，而老子提出的是觀解的理性，理性之知中有人存有者智與不智的評價，評價與認知而已，所以不同的哲學思維帶來不同的生活領會，儒道之別在此尤顯。

老子的理智是用在「觀變思常」，儒家的理性是用在「堅定氣魄」，前者表現出情緒的冷淡與操作的智巧，後者顯現出企圖的强烈與堅貞的意志。仁與不仁老子是不管的，如何變化與怎麼應對才是他的關懷，所以他的智慧在常道上發揮，他對天道的理解是理性的秩序，他的抽象玄思發揮在理性的秩序爲何以及理性原理的自身性徵，前者是對道的實存律則之探究，後者是對道的抽象性能之反省，至於目的性的問題他只發表意見，「不仁」，他無須多作論證，因爲這不是他理論的關懷。若從他的天道思維的理論脈絡來看，天道的秩序也不可能展現目的，天道只是「自然」。目的性思維將一切存有的活動導向一個定然的對象狀態之中，但是律則性的思維卻在尋找普遍性的律則，律則施予萬物存在，一切平等。目的導向超越對象，尊卑立現，君臣父子，存有者立顯等級劃分，目的性思維是非常人情化的態度，而律則性的思維卻是排斥情懷的，這也是老子必須以不仁說天道的定然結果。

關於目的性的問題，我們說老子並未在本體論上主張任何目的性的觀點，但是我們對於老子的社會哲學思想，卻必須指出老子在社會活動的目的性觀點，一個樸實無欲沒有紛爭戰亂的國度，這是老子哲學的起點，是他個人生命的終極關懷，但是他並沒有從本體論角度去論證這個理想目標的絕對性，而是直接當作觀念的目標，而從實踐哲學的角度去建立如何完成這個理想的功夫方法，所以他的政治關懷是放在功夫理論的標的物上，這個標的的出現，在本體理論規束下的地位，是就天道常則之施化下的只能如此，是有理性的存有者之無奈的接受而已，它不是一個榮譽性的目標，而是一個操作之後的平等意境。

文句義疏　二

天地之間，其猶橐籥乎！虛而不屈，動而愈出。

天地就是一個作用的無窮，作用不息是它的本職，它就像一個大風箱一樣，我們在風箱之中，以為天地的作用不存在，其實存在界中的鼓動風潮、引領事變、激盪不已，都是天地的橐籥作用而產生的。它顯現空虛，其實堅實地作用著，鼓動變化，並且生生不已。我們人在天地間，生活於社會中，總以為自己是萬能的，總想著超邁越人，總想著掌握天下，其實我們都是在空想，都忽略了天地存在的本身，早就在根本的基地上規範了我們的一切，我們永遠不能漠視它的作用眞實，我們永遠在於它的常道變化中來來去去，如果不能知常愼作，我們必將自遭危殆。

多言數窮，不如守中。

我們對於天道還有什麼好批判的了呢！當然也沒什麼好歌頌的了！我們只有依恃自己冷靜的

理智，找出它的常道，即是「守中」之「中」，即是「抱一」之「一」，然後守之、抱之，控制我們的慾望，運用我們的智慧，如此即可，不必浪漫，多說無益。

第六章

原典章句

谷神不死，是謂玄牝。玄牝之門，是謂天地根。綿綿若存，用之不勤。

觀念主題

本章是形上學的討論。

文句義疏

「谷神、玄牝、天地根」三者，我們都首先將之視爲道的別語同義詞，從此些同義詞本身的象喻特徵中再說出道的抽象性能，在道的抽象性徵中，其恆存，故曰「不死」。其主導，故曰萬物之母，是謂「玄牝」，此母生畜萬物，故謂「天地根」。道是天地萬物的根本的基礎，最終的主宰，並因其不死，故作用恆存，然因其作用的隱諱，故曰「綿綿若存」，顯示其雖存而不易爲人察覺，但是確實綿延不止。不僅如此，一般性的萬物存在，在於常道的規律中，終將泯沒於「玄同」，然而道的存在是超越的，本身不以物的身分存在，而是以原理的身分在作用中遍在，故其作用永無匱竭之時，故曰「用之不勤」。

觀念研究

對氣功思維的認識進路之檢討

本章是對老子之道的「氣功思維之認識進路」下的重要章句，但是我們在解讀的時候將以「律則中心的老子詮釋進路」來領會，此一進路仍可獲得善解。我們不拒絕承認老子可能是從氣功操作的觀念來獲得本章文句的根源性思維，但是他的最終觀念探討仍是要說「道」，即便是「以氣說道」，但說的還是「道」，還是道作爲存在的最高範疇之對象身分時可有的情狀，如果氣功操作後對氣的理解與此道在「抽象思辨的認識進路」下的觀點並不暗合的話，老子大約也不能合法地「以氣說道」，他也只能就氣說氣，但顯然老子關切的問題意識並非「氣性能」的觀念建構，而是道的抽象性徵，最多正巧對氣的領會似乎可用以說道，於是表現了本文之「以氣說道」的「氣思維說道進路」之情狀，但是綜觀其所說者，仍是道的抽象原理義身分中的諸種必然性徵而已。

第七章

原典章句

天長地久。天地所以能長且久者，以其不自生，故能長生。是以聖人後其身而身先，外其身而身存。非以其無私邪？故能成其私。

觀念主題

本章是從形上學的本體論觀念轉出功夫理論的討論。

文句義疏

天長地久。天地所以能長且久者，以其不自生，故能長生。

「天長地久」是一個簡單的事實，老子並未在這個原初的認知中多作探討，對於宇宙論中的存在始源、結構及世界的多重性與否的問題老子並未置辭，這不是他的研究關切，他的關切是在於人的生活，於是天地則以一個可被觀察的對象的身分作爲老子發表人生哲學觀念的案例。於是我們應放棄從客觀的自然規律的認識進路來理解此文，而仍是以老子源自人文秩序的實存律則來解釋本章。

「天地」的存在是一個終永不息的狀態，這是一個簡單直接的觀察，從這個觀察中老子要講出一個領悟，領悟天地的終古不忘背後的道理。老子認爲這個道理是在於「其不自生」，就是說它不曾爲自己的長久生存執著用力，於是它的生存得獲長保，成爲自然萬物的存在基地，依養萬物而不虞匱乏，成爲人性活動的效習典範，這便是老子的領悟。換句話說，如果天地有意造作，那麼就可能無法天長地久了，於是，天地的長久對人類的啓發是「不自生」的領悟，這也就是無欲無爲的胸懷意境，是一種本質上屬於人存有者的活動觀念，而不是客觀的外在自然原理。就此而言，莊子的發揮則更徹底，「天地與我並生萬物與我爲一」，根本就是我家裡的事，是以認識的進路來解消存在客觀性的基地，都是轉換思維脈絡的哲學工作方法，老子沒有這樣發揮，還停留在人文的胸懷中來建立原則，對於天地的存在活動，得到「弱者道之用」的靈感。

「天長地久」的簡單現象其實可以引發諸多不同的觀點，老子被他自己的玄智給規範了思緒，終究仍在常道的律則中發言，老子所領悟的常道固然是得自於觀察世界的個人領悟，領悟出一個可資應世的普遍律則，但它們也終將反轉回來成爲老子解說世界的理性法則，這是哲學思維的定然現象，所以那個律則的領悟是一個超越的領悟，是獨特的單一的自明的，但也是主觀的，成就了一個觀解的法式，凝造了一個固定的型態，提供了一個觀察的智慧，一種對人生活動的觀念類型。

老子理解到，人的自我存在也是一個事實，人的實存生命之活動也是在於一個自然的情狀中的實然，這個實然有它的自然軌迹，人類卻多不饜足，總想著更多地攫取，而這個攫取的意味，卻多是慾望爭心的紛擾，老子對人性的反思一直地是在意識著這個層面的實然，所以這個慾望爭心的湧動便是老子要人類化除的結構，當老子講出了天地的「不爲自存因而長存之道」的時候，就要轉而提醒世人不要爲私慾名利財貨之攘奪（這就是「為自生」），而喪失了存在的根柢。生命在於社會中本有其自然的軌迹，慾望的爭奪表現出對現狀的不滿足，表現出要遠離這個自然存在的基地，表現出要自謀天地、要另造天堂，表現出要自生，然而天地卻不自生。要自生者需自謀生道，然而自己的力量是多麼單薄，天地早已以常道劃下了存在活動的範域，離此一步即失其所，多欲必遭反噬，要永保生存的豐滿就要把生命執定在存在的原來，這個原來就是一個環境的持平，就是一個周遭的寧靜，就是一個關係的穩定。生存境遇的騷動是因爲他人的反擊，他人的反擊是因爲自己的特出，自己的特出是因爲慾望爭心在導播，慾望爭心要求我們站出來耀眼獨存，掌握更多的名利財貨權勢職位，因爲我們對生存的原來境域有所不滿，我們要爭出擴展，我們要自生，我們沒有學習天地的不爲自生的敦厚，我們沒有領會天地的天長地久之道，我們終將自造危境而失所保。

是以聖人後其身而身先，外其身而身存。非以其無私邪？故能成其私。

如果要改變這種境況，那個自我特出的心態就要化除，對於人我關係的環境平衡要保持，要在待人處世上稍後一步，守住原來的基地，維持本來的關係，不論我們打算爲天下貢獻什麼，我們都要注意人心的變化，不要在人前爭出耀眼，要時時退讓，要讓出名位權勢，不要激發他人對自己的反感，人類的慾望像野獸般地兇猛，慾望爭心一起隨時傷人，我們不能讓自己成爲這位被傷害的對象，我們讓出的是我們本來沒有的，是我們可以不必要的，我們沒有讓出的是我們原來就有的，是別人不會想要的，我們永遠在前進，永遠沒有損失，別人的安靜或騷動也與我們無關，也爭嚷不到我們身上，於是我們永遠安全，我們不把不屬於生命保存的東西據爲私有，我們不去搶奪人人欲愛的財貨名利，就不會被別人當作鬥爭的對象，就不會被騷擾、被傷害，就不會有損失。我們要的是實在本分的作爲，我們不營私，我們永保所私。

人生的進退之道在於一個「弱字訣」——「弱者道之用」，「弱」是道的眞實軌迹在於人性的情狀，老子的實存律則用於人文環境的對應，其實是領悟於人際現象的實然，原來是人性爭心慾望的正視。觀念的產生基於對慾望與行爲的分析，實存律則原來述說的是心理的法式，原來是人類心理行爲的律則，是心理行爲中的貪欲爭心之暴起傷人的實在感受型塑了老子實存律則的清晰觀念，所以他主張「後身」——在名聞之後，故得「身先」——由觀念的創造而實質地領導衆人；主張「外身」——在利益之外，故得「身存」——由操作的實效而保證自我與環境的理想存在狀態。原來這一切作爲的原理只是使用了「無私」的功夫——把名與位讓出，故得在存在的眞實珍貴之中「成其私」——成功地達成我們的活動目標。這正是《莊子・人間世》中「心齋」功夫的原版。

第八章

原典章句

上善若水。水善利萬物而不爭，處眾人之所惡，故幾於道。居善地，心善淵，與善仁，言善信，正善治，事善能，動善時。夫唯不爭，故無尤。

觀念主題

本章是功夫與境界論哲學。

文句義疏

上善若水。水善利萬物而不爭，處眾人之所惡，故幾於道。

天地是常道意味的一個案例，現在，「水」也是了，「水喻」的思維也是從實存律則中尋找出的存在的道理。道理是柔弱、謙下、不爭，這是老式思維中人生活動的原則。最佳的存有活動應該是這樣的型態，所以「上善若水」。水被老子認知到它作爲萬物生命的必要資養，永遠供給，卻從不主張，利萬物而不爭，自然下流，處人所惡，這正是老子用道之學，正是「弱者道之用」，正是爲老子所誇讚之生存原理，故而水德似道。

居善地，心善淵，與善仁，言善信，正善治，事善能，動善時。

只要我們行事守住這個水德的謙下不爭之原則，我們的一切作爲便將是適宜的——「善」，妥當地生存與活動及對待和處理著人生的種種行爲面向——「居善地，心善淵，與善仁，言善信，正善治，事善能，動善時」。

夫唯不爭，故無尤。

處理即是，當下便適宜，從無紛爭擾攘，故而不引起反擊，負面的情緒不被刺激，因爲我們已經處下，高高在上的是他人，利萬物的是我們，利而又利不惹紛爭——「夫唯不爭，故無尤」，我們眞正適宜地操作著所有的行誼。

第九章

原典章句

持而盈之，不如其已。揣而梲之，不可長保。金玉滿堂，莫之能守。富貴而驕，自遺其咎。功遂身退，天之道。

觀念主題

本章是形上學的討論。

文句義疏

持而盈之，不如其已。揣而梲之，不可長保。金玉滿堂，莫之能守。富貴而驕，自遺其咎。

生存的眞相有本然的、有掛搭的，老子認爲名、利、財、勢等等都是掛搭的，但是這些掛搭的東西基於人性的貪欲都會在人生活動中自動湧現，只有有智者才能謹守本然的而不湧現掛搭的，而愚者卻是致力於掛搭的，這是危險的，之所以危險是因爲愚者衆而智者寡，慾望是人性中的實然，人人都有，人人慾望爭心一起，彼此交叉互傷，所有的掛搭都是爭奪的對象，人智能有幾何？豈不危殆！這都是事情做過了頭而走向對立面的情形。如何而能常保？不如放下掛搭，則本然的寶藏永遠不失，這才是生活的智慧之路。

功遂身退，天之道。

社會現象因於人性貪欲的實然，故而永遠走在「反者道之動」的軌迹中，於是我們的「好求」必將導致「多喪」，所以趕快退讓吧，謹愼地隱匿吧——「功遂身退天之道」，天道猶且不與人爭鋒，人道何獨能違逆。

觀念研究

老子玄智的理解進路之探討

老子談的是人生的觀念，有比喻、有主張，我們要在他的主張中明白他的觀念，還要在這些觀念中推敲它們的條件，從它們的條件中訂出意義的使用範圍，從而全面地掌握與理解老子智慧思維的哲學性格。經驗的現象可以成爲案例，但是再多的案例也不能成爲定律，只不過人世的情境會產生一種衝動，迫使情境趨向不可逆的方向發展。老子的圓熟便在這裡執定，他所發明的是人世的驅力現象與情境的必然性質，所以從此處建立命題，產生玄智，從而觀照，物物皆然，然於觀照心意已在此取義，故而經驗的現象便都從此處理解，於是我們發覺案例無窮，其實是思維的一路規範，所以我們對老學的根本學習，必須找出他的發言的基設，原來全部是人性的弔詭，所以是適用在人際的範域，人際範域是老學常道的源頭與效用。

第十章

原典章句

載營魄抱一，能無離乎？專氣致柔，能嬰兒乎？滌除玄覽，能無疵乎？愛國治民，能無知乎？天門開闔，能為雌乎？明白四達，能無為乎？生之，畜之。生而不有，為而不恃，長而不宰，是謂玄德。

觀念主題

本章是形上學觀念的探討。

觀念研究　一

功夫理論的思維脈絡之探討

老子觀天地人物之變，領悟常道，建立律則命題，提出人生處事智慧，在於操作上的對應，這些對應反映出對於常道律則的生活落實，落實在生命活動的所有層面，因爲作爲律則的常道也本來就是普遍在人類生存的所有角落，這個得自常道的律則現在要落實在操作的原理上，這個原理的探討是直接掛搭在人存有活動的意義上，這是一般哲學論題中的人道論哲學，從社會上講是政治哲學，從個人上講是修養論，我們給它一個比較貼切且可以較普遍地應用及推展的概念——「功夫論哲學」，「功夫論哲學」就是在處理人存有者的自我鍛鍊的功課，爲什麼要自我鍛鍊，因爲要貼合常道的律則的行動是一個高級的存有行動，不是一般的行動，是經過智慧的反思的行動，是必須在自我的心境、情緒、能力上作過調整修養之後的行動，所以它也叫做「修養論」。

玄智的得致是經過觀照之後的產物，智慧的運用則需經過修養的調整，這之中就有功夫在進行，是人存有者對於自己新型人格的建立過程。老子的玄智觀照後的處事智慧需要效習者戮力奉行，戮力的意義就是調理自我使得進入適宜操作的人格情境之中，調理是一個過程，過程中發生了人我的轉變，人存有者在操作玄智之前必先操作自我，操作自我的存在境況使成爲適宜的存有活動者，功夫的意義便在這個自我作爲的功課的鍛鍊活動中。這個功課該如何進行呢？這裡就有哲學觀念要發表的情境了。

文句義疏 一

載營魄抱一，能無離乎？專氣致柔，能嬰兒乎？滌除玄覽，能無疵乎？愛國治民，能無知乎？天門開闔，能為雌乎？明白四達，能無為乎？

老子要提出他的「功夫論哲學」的觀念了，那就是「無離、嬰兒、無疵、無知、爲雌、無爲」——「集中而不散入結構、像初生兒般地純眞、沒有雜質滲入、沒有私智妄意、能夠守宗持本、不會有機心欲動」。爲何是這些作爲呢？爲何這些作爲都以「無化作用」爲基本型態呢？答案很清楚，因爲老子的觀變思常之智慧觀解活動中，鎮日注目的就是社會因貪欲、好强、爭名、奪利之心而招致的社會紛亂，社會紛亂老子不喜，老子全部的哲學思維就在面對這個社會紛亂而思有以解決之道，解決的祕方在於紛亂的根源的理解，紛亂根源之理解又基於老子的特殊智慧之觀解，老子特殊智慧之觀解活動中發現紛亂來自這些貪欲爭心的作爲，一起百起人人爭逐，永無止息、無人得利、衆所同苦、終於無趣，化入玄同又有何益？既然貪念爭心之結果導致社會紛亂及個人的危殆，那麼這就是拯救社會與個人的下手處——「無」，直接消除，故而一切操作皆是無化作用的功夫修養觀念。對於貪欲爭心所導致的結果，老子是看得很深入的，深入到甚且建立了律則性命題來解說它的不當的必然性，既然這種人心活動中有社會效應的必然性，那麼這種必然性效用的格式正好可以轉化爲人心活動的智慧原理。那就是，因爲「反者道之動」，所以「弱者道之用」；因爲「有無相生」，所以「無爲」。這就是一切操作原理以「無化作用」爲根本型態的緣由。

觀念研究　二

功夫理論的應用範域

既然老子已從人心慾望騷動的認識中釐清了社會互動的發展規律，接下來就要在規律的脈絡中來進行社會導正的工程，所以我們所有制止社會紛亂的活動就在於抑制這個不當發展的產生，這個抑制作用將作用在自我與他人的雙面向上，抑制這個慾望爭心的在我所起及在他人之所起，在我所起的抑制是自我鍛鍊的功夫，在他人所起的抑制是政治操作的原理，所以這個抑制作用的活動將包含了自我鍛鍊的功夫修養及社會操作的政治哲學。

境界理論的思維脈絡

這其中共通的法式皆是「無化作用」的功夫原理，「無化」是抑制，抑制爭心之現起，「入於無」是境界，達到了無心應世的情境中。功夫之後是境界，老子在此處也是說出了最高級存有狀態的哲學觀念，在傳統的哲學概念中會以之爲倫理學觀念，倫理學觀念中規範了人生活動的應然格式，「境界論哲學」中討論的理想人格情狀也是一個應然的格式，不過從境界中說更能凸顯它的從功夫來之實義，境界是可以轉換的，隨著人心而轉，功夫是要改變自我的，改變後了的自我是一番新的氣象的，是一個新的境界的，老子的自我鍛鍊的功夫的結果，是要達到一個自我人格的新景象的，這個新的人格是要抑制爭心慾望的四處烽起，是要產生社會效應的聖王，聖王是有氣象的，有境界的，我們從能操作常道律則的聖王人格說起時，我們注重的是他的人格型態，我們注重他的境界，無化的活動的結果，無爲的狀態便是境界，是人存有者的境界，所以「無離、嬰兒、無疵、無知、爲雌、無爲」等也就是說境界的觀念，而它的效用則又是社會的結果，是一個新的社會，一個國土，一個世界，也是一個境界，這就已經是佛教哲學中對「法界」的說法了。

「無化的功夫」之理由及目的，統而言之，所有的觀念都在老子書第四十八章的觀念中：「爲學日益，爲道日損。損之又損，以至於無爲。無爲而無不爲。取天下，常以無事；及其有事，不足以取天下。」而它的另一種統攝性功夫觀念，即爲以下所將討論的「玄德」胸懷，它首先是天道的「實存律則」，而它的義涵則是一個天道的胸懷，所以他又轉出爲人存有者效習的功夫觀念，因此可以說「玄德」即「無爲」的另一型態之並用法式。

文句義疏　二

生之，畜之。生而不有，為而不恃，長而不宰，是謂玄德。

從功夫與境界上來講，常道的作用落實在無化的作爲上，從天地自然萬物或社會聖王百姓的對待關係上來講，常道表現出「玄德」的胸懷。這個觀念在成立脈絡上如何產生呢？首先，在我們的觀念中有一個對天地萬物產生根本作爲的超越對象之存在，它的存在是這麼樣的特殊，它眞實卻隱匿，所以我們似若不見它的作爲，但是它的效用卻是這麼地絕對廣袤而全面地掌控著天地萬物，所以我們發覺它的存在體現了一種特殊的精神，一種「生之，畜之。生而不有，爲而不恃，長而不宰，是謂玄德」的胸懷，它可以在所有的範圍內對我們的活動予以照拂，卻又在任何一個時刻不要求我們對它恭敬禮讚與感激，它自爲地運行著，我們自然地生活著，它對我們的存在是生之畜之，它對我們的態度卻是「生而不有，爲而不恃，長而不宰」。所以當我們認眞反思之際，當我們面對天道的作爲無窮不息的時候，我們的領悟中得到一個觀念：天道以「玄德」的胸懷對待著天地萬物人我社會。

觀念研究　三

玄德觀念的理論定位及性格特徵

老子的天道觀念從哲學性格中說來，其實就是一個常道，常道是「有無相生」，是「反者道之動」，現在是「玄德」，常道是作用著天地萬物的律則，律則的存在是有作用無形象，作用中必然地定性著，存在上卻遮掩地隱飾著，是在人類的感受上的遮掩與隱飾，其實只是在人類的認知中的不出現，究其爲常道的作用之定然而言，常道何曾遮掩，所以它的不有、不恃、不宰只是姿態，甚且只是人類的無知無識中的感受，是一種「感受不到」的感受，「感受不到常道的作用」的感受，所以當老子發現了常道的作用總是讓人類感受不到的時候，老子說常道體現了一個特出的德性，一種玄德的情懷，「玄」就說明了這種德是一種讓人家無法察覺的功能型態。道有一種在作用中卻讓人類無法察覺的能力，道的這種能力又成爲了它自身在作用中的定然法式，一種作用的原理，一個律則，實存在人類的感受力中，是作用者的性能特徵，是被作用者的存在感受，作用者生之、畜之，卻不有、不恃，被作用者被生、被畜，卻不被有、不被宰，「是謂玄德」。所以玄德是在於常道的性徵，及在於天地萬物的存在活動中的高級作用者的性徵，這種性徵是一種感受上的態度，是一種胸懷，當這種胸懷定然地在道的作用中展現之際，它自身也成爲了常道的律則，實存在道的作用格式中，實際地發生在聖人智者的行爲模式裡頭，成爲社會活動中的一條超越者的行爲規律，是聖人處世的根本原則，也就是功夫的觀念。

論戰發生之後的決勝之道：不在觀念而在數量，不在地上而在天上，不在激動而在平靜。

第十一章

原典章句

三十輻共一轂，當其無，有車之用。埏埴以為器，當其無，有器之用。鑿戶牖以為室，當其無，有室之用。故有之以為利，無之以為用。

觀念主題

本章是形上學觀念的討論。

觀念研究

「有無並觀」的觀察法式之使用原則

老子首章已提出以「常無」及「常有」來觀照存在界的天地萬物之奧妙，在「有無並觀」的玄智觀照下，老子已讓我們體會到「有無相生」及「反者道之動」的實存律則，同時藉由道的作用的遮掩性格，也讓我們領悟到道的「玄德」胸懷，以及在道的作用平等的普遍格式下，透過「反者道之動」的活動律則，老子也理解了道作用的「玄同」原理，這些都是在「有無並觀」的玄智中所產生的常道律則，於是這個「有無並觀」的思維模型其實是老子抽象思維的固定格式、根本格局、基礎性結構，它從此決定了老子面對世界的終極結構。本章所將討論的也就是「有無並觀」格式的一個應用型態——「有之以爲利，無之以爲用」，「有」的意義是「對象存在的基礎」，「無」的意義是「對象作用的功能」。

文句義疏

車輪、容器與居室的存在意義是「有」，但是它們在使用上的功能發揮卻體現了無的作用意義，在空間上挪出，在使用上發揚。此三者皆爲對「空間理解」之「有無並觀」的思考，對於我們人類思維構想中的器物使用，原來它們亦體現了「有無齊用」的意義，當然這也是老子在「有無並觀」的玄智活動中的理解，所以我們從中可以獲知的是，人類生存活動中的許多意義結構，都體現了「有無對擧」的意義形式，所以「常無」、「常有」的玄智觀覽正是啓發智慧的重要奧祕——「玄之又玄衆妙之門」。老子對於上述三種器物使用是「在後的領悟」，那麼有沒有「在前的智慧」使得事變的進行得以事先掌握、安排、疏導而產生良好的效用的呢？當然有，這就是「弱者道之用」的所有型態的社會對應之原則，柔弱、不爭、謙下、不敢爲天下先等者皆然，在

「有無對舉並觀」的玄智作用下，早早理解了社會作爲的强勢姿態將產生周遭回應的强烈傷害，故而無去此强勢姿態——「當其無」，則「非以其無私邪故能成其私」。

第十二章

原典章句

五色令人目盲；五音令人耳聾；五味令人口爽；馳騁畋獵，令人心發狂；難得之貨，令人行妨。是以聖人為腹不為目，故去彼取此。

觀念主題

本章是社會政治哲學。

文句義疏

日常簡樸的生活已經完備了人之爲人的基本需求，聲色耳目財貨田獵之欲，不應追求，這些是刺激人類貪欲的東西。貪欲無窮，經不起開發，一但引動，沒完沒了，它本身會成爲一股內在的動力趨迫人類無止境地奔放，放棄舊有的生活方式，否定樸實生活的價值，它的無所限制的奔流，將使自己的生存境域遠離平常之道，從一般的標準來看，便已經失去了爲人的根本——「五色令人目盲；五音令人耳聾；五味令人口爽；馳騁畋獵，令人心發狂；難得之貨，令人行妨」。所以有智者在生活的態度上要保守人類生存的基本條件，而不去爭逐外緣之欲。「腹」代表樸實的基本生活環境，「目」代表慾望爭心貪念之起所引發的虛華生活，故去目取腹——「是以聖人爲腹不爲目，故去彼取此」。

觀念研究

老子政治觀念的思維脈絡

這些生活觀念之建立乃立基於對社會紛亂之現實的正視，正視它，從而發覺產生紛亂的原因，依老子的思維慣性，原因在於貪心爭欲之起，所以從此處下手解決。貪心爭欲的結果一向是沒有好下場的，老子從這個結果的清醒中作思維的起點，嘗試在社會活動中止消這些紛亂的源頭，於是主張「爲腹不爲目」，也就是追求樸實的基本生活情調，而不要追求浮華的虛榮，如此即爲聖人智者之所爲，老子政治思維的觀念流衍即此而已。

老子對「人性」思考的探討

人性中爲何定然有貪欲？可不可能做到從本質上鍛鍊出根本沒有貪欲爭心的人格典型？這是

老子未嘗論及的，所以老子在「人性論」這個「哲學基本問題」的討論中用力不多，他只是平實地認知、正視而予處理，在社會存在的活動格局中來處理，另外就是在自我修養的操作中來處理，提出一個無欲的境界觀念作爲聖人的人格典範，基本上都是動態的面對與處理，而不是在觀念上就人性本質的「本體論」問題做觀念的反省及命題的建立，所以老子不是個「性善惡論」的哲學家，他的哲學思維活動中並不採取這種「人性論」的「本質主義」的思維模式，他的人性思考是一個社會活動的「律則玄智」的哲學型態。

第十三章

原典章句

寵辱若驚，貴大患若身。何謂寵辱若驚？寵為上，辱為下，得之若驚，失之若驚，是謂寵辱若驚。何謂貴大患若身？吾所以有大患者，為吾有身，及吾無身，吾何有患？故貴以身為天下，若可寄天下；愛以身為天下，若可託天下。

觀念主題

本章是社會政治哲學的觀念探討。

文句義疏

寵辱若驚，貴大患若身。何謂寵辱若驚？寵為上，辱為下，得之若驚，失之若驚，是謂寵辱若驚。

寵辱在人，身則在己，要將生活的理念放置在己身的基本條件之保存上，這是老子之學的思維慣性，生活的理念如果掛搭在他人之中，則不論是寵是辱都是決定於他人的，或寵或辱或上或下都是無法決定的，得失之心起起伏伏，有何樂趣可言？得亦驚、失亦驚，簡直是可憐死了——「是謂寵辱若驚」。

何謂貴大患若身？吾所以有大患者，為吾有身，及吾無身，吾何有患？

我們人生當中眞正要看重的就是我們的樸實生命，不是因貪欲爭心而來的名利權勢，這些或寵或辱的得失其實是小事而已，根本不應看重，因而也無須追求。我們的生命的存在是一個樸實，一個樸素的眞實，它的本質是樸素的，它的存在是眞實的，而就在它的存在的眞實的當下使得我們必須對它正視，正視它的存在的不可替代性，以及我們的生命的基地的根本性即在於此，所以我們的禍福所由，只是在於我們的生命存在的這個簡單的事實中，如果沒有了這個樸實的生命的實際存在，我們又何須擔憂什麼呢？所以人生在世眞正應該關懷重視與保存的，其實只有這個樸實的生命存在而已，這就是我們應該「貴」重的東西。然而愚昧的人卻隨著慾望爭心的驚起而堅決地忍受著社會的榮辱之境，遭受他人的情緒慾望之擺佈，何其不智。

故貴以身為天下，若可寄天下；愛以身為天下，若可託天下。

當我們貴重了這個生命的存在，維護了它的存在的本質的樸實性之後，我們便正好取得了肆應社會的最佳處事原理，原來社會的存在皆在爭寵避辱的虛華中紛馳，如果我們在生活的對待上能夠堅實地貴重自身，那麼當我們在權力的職位上操作政策的時候，我們便不會在營私逐欲爭強奪利的格局中陷溺，所以我們不會成爲社會紛爭的製造者，我們對社會無心，只對存在的樸實貴重，這樣反而取得了處理社會的條件基地——「可寄天下可託天下」。原來正因爲我們對天下無心，不予看重，所以不會把天下拿來玩弄，所以將天下交給我們，就像把空氣、陽光和水分交給我們一般，不會想要拿它來作些什麼，而就只是使用著、生活著，如此而已，而這正就是一個樸素的社會景象，正是老子的社會政治哲學所要追求的目標。

第十四章

原典章句

視之不見名曰夷，聽之不聞名曰希，搏之不得名曰微。此三者不可致詰，故混而為一。其上不皦，其下不昧，繩繩不可名，復歸於無物。是謂無狀之狀，無物之象。是謂惚恍。迎之不見其首，隨之不見其後。執古之道，以御今之有。能知古始，是謂道紀。

觀念主題

本章是形上學觀念的探討。

文句義疏

本章論「道」，原始的構思是嘗試從具體經驗生活中去對道作意象的描述，實際的結果是經驗的意象無法掌握，所得者皆非具體的情狀感知，故而從此種研究進路中所獲得的對道對象理解的觀念，它只能是一個「非物」，也就是我們一直以來所說的「存在界運行的總原理」，於是對道的一切描寫，都必然是一個「不可把捉」的格式。本章文句義理部份已述於上卷第二章〈老子形上學的抽象思辨之認識進路〉一文中，故不重複討論，以下仍對「抽象思辨的認識進路」作進一步的探討。

觀念研究

「抽象思辨」的認識進路之探討

「道」是老子玄思中所構想的一個「實存律則觀念的匯集點」，因此邏輯上總應該有一個對象來扮演這個天地萬物生存發展暨運行變化的總原理的角色，它應該是一個實存的存在，它的功能是作為一切律則的始源基礎。然而，這一切的理解都是觀念的構想，對於這個對象自身的具體性徵仍尚待研究。但是，作為構思中扮演始源角色的這個對象，在自身性徵的描述上面臨了極大的困難，因為先天上它就一個構思中的存在，它是一個在構思中被架設出來的存在，它的「功能」是被理性活動所規定的，因此它的「性徵」就只能是仍在理性構思中的「推斷」，而不能是經驗活動中的具體感知。這是這個觀念的現實情狀，然而對於這個現實情狀，老子或為不解、或為漠視、或為擱置，仍尋依著傳統具象思維的觀念工作的習慣，屢屢以具象思維的觀念工作方式來稱述這個「道對象」的性徵，然而老子亦未造假，經驗中無法感知當然就無法稱述，於是在稱述中「述說道的不能在經驗中感知」的這些表述本身遂成為「稱述道對象的最佳稱述」了，於是老子對道對象的稱述便都充滿了此類述語，這就是本章對道之表述的實際情況。

「道」無法被經驗地稱述的理論上的原理，只有一樣，那就是這個構想中扮演存在運行律則之始源的對象本身，先天上就必須只能是一個抽象而超越的原理存在，對它再賦予其它存在界的天地萬物所擁有的任何性徵的話，便是削弱了它的存在功能，所以在道德經中所有的對道概念之稱述的文脈中，不論老子在工作方法上運用了那種的研究進路，最終結果都是一樣，我們只能對道概念進行抽象思辨下的性徵規定之合邏輯的觀念推演，而不能從任何經驗具象的角度作出任何積極性的意象之描述，例如：「執古之道，以御今之有。能知古始，是謂道紀」，就仍是再次的觀念規定，在一個合理的觀念推斷下的功能性之架設。而本章中此句之前的所有稱述，就是藉著道在經驗象喻中的不可掌握性的特徵來稱述它的性徵。這是對道概念本身的性徵定位，是它在理論意義上的存在性徵。

以上所說皆是對老子哲學思維的「觀念進行脈絡」進行「觀念成立解析」下的工作結果，這也就是「哲學觀念研究方法」的使用範例。

第十五章

原典章句

古之善為道者，微妙玄通，深不可識。夫唯不可識，故強為之容。豫焉，若冬涉川；猶兮，若畏四鄰；儼兮，其若容；渙兮，若冰之將釋；敦兮，其若樸；曠兮，其若谷；混兮，其若濁。孰能濁以靜之徐清，孰能安以動之徐生。保此道者不欲盈。夫惟不盈，故能蔽而新成。

觀念主題

本章是境界理論的探討。

觀念研究　一

老子之道的兩橛性之融通

在天地萬物運行之規律中有一個構想中的超越對象，是道，作爲其運行的總原理，同樣地，在智者、識道者的生活行誼中也有一個構想中的高明智慧原則，也是道，是人類生存活動的理想型態，這個理想型態以這個道的玄智觀解爲行爲的準則，這個構想中的行爲總準則與構想中的天地萬物之運行的總原理到底應該是一還是二呢？它們的是一是二是涉及到老子哲學觀念的概念規定及名義使用的詮釋方式的問題，是一個哲學理論本身的問題，這個問題是我們當代哲學觀念研究者要研究及解決的問題，不過這個問題不是老子的哲學問題，老子哲學觀念活動的理性思維中並沒有出現這樣的一個問題，老子就是直接地將他的觀念思維中的天地萬物運行之道與人物行誼的遵循之道二而一之地使用著。這兩種使用脈絡中的道在哲學觀念的義涵中是不同的，但是在作爲同一套哲學理論體系中的觀念建構上它們又必須是可以融通的，是應該要有著觀念推演的一致性的。

事實上如何呢？事實上是老子的人存有活動中的道，它的智慧領悟的來源就是直接建立在天地萬物的運行情狀之原理中來的。所以就老子而言，他根本不出現存在的原理與行爲的原理劃爲兩橛的問題。存在的原理是自然萬物的運行規律，行爲的準則是人際活動的社會生活之道，兩者的規範範疇不同，兩者的原理來源也不同，因此兩者的原則內容也就不應該相同，但是此二者卻在老子的思維中統通打合而爲一了。老子是如何做到的呢？道理也很簡單，原來老子建構天地萬物運行之道的思維根源就建立在人世活動的情境領悟之中，這是我們在討論「反者道之動」及

「有無相生」等實存律則時一再提到的老子型態的思維法式，「反者道之動」是人類對事務認知的恆常感受性律則，「有無相生」是事務被人類認知的意義性實存律則，只是它們被老子擴大爲天地萬物本身的運行律則。因此，從人存有活動的情狀中所領會的存在律則在使用於人存有活動的情境中，本就是絕對直接有效的施用的。所以對於老子的天道層次的道與人道層次的道的兩橛性之融通的問題，這在老子哲學觀念的架構中，是有著他的獨特的融通方式。

這個問題是類似於倫理學中的「實然」與「應然」的問題，只是就老子而言，他所處理的並不是一個「本質主義的人性理論」的問題，所以不是一個溝通「本質中的實然與本體中的應然」的問題。老子的思維是自以爲是地進行在一個「自然」中的問題——「道法自然」，這個自然顯現爲一個常態，所以是一個「知常」的問題，是一個知道事變的常態情狀的效習的問題，而這個事變之常的情狀又是什麼呢?從我們前幾章的分析中我們已經發覺了這個常是一個經驗中的實然感受，我們在感受中的體會是事變總依循著若干的規律在發展著，這個規律規範著天地萬物及社會人世的變化之道，但是這個規律基本上是我們心中對事務的觀察法式，所以是一個眼光，是一個主觀的觀點，是一個欲普遍化爲事務發展的客觀規律，但是卻是建基於操作者主觀作用的情境理解。所以對於老子而言的天道與人道，是在哲學觀念的理性思維活動的當下就已經被道的自然性也就是常道的觀念統合爲一了，從頭開始就是同一個常道的律則在規範著天道與人道的進行，以及認識的法式，所以老子只有「自然者何」的問題，只有「常道者何」的問題，而沒有實然與應然之融通的問題。

對於常道的問題，在它的使用上所發生的是一個智慧之保全與愚昧之受災殃的生活問題——「知常曰明，不知常，妄作凶」（第十六章）。總之，道在認知上是一個客觀的律則，道在使用上是一個安危的情狀，道被老子構思爲一個常道，所以道就應爲有智者使用爲一個準則，使得智者成爲一個有道者、善爲道者、聖人、聖王。這就進入了境界理論的討論了。

文句義疏

古之善為道者，微妙玄通，深不可識。夫唯不可識，故強為之容。豫焉，若冬涉川；猶兮，若畏四鄰；儼兮，其若容；渙兮，若冰之將釋；敦兮，其若樸；曠兮，其若谷；混兮，其若濁。孰能濁以靜之徐清，孰能安以動之徐生。

「善爲道者」的存在意境是一個「道的人性位格化」，道的存在情狀從經驗性徵上說的狀態則也將是人性位格的善爲道者的存在徵象，這是聖人的「境界理論」的成立條件之一。此外，道的律則義顯現爲「無爲」，所以聖人的法道之姿也是一個「無爲」的格式。「無爲」是他對觀察者、被操作者所展現的姿態，所以「無爲」的作爲者在這種姿態的展現之後顯現出深不可識的存在情狀——「古之善爲道者，微妙玄通，深不可識」。所以儘管在「强爲之容」的動作下所狀述出的情狀，仍是一個無從辨識的渾然——「豫焉，若冬涉川；猶兮，若畏四鄰；儼兮，其若容；

渙兮，若冰之將釋；敦兮，其若樸；曠兮，其若谷；混兮，其若濁」。然而這些無從辨識的情狀都是爲道者的姿態展現，其實在他的內心中正進行著激烈的功夫鍛鍊——「孰能濁以靜之徐淸，孰能安以動之徐生」（要做到面對紛雜混濁的社會環境時能以清淨無為的功夫，使天下貞定清朗。為了要安定天下的目的，而採取了所有必要的行動，但卻能以玄德的胸懷自處，故而守存自身），而這個功夫的鍛鍊即是爲著這個姿態的展現來作基礎的。

保此道者不欲盈。夫惟不盈，故能蔽而新成。

「無爲」作爲善爲道者的存有活動之基本原則應仍有其理論上的成立條件，這就是它成爲聖王的必要的功夫課題。常道的存有活動是一個冷靜的律則，律則只客觀地作用，主觀的情趣全然不覺，所以展現出玄德的胸懷。玄德是一種境界，必須無爲而後可，常道本是客觀的原理，無爲是它的性徵，但是人性位格中的善爲道者，就必須在人性一般的基礎上進行玄德的功夫操作。人性的一般情狀是多欲、紛雜、擾攘的存有活動之實然，只在這個一般的實然的境地上做存有的活動的話，那麼社會的紛爭便永無止息，老子要止息社會的紛爭，他在理性活動中找出事變的定然法式，他理解了通變之道，所以提出無爲的操作玄智來，但是要做如此的操作並不是一般的人性實然之可爲者，所以要有聖王的訓練，訓練的課程就是在進入這個「無爲」的心境中——「保此道者不欲盈。夫惟不盈，故能蔽而新成」，所以「無爲」的操作本身成爲善爲道者的自我鍛鍊的功夫，以便具備無爲之「玄德」的胸懷。

觀念研究　二

聖王中心的人性思維

老子的「善爲道者」是一個「獨特的人存有者」，是一個發生在若干「個人」身上的理想型人格型態，老子並未企圖將之擴展爲人類存在活動的普遍化型態，因爲在老子對人性的認知中，那些人性負面基因的感受是明確、強烈、直接的，老子對人性的處理，基本上放棄了從根本上來改變人性的想法，他的思考從來都是放置在若干掌握智慧與權力的人物之自我鍛鍊的功課上來設思的，從一人之操作中下手，製造一個天下一致的局面，這才是老子思維的脈絡，所以是和儒家的普遍化人性理論之思維型態不同的。儒家的君子是每一個人都可以追求的目標，正當社會中的每一個人都成爲了君子的時候，這個理想的儒家式的社會情狀便將出現，說得更精確一點，人人是君子，理想才完成。那便將是一個風氣善良、風俗典雅的理想國度。但是在老子思維構想中的社會情狀之出現，並不需要社會中的每一個人都培養出「聖王」的人格型態，基本上只要出現了一位聖王，在他使用玄智的治國本事之後，那個老子理想中的社會情狀便應可出現了。至於社會中的每一個人的人性本身仍然如舊照常，並未有任何本質性的改變，僅僅是他們的本質中的負面人性基因無從引發、暴露、展演，如此而已，但是社會的目的已然達成，這是老子思維理想人物時與儒家的普遍人性之建立的思維方式極大的差異之處。

第十六章

原典章句

致虛極，守靜篤，萬物並作，吾以觀復。夫物芸芸，各復歸其根，歸根曰靜，是謂復命，復命曰常。知常曰明，不知常，妄作凶。知常容，容乃公，公乃全，全乃天，天乃道，道乃久。沒身不殆。

觀念主題

本章是功夫理論的探討。

文句義疏

致虛極，守靜篤，萬物並作，吾以觀復。夫物芸芸，各復歸其根，歸根曰靜，是謂復命，復命曰常。

從功夫的角度講，本章之所述傾向於形式義的功夫而非內容義的功夫。

玄智的觀照是一種境界之下的作爲，老子的常道之知是超越性的智慧，是見到了天地萬物之「根」、之「命」中的超越智慧，這種從絕對的高度的籠罩性觀解的智慧並不是輕易可以操作的，所以老子要說明一下這樣的玄智是如何獲得的，以及這樣的玄智是如何運作的。原來，老子預先假設了天地萬物之運行變化有其根本的常道，它們都以這個常道來作爲存在變化的最終境地，這就是「根」也就是「命」，這個「根」和這個「命」就是紛紜的事變情狀之運轉規律，萬物遵循著這個法則而運作就是「歸根」與「復命」——「夫物芸芸，各復歸其根，歸根曰靜，是謂復命」。所以我們就是從萬物變化的自然發展情狀中去認知它們，從而建立普遍命題，產生玄智——「常」。

然而在這個觀察活動的過程中，作爲觀察者的我們要有怎樣的態度、方法呢？這當然是一個相應的功夫，一個相應著在律則中發展的存有情狀，觀察者自身將存在的境界相應到萬物的常道律則的狀態中——「致虛極守靜篤」（撤除一切私心慾望的紛呈僅剩純粹理性的運作），在律則狀態中的萬物則其實只有一個乾冷的理性，只是一個冷靜的規律，是一個沒有例外、沒有特性、只有劃一整齊的動作——「夫物芸芸，各復歸其根，歸根曰靜，是謂復命」。面對這樣的對象，操作的主體也必須將自己的存在狀態調整到同樣的情境中，如此才能進行相應的觀察，這就是「致虛極，守靜篤」。讓我們的存有活動進入一個純粹理性思維的狀態中，摒除一切非理性因素的攪擾，從而得以在最根本的基地上觀察萬物竄動的終趣——「復命曰常」，再從其固定的終趣中尋繹出事變運轉的規律，是謂「常」，「常」是老子哲學思維的總目標，得其「常道」之知，是智者的領悟，智者的領悟亟需功夫的施爲，要在一個功夫的情狀中獲得玄思的能力，才能在萬物並作的現象紛紜中揪出情變的常道——「萬物並作吾以觀復」。獲得常道之後化爲普遍觀世應世的原理，應用於生活之中，從而得以常保自身，在常道的依循中行止於世，否則，不見其常，自以爲是，妄作亂動，恆遭災禍。

知常曰明；不知常，妄作凶。

爲什麼「不知常，妄作凶」呢？道是老子觀變思常的總攝性原理，經由人類的理性觀解，它展現出若干型態的常道律則，事變的情狀盡在此中，這裡沒有任何的人類私意可以撼動的機會，天地萬物定然地被如此地對待著，故曰天地不仁，咎由自取，聖人在此知所福善禍殃之發生情境，便能在這些處世情境中自做選擇，選擇福善的，規避禍殃的，不落入必然的錯誤——「反者道之動」，不忽略定有的情狀——「有無相生」，不踰越謹守的本職——「生而不有爲而不恃長而不宰」，不陷入生命的難堪——「挫其銳解其紛和其光同其塵」，追求一個極高明的存在境界——「無爲」。常道只是常，沒有道德性，只是所有事變的經驗現象上的通常情狀，有錯誤經驗的常態，有悲慘命運的常態，有高明操作的常態，都只是常態，人們在常道之知解中超越、提昇、進步、成長，人們也在常道的通式中生活、犯錯、受害、不滿，我們既然透過冷靜理性的觀察，知道了事情演變的通常慣例，我們就應該在自我操作的時候，調整自己、避免錯誤、開創善機。所以「不知常，妄作凶」，而「知常曰明」。

知常容，容乃公，公乃全，全乃天，天乃道，道乃久。沒身不殆。

「知常容」以下至「道乃久」，則是在鋪設「知常曰明」的經驗效用之義涵，極盡地鋪演它的普效性及終永性，觀念的連帶而出基於感受力的達致，感受力達致之時則轉化爲有義理義涵的觀念，感受力的基地當然仍是理性的思索，是老子理性預設上地早將常道律則施用在普遍的範域內而來的推斷的結論。所以觀念構想中的這個道，在觀念義涵中便已經是「道乃久」，所以「沒身不殆」。至於從「容」至「公、全、天、道」之意境發展，實爲觀念聯想地說，並非概念的必然推演而成，所以無須在此建立明確義理性觀念命題。

第十七章

原典章句

太上，不知有之。其次，親而譽之。其次，畏之。其次，侮之。信不足焉，有不信焉，悠兮其貴言。功成事遂，百姓皆謂我自然。

觀念主題

本章是從政治哲學角度所談的境界論哲學。

觀念研究

一　聖人是道的人性位格化

本章是對老子理想中聖王人格的境界描述，聖王是一位具有超絕智慧的人物，他是一位「知常曰明」者，他是人間事業的操作者，是製造社會新環境的人物，是依老子的常道玄智作為操作的原理，而以純樸不紛亂的社會型範爲追求目標的人物，他是常道的最佳實踐者，他就是妙道玄智在人性落實的完美典範，所以我們才說聖王是老子觀念中人性位格化的道。

文句義疏　一

太上，不知有之。其次，親而譽之。其次，畏之。其次，侮之。

第十五章所言的「善爲道者」是一個「微妙玄通深不可識」的存在，他的最理想的存在狀態既然是不可識的，所以「太上，不知有之」。這是一個政治哲學範疇內的命題，討論理想的政治操作者的活動境界的問題，他的活動境界決定於他的活動方式，活動方式又決定於他的活動目標，也就是他的政治理想、他的政治哲學中對於理想政治社會的環境結果之判斷與抉擇。基於這樣的反省，老子對政治人物的分析建立了幾個基本的型態，而其中最高明的聖王則是「太上不知有之」的境界型態。他只求政治目標的順利達成——「功成事遂身退」，他不求自己的名聞聲譽，並且他在使用權力、操作事變的時候，是謹守著「玄德」的原則——「外其身、後其身、不有、不恃、不宰」，所以使得天下百姓沒有被壓迫的感覺，百姓自在，甚而以爲沒有聖王的操作——「太上，不知有之。……百姓皆謂我自然」，這就是老子對政治操作者的最理想人格型態的觀點，在個型態之外的類型都是不足取的。

例如：以「富國强兵」爲目標的政治工作者，他的操作方式是要造成一個上下一致、聽命行事、戮力生產、奮勇殺敵的國度，所以他需要嚴刑峻法使得人人自危從而不得不聽令行事，所以他必將追求一個人人畏懼的帝王形象——「其次，畏之」。這是君王操作政治的一種型態。另一種型態是亟欲造就一個風俗善良的社會體制，人人在一片禮樂教化的社會體制中恭敬相讓，所以他的操作方式上便要造就許許多多的良善典範，亟望人人躬身學習衷心讚譽，所以他要追求的人格型態是一個讓人喜愛親近的仁君形象，這是政治操作的另一種型態——「其次，親而譽之」。這兩種型態都是政治哲學中的一般觀念，也是兩種一般上說來將有某種效力的政治型態，是世人常見的政治理想哲學，如果無法做到這兩種典範之一的話，多半都是極差的政治操作，這種國家中的君王都是教百姓瞧不起的對象——「其次，侮之」，當然更是人民痛苦的來源。

觀念研究　二

對儒法兩家政治人格型態之批判

然而前面兩種型態就一定很好了嗎？決不是，讓百姓「親而譽之」的儒家聖人，及讓百姓「畏之」的法家君王形象，老子皆仍不取。「親而譽之」的君王要表現出他所想要的理想人格的德行，然而基於老子對人性一般的現實理解，人民將造假、爭譽、巧討於這種君王，只要人們私慾隱藏得深，只要君王智慧的透視力不足，就會被欺瞞，基本上陷入了「尚賢，使民欲爭」的情境中，這並不是眞正高明的政治操作。至於「使民畏之」的君王，則是陷入了「反者道之動」的錯誤之中，「民不畏威則大威至」，嚴刑峻法對人民的管理是立即有效的，但是它的有效是建立在人民的恐懼心態之上，人民願意承擔法令規章的管束，是爲了他的生命保存的目的，如果這些承擔超過了他的生命保存的重量，「民不畏死奈何以死懼之」，那麼這些法令將會立即無效。嚴厲的管束在當下就已經爲人不喜——「有無相生」，對立面的感受必然在操作的當下已然帶出，一但極致地發展它——「反者道之動」，則必將使君王自遭危殆。所以「畏之」的君王境界也是不終究的，甚至比「親而譽之」還不如——「其次，畏之」。

文句義疏　二

信不足焉，有不信焉，悠兮其貴言。功成事遂，百姓皆謂我自然。

那麼老子眼中眞正有效的政治理想的型態是怎樣的呢？那就是「太上，不知有之」的型態，眞正高明的政治操作者是製造一個沒有紛爭的社會，是讓人民在生活中沒有機會發展人性一般中的負面基因——「不見可欲使民心不亂」，所以他的任何福國利民的措施都不需要大張旗鼓地展示出來，他只是有效率地靜靜地操作著一些情境、條件、環境的安排，當適宜的環境條件成熟了之後，「萬物將自化」（第三十七章），社會情勢會自然地導演到聖王想要讓它發生的那種情境中去，聖王無須多言，百姓還自以爲是自己的勤奮努力的成果，這時政治的權力與人民的福祉兩不侵傷、各安其位——「功成事遂，百姓皆謂我自然」，這才是老子追求的境界。所以眞正高明的聖王在作政治操作的時候，從來是以「玄德的胸懷」在進行著的，玄德是讓其生、讓其有卻不管束、不侵佔，所以站在被對待者的立場看時，他們便是「自生自有」，而從不以爲還有個「使生使有」的存在在活動著，所以「百姓皆謂我自然」。道的存在位階就是這樣，所以它的存在性徵也是一個不可識，聖王是道的人性位格化，聖王不應該讓自己的存在活動落入事變的脈絡之內，他本就應該扮演超越的處理者的角色，所以他的操作面是後設的，是條件性、環境性的安排，相對於具體社會事件的發生而言，這些環境條件的製造是隱匿的活動，是不爲人知的情狀，就聖王的心態而言，這也是一個不必爲人所知的層面——「太上，不知有之」，否則就是又將自己的活動捲入社會一般的情境中，如此則無任何超越性可言，故而「信不足焉，有不信焉，悠兮其貴言」。反正世人也多半不解，就不如別說破吧！

第十八章

原典章句

大道廢，有仁義。智慧出，有大偽。六親不和，有孝慈。國家昏亂，有忠臣。

觀念主題

本章是社會政治哲學的討論。

觀念研究

人性的理想與現實的弔詭

好狠！但是乾淨俐落，淸淸楚楚，帶點冷酷，卻絕對冷靜，然後再開始運用理性，看看如何應對，特別是那些對這個社會天下仍有所期許的英雄人物，都應該要先有這樣的鍛鍊，在理智中保持清醒，在熱情外攜帶面具，在應世中保持不動心，在效率中進行操作，直指核心，扭轉世變，然後飄然而去，不有不恃不宰，道家式的玄智。

正當我們望穿秋水等待救援的時候，仁義來了，智慧來了，孝慈來了，忠臣來了，多麼感動，多麼興奮，多麼美好，且讓我們永遠地記住這一刻，讓我們永生感激，讓我們建立堅定的信念，從此追隨這些良好的行誼，從此以之爲行爲倫理的典範吧！這是一個人類感性上的正常反應，我們宣稱我們需要，永世地需要，忠孝仁愛信義和平以及智仁勇。然而，這一切都錯了。

文句義疏

大道廢，有仁義。

仁義這種美好的德性對人類而言眞是如即時雨般地重要呀！但是爲什麼呢？老子想著這個問題！人類可以不需要這種東西嗎？老子發現，就現實上講，是很需要的，但是從根本上想，是不需要的。原來我們對仁義的渴望，是因爲我們身處於一個大道荒廢、社會動亂、人性貪婪的時代，所以我們需要所謂的正義來鎭定這樣的痛苦，假使社會原本就是純樸的，人與人間本就沒有紛爭，那麼我們對仁義的具體情況甚至毫無感覺呢！原來我們認爲很需要的好東西，我們對它的迫切需要感受是因爲我們早已失去了更珍貴的寶物，我們是正當在受苦的當下所以才會尋找暫時止住痛苦的藥劑。所以我們對於一個好的東西的需要，是因爲我們已經失去了一個更好的東西了。

智慧出，有大僞。

當我們平實地生活著的時候，我們對價值的感受沒有高低可言，我們的彼此的才智也沒有所謂的高下，也沒有才智的需求。一但當有人提供了高明的才智的時候，我們便同時產生了生活上的比較的感覺，於是我們平實的生活中出現了快與不快的林林總總。我們所以爲的那個較厲害的東西，其實是帶給我們痛苦的對象，一個才智的特出將引發一個虛僞的騙局，一個美麗的遠景可能本身是一個最大的謊言，一個理想的目標有時卻提供給一個最大的欺騙者來施展懷抱，如果我們本來沒有這些特出的嚮往，我們又何須在最後去忍受那些虛妄的痛苦呢？

六親不和，有孝慈。

我們在人世的詭譎中企望著心靈的慰藉，我們孱弱的心靈正等待著寬厚的愛撫，我們把人倫中的關係定位出絕對的標的，於是我們在感受中產生精神生活，甚而明確化價值標的，我們宣揚孝慈，並且觀察周遭，嘗試作出判準，以便安住其中，於是我們快活，或者心痛。但是我們卻因而極端忙碌著，忙碌在「六親不和」的奔勞中，原來我們對孝慈的需求是一種心理的依賴，在六親不和中去尋找存活的慰藉，原來我們眞正面對的是六親的不和，然而何謂六親不和？人性的實然本就是一個貪欲的橫行，我們的生活本就在於一個人性的一般之中，我們的操作應該指向玄同的渾沌，而不是在紛紜中再去攪動玄冥，去提出孝慈的標的再製造紛擾，孝慈的標的不應該是我們終極的境界，因爲它只是一個過程中的喘息，因爲它的出現是來自於一個墮敗的局面，我們以爲是永世的救星的行爲，是出現在我們忽略了我們生存在一個墮敗的情境中的感受，我們應該面對那個墮敗的根本情境，在那裡用心對治，而不是陶醉在孝慈美德的動心忍性堅忍不拔的悲劇英雄式的人性痛苦之中。

國家昏亂，有忠臣。

我們以爲美好的對象的出現其實都是因爲我們早已深陷於一個更糟糕的情境中了，國家昏亂才有忠臣，平時是不需要志士仁人殺身成仁捨生取義的，所以忠臣烈士是君王失德時的表徵，我們與其歌頌它不如批判它，才子佳人何其不幸爲了君王的失德而決心作了忠臣烈女呢？

觀念研究　二

人倫價值的有無相生

我們以往一向歌頌的高級價值的發生，原來都是因爲我們早已失去了一些更根本的樸實，一個理想的特出是因爲有一個不理想的存在已經發生了——「有無相生」。記得老子首章所說的：「常無，欲以觀其徼。」永遠不要忘記這個認識思維中的法則，所以對於那個被我們忽略的隱匿，我們要揪出它，面對它，解消它，而不是接受它的作怪而要在力量的對立面來攻擊它，那就是一連串的正邪之戰，沒完沒了，更且，誰是誰非？誰眞的看清了——「唯之與阿，相去幾何」（第二十章）。

第十九章

原典章句

絕聖棄智，民利百倍。絕仁棄義，民復孝慈。絕巧棄利，盜賊無有。此三者以為文不足，故令有所屬。見素抱樸，少私寡欲。

觀念主題

本章是社會政治哲學的探討。

文句義疏

本章與前章的思路是一致的，都是老子從「有無相生」及「反者道之動」的眼光中所看出的社會事變之新意。大約當社會情境驚動了知識份子進行反思之際，就已經表示這個社會是在一個紛亂之中了，老子的政治思維也是在一個紛亂的社會中產生的，但是這個看似紛亂的社會卻是有生機的，有主張的，面對紛亂的處境，知識份子集思廣益，發明了「聖、智、仁、義、巧、利」的林林總總，然而社會紛亂依舊，知識份子繼續尋思，加強吧，把沒有眞正做到的部份具體堅實地落實吧，結果呢？社會依然紛亂。

老子認知到人類心理意識中的必然騷動之不可遏抑，任何良策都只是再次引發一種新型的複雜，特別是當它被堅持的時候，它甚至將扮演騷動的主角——「聖、智、仁、義、巧、利」，因爲它的特出正在將它的對立面引出，它成爲了新的騷動的製造根源，所以讓我們正在這裡止息吧。別人的缺點是我們反省的起點，可也將成爲我們成長的終點——假如我們永遠只看到別人的缺點，以及，我們的優點。「聖與智」是人羣中的傑出，他的領導將引發別人的爭奪，「仁與義」是人倫中的典範，它的揭露將宣告人們的墮落，「巧與利」是生活上的快慰，它的使用將激發人性的貪婪，此三者，作爲終久之道是不夠境界的——「以爲文不足」，放下吧，回到樸素，回到平靜，回到無欲無爭的本然吧——「見素抱樸」，那裡反而有著我們不曾失去的美好意境——「民利、孝慈、盜賊無有」，那才是我們生存的基地。

第二十章

原典章句

絕學無憂。唯之與阿，相去幾何？善之與惡，相去若何？人之所畏，不可不畏。荒兮其未央哉！眾人熙熙，如享太牢，如春登臺，我獨泊兮其未兆，如嬰兒之未孩，儽儽兮若無所歸。眾人皆有餘，而我獨若遺，我愚人之心也哉，沌沌兮。俗人昭昭，我獨昏昏，俗人察察，我獨悶悶。澹兮其若海，飂兮若無止。眾人皆有以，而我獨頑似鄙。我獨異於人而貴食母。

觀念主題

本章是功夫理論的探討。

文句義疏

老子厭棄專爲社會爭奪而有的知識技巧，在這種爭心之下的敵我競賽，有何輸贏？有何是非？有何差別？（唯之與阿，相去幾何？善之與惡，相去若何？）他們在智者的眼中都是存有活動中的失其本眞者，所以應該棄絕，反而淸爽，不應追逐那些無用的，要關切生命中眞正屬己的本源，那是些什麼呢？生命的存在、生活的樸實、精神的安寧，如此而已，智者畏懼的是這些東西的不保，這才是我們生活中所應該認眞保存不應失去者——「人之所畏，不可不畏」。

當我們要保守我們屬己生命中的本眞之時，其實我們無有可以作爲之事，作爲是對於社會意義而言的存有活動，一切社會目的的作爲都是老子所厭棄的，因爲這些都是從貪欲爭心而起的施設，所以在這些情境中的智者之所爲，就是所有的都不爲，於是在人前的形象幾近一個癡呆——「荒兮其未央哉、儽儽兮若無所歸、澹兮其若海、飂兮若無止」，他和衆人盡皆不同，因爲他在追求的是一個眞本的意境，所以衆人在發飆，智者在發呆，衆人在施展，智者在布施，衆人在精準，智者在守精，衆人在飽滿，智者在溫飽。一出一入境界不同，每一個人都將陷溺的困境，智者不能不預先防範呀！而這一切的作爲都是對準根本境界的保守啊——「我獨異於人而貴食母」！

第二十一章

原典章句

孔德之容，惟道是從。道之為物，惟恍惟惚。惚兮恍兮，其中有象。恍兮惚兮，其中有物。窈兮冥兮，其中有精。其精甚真，其中有信。自古及今，其名不去，以閱眾甫。吾何以知眾甫之狀哉？以此。

觀念主題

本章是形上學理論的探討。

觀念研究

道性格定位之歧異性的解消

「哲學觀念研究法」對於原典作品的研究，强調哲學作品的觀念義涵及其成立理據，並且企圖剖析觀念表達的內在思維邏輯，嘗試從哲學家原始思維的工作脈絡中說出作品觀念義涵的思維脈絡，從而對所表述的觀念獲得深度的理解及具發展性的詮釋觀點。這樣的工作方法特別在面對難以詮釋的哲學作品時容易獲得較有突破性的理解成果。

本章的觀念表述歷來是形成老子形上學觀念之重要焦點，但也是製造最多歧異的地方，主要是對於老子觀念中的道的性格定位的歧異，特別是將老子研究放在當代哲學活動的理解基礎上來討論的時候，衆多根本性的哲學問題都由當代學者提出並要求老子回應，從而形成老學詮釋的義理對立之現象，即就本章而言，老子的道是不是一個實體？是不是有物質性的存在？這都是老學詮釋的一般性困難問題。

從文字表面之所述中，看出老子的道概念有物質性實體的意味，這是很明顯的，但是作者對老子道概念的理解的態度仍是，「規律義的抽象玄理」之道，即便它仍是一個實體的存有，但是這個實體是一個觀念性的實體，而且說它是實體是因爲它的作用遍在恆存，且在總原理義上規範了天地萬物的運行，故而它可以說是一個實體，一個理存在的實體。

一個在「哲學觀念研究法」工作下的原典研究之過程中，對於作品觀念的詮釋，應該著重作品觀念思維的一致性及體系性，以及問題意識的對象性，更及觀念思維的脈絡性，任何像老子書這般具有大架構原創性的哲學作品中都充滿了原典作者深刻思維後的主要表達觀點，這樣的觀點一定連帶著許多的命題、特殊的語義、推演的過程以及普效性運用印證的實例，基本上是一個大架構中藉由一大串的觀念討論的連結而建立起來的理論體系，這才是哲學家以哲學思維的工作態度所要架構的理論詮釋之要點。就老子全書而言，我們通篇之中不斷地看到「有無相生」、「反者道之動」、「無爲」等基本哲學觀念的建構、討論、使用、印證等的文字表述，所以我們絕對可以說由上述觀念叢所建構的道論思維是老子哲學觀念的主要創造性表述重點，因此環繞著這些觀念叢的理解及詮釋將可導引出對哲學原典的思維脈絡、問題意識等的釐清。

形式義理的詮釋應不悖離內容義理的基調

本書中對老學的詮釋是藉由「實存律則的認識進路」作爲主軸，老學的觀念表述當然是社會目的的使用，但是老學的思維型態則便是一個律則中心的思維型態，而老學實質觀念內容的創造性思維部份便是這些律則的內容實義，而主要以「有、無、反、弱」等範疇爲觀念內容的實義，也是他在社會目的的寫作要求下針對這個目的的主要觀念表達之重心。同時爲處理這樣的觀念內容，老子進行了高度的抽象思維，將這些內容性的義理收攝在一個抽象的理論架構下來探討，這個抽象的理論架構基本上便是一個常道律則的觀念性格之理論探討，那也就是表現在老子處理「道、德、常、玄、妙」等概念的探討上，它們多是一些抽象性、形式性意義的概念，本身有概念使用的抽象功能，但是沒有觀念表述的具體義涵，所以可以成爲基本哲學術語，通用於中國哲學傳統中的各家學說之中。但是將它作爲特定哲學體系的核心概念的時候，它只發揮了作爲假借表達的詞語性能，它無法獨立地成爲理論體系的內容性義理之承載義體，它需要被塡入內容性的觀點辭義才能成爲一套架構完備的理論體系。這當然是指的中國哲學主要傳統中的儒釋道諸家的哲學理論而言的，因爲中國哲學的理論建構最終都在回應人生哲學的問題，所以純粹哲學問題的抽象討論最終仍爲支持人生哲學命題之建構而使用，故而相對於人道論的觀念提出而言，抽象哲學義理的觀點討論成爲一種形式義的理論觀念，具體人生哲學觀點的提出才是內容性的義理建構。當然這是一個相對性的說法，假使我們哲學研究的重點本就是針對抽象概念的義涵研究，那麼這些「道德常妙玄」的抽象義涵之釐淸的哲學工作就可以以之爲具內容性的觀念表達。

基於這樣的觀點，我們以爲老子對於道概念的討論仍必須從他的實存律則中尋找思維脈絡，實存律則是道的內容義，道的性能之討論是對於實存律則的輔助性說明，道的性能之觀點必須與實存律則的性格有一致性的關連，實存律則是理，道是實存律則的總攝性抽象概念，道範疇以實存律則爲義理內涵，所以對道概念的抽象性能之探討不能在觀念推演上與之相悖。然而在本章中，老子文字的語意上明顯地進入了物質性的道性能之說明，這使得我們不能不有所處理，我們以爲，從物質性概念的角度來稱述道存在的性能徵象之觀念工作的思維脈絡，是老子哲學工作環境的情境條件使然，理存在與物存在的觀念區分在莊子及列子書中每每見及（物物者非物、生生者不生），但是老子在處理上卻未有明確劃分，顯見其問題意識中並未及見此，故而屢屢有意爲之，甚至有一定的主張性。我們對此一現象的看法是，即便老子在觀點的主張上有此傾向，這也不是他的哲學活動中的重點部份，不是他的重要創造性思維的表現場所，這可以是他對當時思想界的知識認知之隨手使用，卻不必要將之理解成老子哲學觀點的强勢命題，它是老子思維中的一個部份，但是不是重點的部份，如果這個部份的觀點在體系的架構中若有扞格的話，我們可以略去這個部份的觀念。

核心觀念叢在原典詮釋的角色功能

因爲我們的研究是哲學觀念的研究，是把一個哲學家的思維當作一個活生生的哲學活動下的產物，在活動過程中難免會有觀念不清楚的地方，難免會有體系推演外的知識性表述的部份，本身不在一個觀念推演架構之內，理論體系本身無法擔保這些體制外知識的成立條件，僅僅是借用他人的知識觀念而輕率地置入自己的文字系統之中，不若他的體系性的主要觀念叢的理論地位，那些觀念叢基本上都是可以互爲推演的觀念命題，這才是哲學觀念研究法要對準的重心，這是把哲學家當作一位哲學觀念工作者的身分而進行的觀念研究，而不是把哲學家當作一爲科學工作者的身分而無限制地承認他的知識性發言內容，哲學家的作品之理論上的地位是一個觀念表述的文字組織結構，觀念的表述通過創造的思維，本身需要理論體系的架構與解說進而可以說服讀者，所以我們對於作品的觀念思維活動中的種種進程、基設、脈絡諸事都要付出最大的重視，而不是任何憑空冒出的知識性命題，如果我們要接受知識性命題，那麼觀念活動的責任便在於我們自己，我們因此必須自己去將此項知識性命題的觀念推演架構給補充起來。這當然也是常常發生的情況，特別是在中國哲學的作品詮釋活動中，所以問題的關鍵是發生在單一突出的知識性命題本身與理論系統的主要觀念義在觀點上是否一致的問題，是一致，它的單一突出將由我們作為研究者來補足它的推演上的跳躍，不是一致，它的單一突出可能就是哲學家本身的一時快言快語，不足為重，這也是平常呀！

文句義疏

孔德之容，惟道是從。

對於老子此章之表面上有物質性道體意味的觀念表述，是不是一定主張了物質性的作用呢？其實未必，我們在詮釋理解上未必就一定要是這樣地解讀，我們以為，「道之為物」是一個思維的假設性起點，是一個習慣性思維的起點，是老子的時代性哲學觀念活動的一個慣常的觀念工作之環境產物，使得他對於一個構想中的超越對象在性徵定位的思維推演時，仍然從為物的角度進行思維反省，但是「為物」不就是「唯物」，為物是就物質性的角度來探討這個問題，企望就物性的觀察眼光中找出道概念的存在性徵的特點出來，然而在觀念的進行下，發現了「道之為物，惟恍惟惚」。原來以物質性的觀察眼光來正視道性徵的時候，我們卻無從理解，那個在觀念中設想的對象，本來是一切實存律則的總攝主體——「孔德之容，惟道是從」，一切的常道玄德都以道對象爲總攝歸，但是它自身的存在性徵卻無法從物質性的觀察眼光中來理解，其實是無法把它具體地對象化，所以這個「道之爲物」的物概念，在此處的使用上，老子思維中的問題意識，應該是一個對於道概念如何在具體對象化的把握中來理解的問題，結果發現道甚至也無法作爲一個具體的對象，它作爲一個對象的存在依然不具體——「惟恍惟惚」，所以就更遑論爲物質性的存在了，所以這個表面字義上的道之爲物的問題思考，我們在一開始就不需要將它置放在對於道範疇是物質性存在實體的理論主張下來理解。因此，「道之爲物」應只能理解爲「道作爲一個要被分析的具體對象」，而分析的結果是「道很難被具體地認知」。

惚兮恍兮，其中有象。恍兮惚兮，其中有物。窈兮冥兮，其中有精。其精甚真，其中有信。

至於接下來的討論，「惚兮恍兮，其中有象。恍兮惚兮，其中有物。窈兮冥兮，其中有精。其精甚眞，其中有信」等性徵的描寫，其中所表述的「象、物、精」之「信」的說法，與「道生一，一生二，二生三，三生萬物」的對道概念的描述在觀念進行的內在邏輯上是一致的，前者是稱說在對道作爲一個認知對象的具體性觀察的眼光中，它的實存作用裡蘊涵著具體的天地萬物之可以生發的基礎性條件，這是一種準宇宙論的思維，對於存在的始源的情狀描述，但是老子並未全幅地開展它。原來道概念在此地亦扮演了作爲存在始源的對象構想物角色，道被老子同時構想爲天地萬物之存在發生的始源，在這個意義上的道被推想爲是有物質性存在的具體性徵是合理的，但是老子也並未如此明白地界定，道之是物是理對老子而言是一個未被直接處理的哲學問題，所以我們只能說在老子的觀念構想中，道扮演著這樣的角色，道是具體的天地萬物之生發的始源主體，在它的作用中蘊涵著天地萬物生發的物質性精微存在，但是這一個蘊涵的構想在道主體身上是一個自身是精微之物存在的蘊涵呢？還是自身是一個總攝的原理而以一個抽象的理存在而對於具體的存在基源提供生發的原理，因而有著蘊涵的意義呢？這兩種詮釋方向是我們研究者對老子道觀念的一個一致性體系建構下的觀念推演，由於老子自身並未表態，所以我們的推演無從定奪，在此保留即可。對於老子體系性的道觀念思維之定準性研究，我們認爲仍應以放在實存律則的理存在之性徵理解上爲重心。同樣地，「道生一至天地萬物」的詮釋亦然，道是以什麼身分及什麼作用程式在進行「生」的作用的問題，老子並未表明，所以我們也無從決定，兩種詮釋的保留是理論處理的不得不然，但是老子在此處觀點的未竟其功，顯然顯示這是老子哲學觀念思維的邊疆地帶，老子並未全力用心於此，這也就不是老學觀念的幅騾地，這也就是老子作品中的單一知識性發言文字，我們也不能在此做定然的發言。我們的定然的宣斷是多餘的，對詮釋老學的工作而言，是强迫性行爲，沒有意義，如果是爲創造老學的話，那也是自己的事，不必假借老子之名。所以我們應該作詮釋的保留。

自古及今，其名不去，以閱眾甫。吾何以知眾甫之狀哉？以此。

本章文末的敍述，其中的「自古及今其名不去」在觀念的實質義涵上仍只是指其作用的永存，並進而帶出其原理的普效——「以閱衆甫」，所以使得我們的效習成爲對萬物的理解，因此這樣的觀念只是針對道對象的實存作用性徵再作義理的定位，仍是抽象思辨項下的道觀念之義理架設。

第二十二章

原典章句

曲則全，枉則直，窪則盈，敝則新，少則得，多則惑。是以聖人抱一為天下式。不自見故明，不自是故彰，不自伐故有功，不自矜故長。夫惟不爭，故天下莫能與之爭。古之所謂曲則全者，豈虛言哉？誠全而歸之。

觀念主題

本章是功夫理論的探討。

文句義疏

曲則全，枉則直，窪則盈，敝則新，少則得，多則惑。

此處之觀念敍述全為「反者道之動」的引例，只當我們舖陳事件的情境即可揭露觀念使用的眞相，總之在一個意義的取定及時空的發展中，上述情境之實義皆可顯見，茲不多述。

是以聖人抱一為天下式。

「一」乃常道在作用中的「無化律則」的使用感受上的不特出作用之語言化的稱述。常道律則强調了無爲作用的必要性，無爲是貪爭之心的化除，存有者保守在活動義涵的淨盡上，不會特出地伸張情緒性的行爲，所以他的行爲就在樸實的義涵上進行著而已，十分地本分，謹守著本然而已，因爲他的不特出，所以不會激發環境周遭的負面情緒，所以他的原始情境得獲保存，全全歸守——「誠全而歸之」，所以我們把這樣型態的活動以「抱一」稱之，稱道他的守本保全之智慧型態。

不自見故明，不自是故彰，不自伐故有功，不自矜故長。

由於操作者對於自己本有的境界保持在平靜的環境狀態中，不去攪動這個平靜環境中的人際關係——「不自見、不自是、不自伐、不自矜」，所以這個環境中的人我之間那些人性一般的作用力量便無從發展，無從發展便不會破壞，因爲我們自己不在態度上作出特出，所以不會有對立的力量被激發，所以原來的境界將持續存在，永遠保持在原有的狀態之中，而成就一個操作後的理想局面——「故明、故彰、故有功、故長」。爲什麼我們的「不作用」這麼重要呢？因爲在我們的人性一般中作用是平常，作用什麼呢？作用著人性一般中的貪念爭心，因爲我們都好強、好名、好出頭，我們的有所作爲其實都是這個爭心的忍耐不住，如果一但眞的忍耐不住，那麼平靜的環境就將被我們攪動，被我們攪動的不是我們的境界之彰顯，而是周遭人物的境界被詆毀，此時是「有無相生」，從而「反者道之動」，然後境界被破壞，我們一無所有。

夫惟不爭，故天下莫能與之爭。古之所謂曲則全者，豈虛言哉？

所以有爲之心應該化除，無爲才是存在的道理，惟其無所意爲，所以境界常保，天下莫能與爭——「夫惟不爭，故天下莫能與之爭」。所以我們從處境上的弱勢中做來，走向存在上的強大，處境只是感受，其實是心態，甚至只是他人的情緒，這個範疇可以棄置，所以我們可以在處境上棄置感受上的強大，所以我們既枉又曲，所以我們成全，「全」是存在上的結果，存在才是眞實，存在的強大才有眞義，這是我們眞正應該追求的境界，所以「抱一」應是天下式。

第二十三章

原典章句

希言自然。故飄風不終朝，驟雨不終日。孰為此者？天地。天地尚不能久，而況於人乎？故從事於道者，道者同於道，德者同於德，失者同於失。同於道者，道亦樂得之。同於德者，德亦樂得之，同於失者，失亦樂得之。信不足焉，有不信焉。

觀念主題

本章是形上學。

文句義疏

希言自然。

「希言自然」是指出自然有一不言說的特性。但它雖不言說，卻有著深刻的理性，所以人類要冷靜地去理解這個理性的法則。「言說」是人類的活動，並從中發展了人文社會的一切紛紜，但是自然是不言說的。不過自然雖不言說，它卻是「使得天地萬物如此而有」的根本基礎性原理本身，所以老子要提醒世人，我們應該要冷靜、理性且深刻地觀察著自然的變化發展之情狀，從中尋找道理、發覺規律從而作爲行爲的準則。這便是「希言自然」這一句話在老子的內心世界中所進行的觀念活動。這使我們想起孔夫子的一句話：「天何言哉！」隨後就言說了一句：「四時行焉百物生焉。」「天何言哉」不是重點，他的續言「四時行焉百物生焉」才是要發言的重點，而老子的「希言自然」之後，則是「飄風不終朝，驟雨不終日」的觀點發表，兩人思考的內心世界之不同差異立顯，孔子的話帶出剛健不息的作用能量，老子的話顯示事變法則的冷靜規律。

故飄風不終朝，驟雨不終日。孰為此者？天地。天地尚不能久，而況於人乎？

在這樣地尋思了之後，然後才來對於一個自然中的現象進行自然的道理的領悟。「飄風不終朝，驟雨不終日」，這是一個自然的現象，這個現象的現象意味是一個「對於不是常態性的活動的批判」，宣斷它的存在的不能終久性。並且，這個自然的現象就是在天地間的實況，原來它們的短暫都是天地的實然所造成的，原來天地是無法給它們久遠不變的存在境遇的，所以，既然對於一個不是常態存在的活動，連天地都不支持它的存活，那麼人類更有何法！人類更不能支持一個不是常態性活動的終永性。人類既然對於自然所顯示的這個「非常態性作用之必不長存」的現象不能改變，那麼人類對於自身在天地間的生存活動，是不是也應該不要去追逐非常態性的行爲呢！什麼是非常態性的行爲？一切的特出行爲都是。特出什麼？慾望、爭心、貪念的特出，好名、好利、好權、好財貨等等皆是，這些行爲終將因社會人性運作的必然軌迹之發展而落入「同其塵」的「玄同」命運——被解消，所以人類應該爲了自身樸實生命生活之保存而將心力用於常態性的行爲中，也就是符合於「常道」的行爲，這也就接上了老子所有實存律則的理解之內了。

我們在詮釋上並不將「希言自然」與「飄風驟雨之事」解釋成有邏輯推斷的直接關係，將前句當作一個深刻領悟下的感慨式的觀念傳達，而將後句連著整個後文當作一套觀點的起點，所以兩者之間不需要有「故」字，事實上，帛書老子甲乙本及河上公本皆無此「故」字，我們以爲這樣的理解較能傳達老子的內心思路。

> 故從事於道者，道者同於道，德者同於德，失者同於失。同於道者，道亦樂得之。同於德者，德亦樂得之，同於失者，失亦樂得之。

「道」是那難以具體狀述的對象，但是道所展現的情狀——「德」卻是我們所能理解的律則，至於「失」則是指著不合於常道律則的行爲。總之，人類自身要效習怎樣的行爲則唯人自取了。命運的結果既然是唯人自取，故而老子在人性論問題上，並沒有命定論的觀念。而且是以人性一般的現象來作爲人性問題討論與處理的起點，所以老子並未對普遍的人性爲何的問題有特別的主張，他直接處理，但是這樣的態度，蘊藏了荀子式性惡說的理解，及法家對待人性的想法，當然，處理的方式不同，荀子用禮，法家用刑罰之法，老子用智，以「微明、襲明」之玄智，訴諸權力擁有者的隱匿操作，其操作的標的是對人性一般的貪念的不予引發。

信不足焉，有不信焉。

此處「同於」及「樂得之」的敍述，並沒有其它的理論陳述以推證經驗上的必然，這僅是老子的嘆辭。老子認爲人生是自做決定的事，面對人性一般的貪婪，好話說盡，一般人也不能領會——「信不足焉」，並不是理論有錯誤，而是「下士聞道大笑之」的掉以輕心吧！各人選擇自己想要的觀念，在人心的騷動未曾止息之前，任何人都是不清醒的，所以仍然是有大多數人不能接受老子的想法的——「有不信焉」。

第二十四章

原典章句

企者不立，跨者不行，自見者不明，自是者不彰，自伐者無功，自矜者不長。其在道也，曰「餘食贅行」。物或惡之。故有道者不處。

觀念主題

本章是境界論。

文句義疏

老子對於人世間行爲態度的觀念，都是要人們守著本來的樸實情狀即可，如若不然皆失本眞，終不常保。「企者不立，跨者不行」是現實經驗中的例子，「自見者不明，自是者不彰，自伐者無功，自矜者不長」等，則是老子對社會人事演變的斷語，「自見、自是、自伐、自矜」都是人世行爲中的「特出」，顯現出人類內心世界幽暗潛意識中的貪念慾望，想要多爭取一些存在的領域感，想要讓自己的生存建立在特別的光鮮亮麗之中，但是人類生活本就有其樸實眞實的存在，這些特出的顯態就是「有無相生」中的自我認取心之「有」，這個「有所爲」的特出，其實已引發了環境周遭之對立意識的激盪，即是那個被「無掉了」的「無」的眞實存活，它的存活終將與「有」的特出攜手並起同其消長，終於被迫彼此激盪，共同趣入「玄同」，兩相解消。再次因人類的錯誤、不守常道的行徑而印證了「反者道之動」的律則之實存。所以這些情緒慾望的特出之行爲簡直是多餘的——「其在道也，曰『餘食贅行』」，因爲它總是引發環境中周遭的不快——「物或惡之」，既然如此，「故有道者不處」。我們爲何總是要在這種不終究的情境中活動呢？不應該的，所以，「無爲」才是行爲的終極準則，所以要有「玄德」的胸懷，「生而不有，爲而不恃，長而不宰，功成而弗居」，這才是生存的守道之事。

第二十五章

原典章句

有物混成，先天地生。寂兮寥兮，獨立而不改，周行而不殆，可以為天下母。吾不知其名，字之曰道，強為之名曰大。大曰逝，逝曰遠，遠曰反。故道大，天大，地大，人亦大。域中有四大，而人居其一焉。人法地，地法天，天法道，道法自然。

觀念主題

本章是形上學。

觀念研究

道的原初性思考

本章是老子反歸到「道」這個對象在被設名之前的原初性思考中的討論，這是邏輯上的原初，而不是心理思維的根源問題意識的原初。對於道的原初性思考其實就是在對道作一個性徵的定位之反省，但是，道的性徵定位之事，並不是老子哲思的根源性智慧的起點，老子哲思的根源性智慧的起點仍然是他的實存律則，是他在首章中以「常無及常有」之觀察法式恆常地檢視天地萬物的情狀變化之後所建構起來的諸多常道律則，如「有無相生」、「反者道之動」、「玄德」、「玄同」、「無為」等，它們各自在不同的意義理解脈絡下共構了老子思維中的精華部份，成為老子哲學玄智中的核心觀念叢。所謂「核心」的意義是在於老子哲學體系作為中國哲學幾大傳統思維型態中的一支時，能夠綱舉目張，建立型態的主要觀念叢羣。中國哲學的主要傳統都是在於對人生哲學的問題作觀念的發表，因此不論是體系中的抽象的分解或是意識型態範圍內的獨斷的觀念闡述，都是為扣緊人生哲學的觀念發表之目的而發言的，因此表述了這方面觀點的觀念叢應是理論體系的核心觀點，而老子的實存律則中的總總，則皆為此而言，所以我們說它是老子哲思中的核心觀念。

作為老子哲思中的核心觀念之實存律則諸觀念者，對於將它們當作一個整體的對象來再度進行反思時，便是這個「道對象」的原初性反思。在構想中邏輯上存在著一個超越的觀念存在，是這一切常道的總原理性存在者，是這一些觀念叢的始源性根據地，它是一個超越的對象，它在被認識上有一定的艱難，而且在老子對它進行反思之前，中國哲學傳統中並未有以如此抽象思辨的方式來討論過它。所以老子要對它的性徵自身作出解說。

文句義疏

有物混成，先天地生。寂兮寥兮，獨立而不改，周行而不殆，可以為天下母。吾不知其名，字之曰道。

它在我們的意識當中首出的一個意象是一個對象的渾然——「有物混成」。它是一切存在變化的規範性原理，所以它在存在義的性徵上應該是「先天地生」，當然這只是一個觀念上的推斷，也就是只是一個抽象義的存在意義上的「先在」。由於它在我們構想中早就已經是作爲天地萬物之運行的總原理的理存在者了，所以它合理地應該具有著「寂兮寥兮，獨立而不改，周行而不殆，可以爲天下母」的諸性徵。只有它決定別人而沒有別人決定它的情況，所以它是「寂兮寥兮，獨立而不改」。因爲它的作用是永恆性的作用，遍在地作用，指揮性的作用，所以它的作用位階是「周行而不殆，可以爲天下母」。對於這樣的對象存在，原來並不曾出現在人類的思考中的，所以「吾不知其名」。其實並不是這樣的一個位階的存在不曾出現在人類的思考中，而是這樣的性質的觀念叢不曾出現在人類的思考中（當然我們仍然認為老子的實存律則之諸玄思智慧也是蘊涵在中國遠古傳統中的思想，只是為老子所明確地建構，因此歸於他的創作而已）。當這樣的一個新出的玄智被推出之後，我們當然無從稱述，所以不知其名，於是給它一個稱謂，「字之曰道」。這才正式地將那個一直在思考中的超越的對象明定了稱謂，從此「道概念」有了「道」之名字。

強為之名曰大，大曰逝，逝曰遠，遠曰反。

這個賦名之後的超越對象——「道」，它是可以稱述的——「道可道」，不過它是難以狀述的——「道之爲物惟恍惟惚」。雖然它是難以狀述，但是它既然被明確地對象化了出來，它就存在著可以被描述的性徵——「可道」，只是因爲它是在構想中的觀念存在，所以它難以在經驗感知中被明確地描繪。不過這些都不是老子哲學理論體系中的核心哲學問題，不管它的「可道」以及它的「難道」諸事，這些對道對象自身的性徵、功能之反省，都不等於是對諸常道律則的探討——「道可道，非常道，名可名，非常名」。「常道」才是「諸實存律則」，「常名」才是「諸實存律則之名」，如果不在實存律則上探討，即使有了「道之名謂」亦無實義，雖然無實義，但是還是有抽象思辨的意義，在抽象思辨的觀念反思中我們還是可以「强爲之名曰大，大曰逝，逝曰遠，遠曰反」。「大、逝、遠」都是道觀念之諸性徵的同語反覆，同指道作用性徵之廣袤、不息、全範域之導控性能之義。

「反」則不然，「反」是實存律則的觀念意思，即爲「反者道之動」的語意。當道以原理導控者的身分全體掌理了天地萬物之律動之後，它的操作方式就是一個「反」的作用原理，它很難理解，所以要以「有無並觀」來認識，從此而有了諸實存律則的諸觀念叢所指之方式——法式、律則、規範、原理，這就是從「反者道之動」引發的一切實存律則，即「有無相生」、「玄同」、「玄德」、「無爲無不爲」、「弱者道之用」等。

老子在道自身性徵的觀念陳述中含混了不同層次的義涵而同出表述，是一個觀念上的跳躍，並沒有邏輯上的支持，只是他就是這麼地說出了。

故道大，天大，地大，人亦大。域中有四大，而人居其一焉。

接下來的這些文字陳述，僅是在道概念的超越位階上再作確認，人存有者經過了深刻的玄思之後，掌握了天地萬物之運行的法則，是一個超越的絕對的掌握，故而一切皆「大」——「故道大，天大，地大，人亦大。域中有四大，而人居其一焉」。人大、地大、天大、道大、大家都大，大家都在根本性的位階上全面性地掌握了天地萬物的運行，「大」即指其掌握上的全面性。老子對自己的玄智眞是有信心得緊了，但是老子的信心是一回事，重點在於我們這些哲學研究者能找出哲學家玄智的思維脈絡，從而對他們所建構的普遍性命題能夠匡定其有效使用範域即可。

人法地，地法天，天法道，道法自然。

對於道的存在位階及性徵定位清楚了之後，人存有者就應該直接以常道律則作爲處事的準則，因爲道早就在最根本的處境上作爲天地萬物運行的根本原理了，那也就是天地自然萬物的本身中之事件了——「道法自然」。道就是自然的本身情狀，道與自然在概念對象的範域上必須成為「同一」，道是一個原理的概念，自然是一個存在全體之本然的概念，存在整體之本然就是天地萬物運行之原理，所以兩者概念的內涵必須「同一」，至於「法」的主客問題是語言表達的施設，是表述脈絡上的偶然，不需要在觀點認知上定執，所以，「自然法道」也是可說的，然而根本地說，則只能是「道即自然」，或「自然之道」的意義。

第二十六章

原典章句

重為輕根，靜為躁君。是以聖人終日行，不離輜重。雖有榮觀，燕處超然。奈何萬乘之主而以身輕天下？輕則失本，躁則失君。

觀念主題

本章是境界論。

觀念研究

內容語言與形式語言的使用區分

本文是一個以「哲學觀念研究法」來作原典詮釋的很好的典範，因為本文中充滿了形式義的表述語言，如「輕、重、靜、躁、君、本」等，而它的觀念義涵則需要內容性的語言才能貞定，如「靜爲躁君」、「燕處超然」。當然也有雖然屬於內容性的語言但是仍需經解釋後才淸楚的文句，如「奈何萬乘之主而以身輕天下」。我們在詮釋時必須扣準這些內容性的文句，回到老子全書的思維脈絡中作解讀，才能獲得忠實的詮釋。我們如果在那些形式性語言中大作文章的話，是很容易脫離了老子的根源性思考而成爲個人理念的觀念創造的。

文句義疏

重為輕根，靜為躁君。

首先，在「重」與「輕」的對舉上，老子說「重爲輕根」，但是在語言的表述上我們也可以說「舉重若輕」。所以，是重爲根還是輕爲根，這是需要對「何爲重？何爲輕？」進行定義之後才能確立義涵的，我們在語言的使用上可以當然又自然地以爲重者爲根，但是在特殊的解說脈絡下，「以輕爲根」也是在語言上可以輕易做到的觀念表述。至於「靜爲躁君」，靜與老子思維中的守弱、謙下之觀念義涵是接近的，所以可以將之直接等同於老子「弱者道之動」之實存律則的觀念應用，但是如果不在「弱者道之動」的義涵下來解說的話，宋儒與佛學義理不都也講靜嗎！所以老子不又等於儒佛了嗎！當然，道學非儒佛，所以哲學觀念之詮釋一定要扣緊內在的思維脈絡，否則若僅僅是在文字的一般義涵上來認識的話，幾乎可以拿任何理論型態來解讀任一單一文句的，這就極容易走失了原作之意了。

是以聖人終日行，不離輜重。

這又是一句形式語，不離輜重當然不是指得要一天到晚緊守在那些財貨物資的身邊，而是指得要謹守著「道」的根本來作爲治國的指導原理，但是什麼是指導的原理呢？這就又要到老子的其它觀念中去確立它們的義涵了，答案當然仍是老子的實存律則。

雖有榮觀，燕處超然。

「燕處」，顯示了安適狀貌，冷靜的態度，但是爲什麼要燕處呢？以及燕處的實義爲何呢？如果不是在「無爲」的觀念脈絡下的話，「燕處超然」仍然是一句空空洞洞的話。所以「燕處超然」是由「無爲的內在功夫」顯現出「燕處的存在境界」，而展現出「超然的外在觀瞻」，而這即是與「無爲」的實存律則義涵相通的觀念命題。

奈何萬乘之主而以身輕天下？輕則失本，躁則失君。

這要在老子對於「身概念」與「天下概念」同用時的特殊思維模型中才能精確地領會它的義涵，這是與老子第十三章談「貴大患若身」的哲學觀念同型之觀念，老子是「貴身」的，而「貴身」的深意是人存有者應該守道之義，所以「貴身」是個形式語，「守道」方是觀念具體落實之地，既然要求守道，那麼對於「爭霸奔逐於天下」這種「危險喪身失國」的行爲，一個這麼重要的國君身分的人，怎麼可以輕率地就去做它呢？原來，「爭逐天下稱霸天下」的事，老子根本不贊成，君王應該要保守己身、保守國民，而不該把自己的生命和國家的資源拿來進行爭逐天下的事業，這就是不知守著重要的根本的生活原則的行爲，就是不知「守道」，所以批判這種行爲是「輕則失本，躁則失君」，「君」還是本的意思，輕與躁都是失本的行爲，要謹守在那重與靜的行爲型態中。所以「奈何萬乘之主而以身輕天下」的意思就是說，一個身分地位這麼崇高的君王，怎麼可以爲了毫不重要的爭逐天下之事而使己身深陷危境呢？

這些話說得都漂亮，但是如果只重它的文字的表面義涵的話，就充滿了歧異，我們把它們放在儒家甚至法家、墨家的思維脈絡中時都可以解釋過去，若欲顧及原意，就一定要站在老子文思脈絡中來解釋才可以，所以我們說本章中充滿了形式義的語言即在此。但是這些話並不是無意義地說的，老子說這些話的用意，是要站在一個一般人皆知的認識脈絡上來進行提昇人文心靈的觀念强調的工作，讓人們先被教育要守根識本，當人們願意守根識本了以後，這才是「弱者道之用」及「無爲」、「守道」等觀念可以淸楚推出的時候。

第二十七章

原典章句

善行無轍迹，善言無瑕謫，善數不用籌策，善閉無關楗而不可開，善結無繩約而不可解。是以聖人常善救人，故無棄人；常善救物，故無棄物。是謂襲明。故善人者，不善人之師；不善人者，善人之資。不貴其師，不愛其資，雖智大迷，是謂要妙。

觀念主題

本章是境界論。

文句義疏

善行無轍迹，善言無瑕謫，善數不用籌策，善閉無關楗而不可開，善結無繩約而不可解。是以聖人常善救人，故無棄人；常善救物，故無棄物。是謂襲明。

高明的處世者，他的一切作爲在形象的觀瞻上是一種「無爲」的情境——「古之善爲道者，微妙玄通，深不可識」。所以眞正高明的操作並不在表面上所顯的情狀，而是在更根本的卻不易爲人察覺的基地上進行著，是以「善行無轍迹，善言無瑕謫，善數不用籌策，善閉無關楗而不可開，善結無繩約而不可解」，行走、言說、計數、關門、結繩等等都是人文活動中的一般情境，掌握了老子式的玄智的高明的聖人，在進行這些人文性的一般活動的時候，總是能以超越而無爲的手法，不僅事務達到它的功能上的實效，同時在社會情境中並不展現任何的迹象，這是充份地體現玄德與無爲的玄智之結果的。也正因爲他的操作是如此的高明，所以他的效果是根本的而且普遍的，所以對待天下社會的統領而言，聖人的處理是全面地完成，所有的人事物都在他的照拂之內——「是以聖人常善救人，故無棄人；常善救物，故無棄物」，沒有任何人事物是不被他照拂到的。這是一種什麼樣的玄智呢？這是一種既高明又深藏隱匿不爲一般人知的玄智——「襲明」。

故善人者，不善人之師；不善人者，善人之資。不貴其師，不愛其資，雖智大迷，是謂要妙。

總之，高明的操作永遠是隱藏而不露痕迹的，這是因爲「痕迹」是相對於社會周遭而言的效應，就操作之本義而言，它的根本目的只在「善有果而已」，眞正地作到那個目標的樸素眞實而已，「果」之外者都是「餘食贅行」，名利財貨之據爲己有者都是，用力於「餘食贅行」久了之後，「果」就沒有機會來了，但是人羣一般的現象總是用力於此。不過智者卻反是，拒絕多餘的情緒性需求，聖人對人的照顧關懷，是人類行爲中的一個普通平常的活動，高明的操作者，只是照拂卻不沾美名，不擺出高高在上的照拂者姿態，不善於作爲萬世師表，以受衆人之崇拜頂禮——「故善人者，不善人之師」，因爲眞正擅長於救人助人的人，是「太上不知有之」的。但是那些並不眞正高明的照拂者，卻善於提供衆多的裝備，又是這個規矩又是那個原則的，讓人眼花撩亂、目不暇接，讓人們必須接受他的關注，而難以擺脫——「不善人者，善人之資」。所以在高明的操作者的內心世界內，他們是「不貴其師，不愛其資」的，因爲在根本的內心境界中，他們「雖智」，人們卻都以爲他們「大愚」，因爲他們總是表現出「大迷」的姿態，這就「是謂要妙」，這才是玄智的發揮，是衆妙之門。聖人以隱匿的情態，眞實而準確地進入核心——「善有果」（紮實確鑿地達致目標），而不務於「師呀資呀」的人心驕傲需求之「餘食贅行」中。

第二十八章

原典章句

知其雄，守其雌，為天下谿。為天下谿，常德不離，復歸於嬰兒。知其白，守其黑，為天下式。為天下式，常德不忒，復歸於無極。知其榮，守其辱，為天下谷。為天下谷，常德乃足，復歸於樸。樸散則為器，聖人用之則為官長。故大制不割。

觀念主題

本章是功夫論。

文句義疏

一個强勢的型態的出現一定引發同樣强勢的對立面的行爲產生，從而製造了我們的痛苦及社會的紛亂，爲了避免這樣的情勢發生，我們在一開始就站在弱勢的一邊，因爲對立面的强勢是我們不樂見的，它是會吞噬我們的作爲的力量的，因爲「反者道之動」是事物變化的發展律則，所以我們採取「弱者道之用」的策略，當我們看到了那個光彩鮮明奪人的態勢的時候，我們要清醒地認知到它的對立面的殘暴凶狠傷人的架構正在虎視眈眈地伺機而動，所以我們棄絕那個光彩鮮明奪人的——「知其雄，守其雌；知其白，守其黑；知其榮，守其辱」，所以我們採取那個儒弱謙下不爭的——「爲天下谿；爲天下式；爲天下谷」，我們正在「爲道日損，損之又損，以至無爲」，這些守弱行爲到了極致之後的「復歸於嬰兒、復歸於無極、復歸於樸」的情狀，就是「守弱」已到了「無爲」的境界。「無爲則無不爲」，所以「樸散則爲器，聖人用之則爲官長」。「器」是在守樸中的本根情狀下的施爲，皆是實有其用的作爲，故可以器稱之。「官長」指那有用的資糧及展現爲具有實力的存在對象。

這一路的思索下來，都是不欲特出的本根性隱匿行爲的實踐——「故大制不割」。

「嬰兒」是存在樣態的最原始渾樸而未有機心狡詐的情狀，「無極」是行爲的情狀毫無態勢、完全不顯現的狀態，「樸」是存在的本眞、能量的源泉。這些都是最理想的存在境界，都是無爲的終趣之境。

第二十九章

原典章句

將欲取天下而為之，吾見其不得已。天下神器，不可為也。為者敗之，執者失之。故物或行或隨，或歔或吹，或強或羸，或挫或隳。是以聖人去甚，去奢，去泰。

觀念主題

本章是政治哲學。

文句義疏

將欲取天下而為之，吾見其不得已。天下神器，不可為也。為者敗之，執者失之。

「無爲」才能「無不爲」，反之則無事可成，甚而自招毀滅。在一個人性一般的天下社會中，人性的貪婪是最眞實的社會現象決定原則，這就導致了「任何有所作爲的企圖」在環境的互動中終將被「貪婪」所發現從而傷害最後滅亡。所以，任何的「有意爲之」皆有所不可行之處，「將欲取天下而爲之」則是不可行中之最不可行者，因爲「天下」是人人共存的社會環境，人人生活在於其中，「取天下」之事在人性一般中的貪念爭心慾望的顯現而言是莫此爲甚的，簡直就是輻輳中心——「天下神器」，任何人也休想遮盡天下人耳目，人性的對立面情緒必然明明白白地在眼前騷動激盪，無法避免，所以，「爲天下」是一個最大的迷障，在老子的眼光中看來，細數歷代風雲，未有成其美者，所以「天下神器，不可爲也。爲者敗之，執者失之」。

故物或行或隨，或歔或吹，或強或羸，或挫或隳。是以聖人去甚，去奢，去泰。

通常的「爲天下」是些什麼樣的作爲呢？不外乎征戰殺戮而已，目的就在擴充領土增加財貨滿足無窮的生活慾望吧，這樣的「爲天下」是老子不取的，那麼是不是老子完全地對天下無心了呢？是不是像莊子那樣地對天下秩序毫無寄望的情況呢？這當然不是，老子還是要天下的，那麼老子要的是什麼樣的天下呢？「取天下常以無事，及其有事不足以取天下。」（第四十八章）原來老子還是要取天下的，只不過他的方法是「以無事取天下」，什麼是「無事」？老子說：「非以其無私邪故能成其私。」（第七章）原來「無事」就是「無私」，就是無爲，就是無欲，就是玄德——「生而不有、爲而不恃、長而不宰、功成而弗居」，就是「太上不知有之」，就是「功成，事遂，百姓皆謂我自然」。原來老子所要的聖王對待天下的方式就是不要爲了自己的私心慾望而使用「天下」——「天下神器不可爲也」，天下是衆人的天下，大家保持住一個可以生存的環境才是根本的，不是可以爲了任何人的任何目的而來運轉乾坤之用的，天下還其於天下人，君王扮演一個無爲的角色，大家不以天下爲爭逐之對象，它只是一個生活的環境，自有其運行的道理——「故物或行或隨，或歔或吹，或强或羸，或挫或隳」。我們即使有所作爲也是天下人的共同需求，而不是個人的「有爲」，所以在君王之位的角色扮演者最重要的還是要清淨其心——「是以聖人去甚，去奢，去泰」。清淨其心之後，在他的觀念裡，天下的存在便只是一個生活的公園，他要做的便只是自己和衆人平等愉悅地生活著而已，由這樣的人來治理天下，天下才能常保安定而永久不失——「故貴以身爲天下，若可寄天下；愛以身爲天下，若可託天下」。

第三十章

原典章句

以道佐人主者，不以兵強天下，其事好還。師之所處，荊棘生焉。大軍之後，必有凶年。善有果而已，不敢以取強。果而勿伐，果而勿驕，果而不得已，果而勿強。物壯則老，是謂不道。不道早已。

觀念主題

本章是政治哲學。

文句義疏

以道佐人主者，不以兵強天下，其事好還。師之所處，荊棘生焉。大軍之後，必有凶年。

此處老子在作一個社會觀察的發言，所講的都對，都是一般的清醒的頭腦能夠理解並同意的，可惜的是，老子的時代及其後的戰國時代，佐人主者多有以兵強天下之所爲，導致天下紛亂，其目的不外是爲了一人之功名利祿名揚天下，都是爭心貪念的結果，必須予以批判，必須在天下人的性命安定面上予以批判。

善有果而已，不敢以取強。果而勿伐，果而勿驕，果而不得已，果而勿強。物壯則老，是謂不道。不道早已。

「善有果而已」是老子重要的哲學觀念叢之一，老子所有的無爲之要求，就是要人類在社會行爲上謹守「善有果而已」的效應，要求人類的社會行爲不要踰越行爲本身的原初意義。爲什麼會踰越？是什麼在踰越？都是人類的貪念、好強、爭心在踰越，踰越的結果，自彰、自伐、自見、自是，自己將自己當作了天下的英雄，這就是踰越，這就是和社會行爲的原初目的無關的踰越，這就是「其於道也，曰餘食贅行」（第二十四章）。這都是情緒的不當擴充，是沒有必要的行爲，是愚昧的，智者的處理是有了具體的社會效應就好了，因爲那就是行爲的目的本身，行爲的效果對於人類的情緒不應有所引發，有所引發就是有爲，「有所爲而爲」之行爲，這就會在「有無相生」中「反者道之動」了，所以我們應該在心理情緒上作到「無爲」，也就是「果而勿伐，果而勿驕，果而不得已，果而勿强」，如果我們在事務行爲的自生自化的過程之外再牽扯入自己的情緒慾望的話，在行爲的過程中加油添料——「取强」，如此則造成了一個將自身的利害涉入情境中的效應，在事物的本來簡單的發展中，被强迫承擔了我們私心慾望的負擔，人家看到的是我們的野心，卻反而忽略了社會行爲本身的原初意義，不過就是在經營一個大家共同生存的環境條件而已，結果人們爲了制止我們的野心，從而也犧牲了社會環境的備製——「物壯則老，是謂不道。不道早已」。其實是我們自己將局面搞到了僵化了的地步，大家僵在你爭我奪的私利爭戰之中，結果是社會的福利被犧牲了。多麼悲哀呀！所以，我們切勿取强，以免物壯而早已。

第三十一章

原典章句

夫佳兵者，不祥之器，物或惡之，故有道者不處。君子居則貴左，用兵則貴右。兵者，不祥之器，非君子之器，不得已而用之。恬淡為上。勝而不美，而美之者，是樂殺人。夫樂殺人者，則不可以得志於天下矣。吉事尚左，凶事尚右，偏將軍居左，上將軍居右。言以喪禮處之。殺人之眾，以哀悲泣之；戰勝，以喪禮處之。

觀念主題

本章是戰爭哲學。

文句義疏

本章之哲學觀念的重點，在於對以兵征戰之行為的批判，「夫佳兵者，不祥之器，物或惡之，故有道者不處。……兵者，不祥之器，非君子之器，不得已而用之。恬淡為上。勝而不美，而美之者，是樂殺人。夫樂殺人者，則不可以得志於天下矣……」。用兵是不得已，「國家昏亂有忠臣」，天下動盪有兵燹，不要以用兵為喜為樂，這些都不是社會存在的應有行為，不是根本的治國之道，因為老子的社會理想是一個樸實的生活環境，兵者不得已而用之，用之之時，是以悲哀泣之的。總之，作為社會生活的目的而言，用兵作戰決不是根本之道，老子本文即是在根本的目的性問題上對征戰殺人之事進行批判，從而指出處理此事之心態不應有喜樂之野蠻心理，而應淡然處之或以悲哀泣之。總之就是一個厭兵保民的基本信念。

觀念研究

老子的政治哲學

老子在政治哲學的問題上還是有態度要採取的，那就是一個厭兵保民的態度，這個態度是作為一切追求目標的觀念推演之起點。如果僅是道的抽象玄智而已的話，實不易以「無為」推論至極，便得以推出厭兵保民之政治哲學，故而有開導陰柔法家權謀或霸王之學的可能面向。這就是因為在老子的內心世界中，還是有一個觀念活動的心理起點，是一個斷決不移的生命態度，那就是對社會紛亂的不滿，對百姓流離的不忍，對用兵殺戮者的憤怒，所以才有他窮天盡地的思索果實，也就是那個道的玄智之開展。所以對治社會紛亂是他的哲學活動在心理上的機轉，至於理論建構上的邏輯標的，則是守道的境界及道的玄理，心理的機轉與理論的標的仍爲二事。

第三十二章

原典章句

道常無名，樸雖小，天下莫能臣也。侯王若能守之，萬物將自賓。天地相合，以降甘露，民莫之令而自均。始制有名，名亦既有，夫亦將知止。知止，可以不殆。譬道之在天下，猶川谷之在江海。

觀念主題

本章是政治哲學。

文句義疏

道常無名，樸雖小，天下莫能臣也。侯王若能守之，萬物將自賓。天地相合，以降甘露，民莫之令而自均。

「道常無名」只是說著守道者的行爲總表現出「無爲」的狀態，那個無爲的狀態的表現卻正是最掌握天地自然之根本原理的樣態，那是「樸」的樣態，「樸」無大小，小是他人的觀感，樸是堅貞的眞實，因爲只有眞實而無裝飾，故而不顯眼，遂覺其小。然而，那樣的「無爲之樸」的狀態是潛力無窮的——「無爲而無不爲」，故而「樸雖小，天下莫能臣也」。這也是因爲「夫唯不爭，故天下莫能與之爭」，因爲無爲之樸的狀態中沒有任何人性的缺口，也就沒有任何被損傷的機會，也就永遠穩坐天下之寶座中，多麼安穩，其實是多麼根本，這就是守道的結果，而守道，也不過就是無名，也就是無爲，這就是樸，所以無往不利，所以眞正處理天下的人，就應該這麼地處理，那麼他的效應將是永恆的——「侯王若能守之，萬物將自賓」。因爲他所面對的是一個純粹樸實的天下環境，沒有人性私心之騷擾攪動的天下，於是天下自己站起來運作了，自然在它自身的存在境況中就這麼擁有了我們以及社會周遭——「天地相合，以降甘露，民莫之令而自均」。

「天地相合，以降甘露」是一個說法，可能是一個知識性命題，但是不是一個理論，因爲沒有其它論點以配合鋪陳，在「哲學觀念研究法」的工作方針中，對於這種單一出現的知識性命題，就觀念詮釋的理論建構之要求而言，將只能在詮釋上予以擱置。

道的原理就是自然的運行本身——「道法自然」，所以「在於道」、「守於道」的作用行爲中，將根本地合序於天地本然的情狀。合道是什麼呢？不過無欲自然而已，也就是人類自身的貪念的不跑出來，也就是「果而已矣」，於是事務的情狀便將在自然的境界中自己進行。其實事務一直在進行，一直在自己進行，一直在自然的秩序中自己進行著的，只是人類的自我表現慾望阻礙了它的進行，但是也不可能有根本的阻礙，只是自己的表現慾望阻礙了自己的表現而已。所以讓自我退位吧，則自己及天下社會的一切表現便都將繼續發展，也就是「萬物將自賓」、「民莫之令而自均」。

始制有名，名亦既有，夫亦將知止。知止，可以不殆。譬道之在天下，猶川谷之在江海。

在萬物自賓的發展中，現象的一切活動自然地展開了，「始制有名」，有了，有果了，「名亦既有」，有果就要善有果，所以「夫亦將知止」，將我們的一切可能產生的多餘的情緒在開始的時候就遏阻它的發生，然後就不會破壞本有的善果而製造困擾，於是「知止可以不殆」，這一切都是守道者在自身對待及對待天下的操作中的結果。

譬道之在天下，猶川谷之在江海。

道的作用對於天地萬物的根本性指導者的地位，就像天下所有的溪澗河流終將歸於大海一般，大海是一切的匯聚，道是一切的原理——「譬道之在天下，猶川谷之在江海」。

第三十三章

原典章句

知人者智，自知者明。勝人者有力，自勝者強。知足者富，強行者有志，不失其所者久，死而不亡者壽。

觀念主題

本章是境界理論。

文句義疏

本章是老子以智者的經驗而作的人生哲學的觀念發言，他就像頒佈道德教條一般地頒佈了智者的行為準則，要知人也要自知，要勝人也要自勝，要知足但也要強行，操作之妙在於玄智的觀照與無為的實踐，最終的境界就是紮紮實實地存活在這個世上，將理性的精神鋪設於事變中，讓世人永享美善的環境，這才算是根根本本地進入了道妙的運行中，這也才眞眞實實地體現了「久與壽」的意味。至於「死而不亡者壽」的詮釋，我們從精神作用的社會效果上來解說，可以避免修鍊神仙術的解釋角度，這仍是守著本書詮釋老子哲學觀念的基本立場。

第三十四章

原典章句

大道汜兮，其可左右。萬物恃之而生而不辭，功成不名有，衣養萬物而不為主。常無欲，可名於小。萬物歸焉而不為主，可名為大。以其終不自為大，故能成其大。

觀念主題

本章是形上學。

文句義疏

大道汜兮，其可左右。萬物恃之而生而不辭，功成不名有，衣養萬物而不為主。

「大道汜兮，其可左右」，這是關於道概念自身的存在性徵之抽象反思的分析性概念，它的

「汜兮」是說著作用的廣袤遍在全體，它的「左右」是說著它的作用是以規範主導的身分在操作著天地萬物。又因爲道本就是在觀念構想中的指導性運行原理，所以萬物的生存發展都以之爲生發的律則，但是天地日日正常運行，我們也從不曾見到有一個什麼樣的存有者，自稱爲道，在享衆祭。原來道是這麼樣的一個存有，幾乎是「只作用而不存在」，所以萬物「皆謂我自然」，所以它的所有的對萬物之作用，是那樣地既根本而又不爲所知——「萬物恃之而生而不辭，功成不名有，衣養萬物而不爲主」。道根本就是自身是一個「玄德」的情懷，這就是老子對道的性徵的言說。

然而，當我們從「抽象思辨的認識進路」來理解這個爲老子所構思中的道對象的時候，它的存在上的性徵在一個合邏輯的推算之下，必然就是在存在上的缺席者，因爲它根本就只是一個在觀念思維中的原理性對象，本身是一個理存在，是在理性活動中才在智者的思維裡被「經驗」到，若是在具體的經驗世界內的話，道是不存在的，如果一定要尋找它，那麼它就是自然的本身，它就是天地萬物之存在運行的本身，但是「本身」是什麼意思呢？所以我們發現我們只能以自然作用的「常道律則」來認識這個本身，這樣才能成爲一個認識的對象，一個天地萬物的運行的總原理，這才是一個存在，一個理存在，一個觀念，一個對象，叫作道。

常無欲，可名於小。萬物歸焉而不為主，可名為大。以其終不自為大，故能成其大。

道這個對象其實永遠只能在智性的領悟中才有其出現，所以它的自身在現象的世界中是不存在的，所以我們對於它的作用的廣袤的讚嘆勢將要落空的，它眞可謂體現了無欲的深意，所以它的自我爲小的功夫是下得夠深的了——「常無欲，可名爲小」。但是它的根本規範性的作用更是眞實，所以它在存在的影響上是無有可比的，但是它又不自我表彰——「萬物歸焉而不爲主」。所以它的胸襟的寬厚是廣大無比的——「可名爲大」。然而這個胸襟的廣大，是因爲它的作用與實存的遍在故有其大，而其之所以能遍在，則是因其只作用而不表彰，故無折損，故終永地大而又大了——「以其終不自爲大，故能成其大」。

觀念研究

道概念在諸多層級中的跳躍

老子在對道的讚頌中其實都是要逼顯人存有者對實存律則應有的折服，折服之後以道的人性位格化的身分存在並活動著，這就是聖人的出現。但是老子在本章中對道的討論其實卻是跳躍在諸多不同的存在位階上的討論。本來的道存在是一個構想中的觀念對象，但是老子自己又將道人性化了，道成了玄德，又成了人性之德。道跳躍在「抽象對象」、「實存律則」、「人性化的胸懷」以及「人性位格」的諸存在層級中，令人眼花撩亂目不暇接，道怎麼成了千面人，到哪兒都是道，其實不是的，只是老子觀念語言的表述是如此的豐富多樣才造成的。我們對老子言道的諸多思維理解及義涵領會也需要跟著跳動才能亦步亦趨地跟進的。

第三十五章

原典章句

執大象，天下往。往而不害，安、平、太。樂與餌，過客止，道之出口，淡乎其無味，視之不足見，聽之不足聞，用之不足既。

觀念主題

本章是境界理論的言說。

文句義疏

執大象，天下往。往而不害，安、平、太。

這是對道的性徵之理解之後的必然結論，道本來就是自然的本身、是萬物運行的原理，所以對於道的掌握與運用本來就是掌握了天下最深厚寬廣的原理，所以是大象，是意義的最廣大的法式，掌握了它則無往不利，天下歸焉，終身常保，故而「安、平、太」。

樂與餌，過客止，道之出口，淡乎其無味，視之不足見，聽之不足聞，用之不足既。

這是老子對於用道之人的自我解嘲，但也是對不識道者的嘲諷，道是這麼樣的不吸引人呀！音樂與美食令人駐足流連，但是守道的行爲卻毫無趣味，甚而感覺不到。此處老子以道之經驗上的缺席來敍述道的不吸引人，其實老子更應在道的無爲、除欲的角度上來敍述才更貼切，還是那句「下士聞道，大笑之，不笑不足以爲道」最能傳達道之不爲人喜用的特性，因爲道是「損之又損」的行爲，是正好違反了人性一般的爭心貪念的行爲，所以眞是不爲一般人喜用的東西，但是它的根本珍貴性，又是智者不能不爲的行爲，有道者守之，不智者去之，如此而已。

第三十六章

原典章句

將欲歙之，必固張之；將欲弱之，必固強之；將欲廢之，必固與之；將欲奪之，必固與之；是謂微明。柔弱勝剛強。魚不可脫於淵，國之利器，不可以示人。

觀念主題

本章是政治哲學。

文句義疏

將欲歙之，必固張之。將欲弱之，必固強之。將欲廢之，必固興之。將欲奪之，必固與之。是謂微明。

自然早就飽滿了一切，人們卻不饜足，總有無窮的慾望要追逐，因此就遠離了自然平靜的實存狀態，因而就自招危殆陷入險境從而毀滅，這是老子對人世社會變化的觀察，基於這樣的觀察，要毀滅一個對象，就是去引起他的無窮慾望，這樣他就會自己將自己推向更大的慾望，也就是更大的危險，只要主客觀環境的劇烈震盪超出了他的智慧才能之控制幅度，那就是他被反面力量吞噬的時候了，這時候我們要扭轉改變甚或殲滅都是易事了。這就是要達成一個具體的目標時，為避免被對立面的力量阻礙，於是在操作的開始，就先從遙遠的對立面做來，而讓事務自己朝向我們所要的這一面走來，這就是了。這種利用「有無相生」、「反者道之動」、「弱者道之用」之事變原理的操作智慧，在一般充滿了爭欲之心的世人眼中是根本無法察覺的，所以這種智慧被稱為「微明」，其實一點也不隱匿，而是明明白白的道之實存規律，然而世人何能知之，都在享受貪樂中忘了危機。

柔弱勝剛強，魚不可脫於淵，國之利器，不可以示人。

「柔弱勝剛強」，表現上的柔弱，將在現實的操作上掌握事變影響的眞實軸線，其效用將更勝於表現態勢上的剛強之姿態，因為後者將牽引周遭無窮的好爭之心起而抗頡，終於自陷困境而難以成事。此為「弱者道之用」之實存律則的同型命題，也是一個實存律則。

「魚不可脫於淵」，每一種存在物都有其存在的根本，這是自然之性，早已賦予，無知多欲而將自作主張者，即是要脫離它自身的存在基地，故而多欲好強是老子要警戒世人的行爲。從人生哲學的理論系統之要求而言，任一理論系統都將規範存在的基地，即爲規範行爲的貞定方向，在一定範域之內才是行止的應取之道，這是理論體系共通的法式，所以就存在之必有其淵而言，這是諸家共通的理論的形式義之智慧，但對於淵之型態爲何？則有差異，我們從老子其他文字中要找出的行止範域，即爲無欲、守弱、謙下等項。

「國之利器，不可以示人」，有國者霸，這是權力世界的用國之義，權力世界中人皆然，國是他的慾望的無限擴張之工具，這便是國之利器，所以「有國」這種作用，不可讓世人知曉，以免引起其爭心，而欲奪之，則將天下大亂。國，必須掌握在有智慧的聖王手中，才不會被濫用，不能讓國家的權柄這種重要的東西被世人窺見，不能讓他們有機會接近權力、操作權力、爭奪權力、進而濫用權力。這就是和第三章言「不見可欲使民心不亂」的命題意思是一樣的。

第三十七章

原典章句

道常無為而無不為。侯王若能守之，萬物將自化。化而欲作，吾將鎮之以無名之樸。無名之樸，夫亦將無欲。不欲以靜，天下將自定。

觀念主題

本章是形上學與政治哲學。

文句義疏

道常無為而無不為。

本章與第三十五章的哲學觀念基本上是同一型態的，本章中所標舉出的政治上的理念是：政治操作者的工作重點在於製造一個無欲的社會環境，讓社會中人生活在一個安寧的環境中，讓一切人文的活動自然而清爽地發展著，任何人不要有個人性的貪念妄想，每一個人就都能在一個情緒平靜的氣氛中發展自己生活中的情況，這就是老子理想的社會環境。所以政治操作者在自身之內的修養功夫上，首先要追求一個慾望清淨的境界，就是一個無欲無爲無名的樸實，在樸實中天下萬物有它們在自然存在上的自我情況，一個順成的環境便具備了，這就是「道常無爲而無不爲」。

侯王若能守之，萬物將自化。

天地萬物運行變化的根本原理就是在一個自然的情境中，在一個沒有個別存有者的私心慾望構作的氛圍中，萬物自造情境、自作發展、天下貞定。這是天地自然的常道，但這也是社會政治的根本性原理，所以在上位者若能把握天地事變的這個妙道，那麼理想的社會環境便將到來——「侯王若能守之，萬物將自化」，而這正就是一個「無爲」的政治操作原理。

化而欲作，吾將鎮之以無名之樸。無名之樸，夫亦將無欲。不欲以靜，天下將自定。

但是，治國的工作是一個在時間中的開展，是一個面對環境的開放，於是在對應到社會中時，便將有不斷的狀況產生，這是一個社會存在的必然，就是「始制有名」的情況，也正是「化而欲作」的頑強現實，這時怎麼辦?老子認爲，如果社會在發展中又有了任何的騷動——「化而欲作」，那麼政治操作者的對待原理也仍然還是一個「無為」而已——「吾將鎮之以無名之樸」，這也就是「名亦既有，夫亦將知止。知止，可以不殆」的原理。這是什麼意思呢？意思就是「無名之樸，夫亦將無欲。不欲以靜，天下將自定」。政治操作者的本職在於製造一個無欲不爭的社會環境，這是自然情狀的本來面貌，也是社會體制的本然情狀，這樣的社會環境要有智者的玄智才能維護，維護的方法很多，老子第三章言「不尚賢」就是手段之一，如果還有騷動，那就利用「反者道之動」的作用原理來對待，如第三十六章的「微明」原理所言而作，總之一直要做到「使夫智者不敢為也」（第三章）的境界才是，所以一切的操作都還是「無欲、不欲、以靜」等智慧型態中事，總是要以天下環境的貞定為目標，以便最終追求一個「天下自定」的境界來。

道德經下篇

第三十八章

原典章句

上德不德，是以有德；下德不失德，是以無德。上德無為而無以為，上仁為之而無以為，上義為之而有以為，上禮為之而莫之應，則攘臂而扔之。故失道而後德，失德而後仁，失仁而後義，失義而後禮。夫禮者，忠信之薄而亂之首。前識者，道之華而愚之始。是以大丈夫處其厚，不居其薄，處其實，不居其華。故去彼取此。

觀念主題

本章談功夫理論與境界理論。

文句義疏

上德不德，是以有德；下德不失德，是以無德。

德是常道、是純樸、是自然、是本來，是不需要造作矯飾強力勉爲的——「不德」，是不能再把它對象化地外化再强力拉回的——「不德」，是不能刻意地把德當作目的而來拼命地追求的——「不德」，於是就在那個本然之中就是常道的原來了——「是以有德」。如果一切在造作之中，自以爲社會應該追求什麼美好，自以爲在自身之中已經擁有了什麼樣的美好——「不失德」，那就是遠離樸實通通不好——「是以無德」，「仁義禮智」的施設就是這種情況的一般，其實都是「下德」的境界了，不過仍有層次的差別。

上德無為而無以為。

「無爲」是操作層面，「無以爲」是意境層面，「無爲」即「不德」之態度，不作意彰顯意境的功夫，謹守在「無以爲」的胸懷中。本文有多種版本，甚而還有下一句（下德為之而有以為），我們僅選擇了此一文句，以其能照顧上下文義理的清楚表述之需求。

上仁為之而無以為。

在「仁」的境界中，存有者自己沒有私心，但是對社會有所期待，這是莊子逍遙遊中的堯的境界，他以爲「仁」的普遍施爲是可以製造環境的，他也做到了，他甚且對帝王之位沒有眷戀，於是他製造出一個有教化的社會，但是因爲仁者太求全備，結果在「化而欲作」、「始制有名」的經營中，又顯得態度過於鮮明，缺少無爲的功夫，一些潛藏的騷動已然醞釀，只是目前還好，沒有爆發，因爲在君位者還「無以爲」，還無私心，還有貞定的一定力量。

上義為之而有以為。

在「義」的境界中，操作者自己有明確的意念，對社會環境的方向有明確的觀念，一切就在强力爲之的情境中被意識型態的貞定力給收束住了，一切都在力量的强度中較量，看看正邪之戰誰强誰弱，但是對立的陣勢已經擺開，就等待著操作者的控制能量一有減弱便即引爆衝突，生死一場。

上禮為之而莫之應，則攘臂而扔之。

在「禮」的境界中，操作者已經失去了人性的影響力量，只能在法的客觀面上對待著社會的紛紜，法是一個外在的規範，就看分散著的一個一個個別的人物能否自動配合而已，如若不能，就繩之以法，訴諸暴力，這其實已經斯文掃地顏面盡失，純樸不復了。

故失道而後德，失德而後仁，失仁而後義，失義而後禮。夫禮者，忠信之薄而亂之首。前識者，道之華而愚之始。

「道德仁義禮」，在存在的位階上是各個不同的層級，在存在的地位性徵上也是不同的，在對人存有者的互動關係上也是不同的，因此此五者在根本的關係型態上的意義是有著重大的不同的，但是老子透過一個觀念的窮索的探究工程，而使得它們在一個認知的系列中被串連在一起，非常實存地產生鮮明的存有意義，對人存有者的活動境域感作出基礎性的根本定位。

「故失道而後德」

「道」是自然的渾樸原理的本身，在這個狀態中的存在，本身沒有什麼可進行之事，根本也不出現什麼存在的主體在活動的情況，它是原始渾樸而不被感知的一個超越的存在對象，所以對老子講的「故失道而後德」一文之認知，其中的所「失」者，它只能是一個在構想中的觀念轉換。道是存在在那兒的一個超越的對象，這個道是「道可道」的，這個對道對象自身之所道者即是道的在抽象思辨的認識進路下所知之諸事者，但是這樣的認識仍非「德」的層級中事，所以「非常道」，從對道自身的抽象認知中「轉出」到道的實存律則之認知時，才有「常道、常德、玄德、道之動、道常……」諸事之認知，所以這個「失道而後德」的「失」字字義是一種「意義的轉換」，從道的觀念義涵中「轉出一步」之後才能進入德的觀念義涵，德的具體觀念義涵的出現是在更抽象的道的觀念義涵的退位之後才有的，道在觀念義涵的抽象存在地位上，邏輯上說是高於德的。

「失德而後仁」

「德」是常道的實存運作原理，道的渾樸在認知者的玄智觀照之下，認知了它的「常」，於是總「同以有無並觀」來詮解——「常無……常有……」，從而開展出一系列的實存律則之認知，實存律則實存在一切天地人事物的存有活動場合中，成爲規範的原理，人存有者在領悟或不領悟、在守常或不知常的生存活動中全然被籠罩著，它只是一個自然而已——「道法自然」，雖然「人法地地法天天法道」，然而人存有者的活動也是在一個道的渾樸中在於自然的本然中，但是人類的人性一般總是「化而欲作」，「化而欲作」於是就有了「失德、不知常、妄作」的情境出現，於是人類自以爲是地發展了「仁」的胸懷來應對人世的紛雜。人們臆想，原來仁的普遍感通之關懷心胸是人類社會的根本所需，只要將仁德的胸懷推展出來則人類社會的純樸善良之情境必可展現。理論上似乎是如此，人們也不能否認仁德胸懷的貞定價值，仁這個美好的東西於是降臨到了世間，殊不知，這個美好的仁的出現正是我們自己跳出那個德的本然之道的境界之外才產生的——「失德而後仁」，仁的情懷可以對付社會的這一些些的複雜，但是這也正顯示了社會的那些人性的紛亂才剛剛開始，我們剛剛才失去了那個人性的一點兒也不紛雜的純樸本然之境界，仁是一個「有」的特出，它的出現在意義上已經蘊涵了它的原來純樸的喪失，它的不仁的純德之境已然被我們遺棄了，於是我們領會了「天地不仁」、「聖人不仁」的美好，在一個連人與人間的普遍關懷的情懷都還不需要拿出來使用的存在環境中，那是一個怎樣自然純樸的情境呀！那才是我們在進行仁的情懷的時候應該「常無欲以觀其妙」的境界呀！於是我們又領會了「常無」的觀照法式的深刻性，原來美好的仁德情懷也已蘊藏在一個更美好的常德情懷的失喪之中呀。

我們所以爲的好的東西的擁有很可能是自以爲是地緊緊抓著救生圈而已，原來我們已經溺水了，不想著爬上船來卻興奮於救生圈的獲得，是不是境界稍低了一些呢？上了船後不想著開回陸地卻享受著船上的美食安適，是不是對安全感的太過輕忽了呢？一個境界的獲得蘊涵了一個危機的渡過，但也蘊涵了一個新的危機，一個更高層的境界的失喪，於是我們要在「無」的衆妙之門中再作觀照，再作提昇——「故常無，欲以觀其妙」。

「失仁而後義」

如果社會的紛亂更趨複雜，使得我們的普遍的人性關懷時時受害、受傷，我們再也不敢那麼純眞地對周遭的每一個人物施予無私的關愛，我們時時有不安全的感覺，我們要尋找溫暖的樂園，於是我們採取一種相對的絕對關係，在一個特定範圍內的人際關係網中發展絕對的人性互動的關係，在君臣之間、在父子之間、在夫婦之間、在朋友之間、在教團之內、在幫派之中、在自家人裡面，在一個安全的範圍之內我們可以釋放無私的情懷，過此一步即非如此，派系之內你的就是我的，我的就是你的，派系之外拚個你死我亡——「殺身成仁捨身取義」。「義」的在範圍內的絕對性是多麼壯烈、多麼淒美、多麼感人啊！有時還要來個忠肝義膽呢，連肝膽都拿出來了，老子卻說：「虛其心實其腹！」一個君王應該要對百姓「虛其心實其腹」還是要要求百姓「忠肝義膽」呢？如果我們是處在一個純樸的社會環境中，大家可以虛心實腹的時候，我們需要忠肝義膽嗎？原來，「義」的絕對强烈的關係性要求是因爲我們已經失去太多的純樸了，因爲我們連基本的人與人間的普通的關愛也缺乏了，所以我們要强烈地要求這麼樣的絕對關係，「忠臣不事……烈女不……」我們簡直是如驚弓之鳥，緊張透了。

「失義而後禮」

在一個一定範圍內的絕對關係如果有情有意，人與人間還有個避風港，如果江湖還講道義的話，盜亦有道，如果恩義不在了的時候，那就親兄弟明算帳吧。禮出現了，禮的出現代表了人類對關係性行爲的思考，從人的主體自覺的操作面內轉出去到了法的客體面思考了，人存有者把對人類存在的人性情懷完全棄置，充分而絕對地沒有信賴感——「夫禮者，忠信之薄而亂之首」。在一個「忠信之薄而亂之首」的境遇之中我們藉著法理的規範來進行人際的遊戲，人我之間在遊戲盤的規則之內彼此約束，人我的胸懷永遠消失，人與人的疏離是存有活動中的眞實。如果這個時候人們還自以爲得意地能在規範中鑽法律的漏洞而知法玩法的話，自以爲處處吃得開，卻不知自己已經陷入了人性的徹底瘋狂之中了——「前識者，道之華而愚之始」。愚不可及，喪智失己，莫此爲甚，不過這又正是現代社會的寫照，眞是實例一則。

「是以大丈夫處其厚，不居其薄，處其實，不居其華。故去彼取此。」

從「哲學觀念研究法」的角度言，「處厚處實及不居薄不居華」之說，是形式語言，任何一家人生哲學的理論體系都有這樣的通式原則，就觀念的內容義言，何者爲厚、爲實？何者爲薄、爲華？這才是要論究的觀念重點。「故去彼取此」，要去的是被異化了的意義，要取的是純樸的原質。

第三十九章

原典章句

昔之得一者：天得一以清，地得一以寧，神得一以靈，谷得一以盈，萬物得一以生，侯王得一以為天下貞。其致之。天無以清將恐裂，地無以寧將恐廢，神無以靈將恐歇，谷無以盈將恐竭，萬物無以生將恐滅，侯王無以貴高將恐蹶。故貴以賤為本，高以下為基。是以侯王自謂孤、寡、不穀。此非以賤為本邪！非乎！故致數輿無輿，不欲琭琭如玉，珞珞如石。

觀念主題

本章是功夫理論。

文句義疏

「天清、地寧、神靈、谷盈、萬物之生、侯王之天下貞」等事都是認識一般中的存在界的本事，存在界中的幾個根本性的存在範域，每一個存在範域都要有它的常保自身的本事，這些本事的內容為何，可以是老子自己的知識認知中的假性設定，是老學型態的特殊規定，我們對它或是不滿意但可接受，或是不接受但可討論，總之他的觀念已然實定在那兒了。但是把存在範域與它自身的常保本事連在一起的操作觀念，則是一個基本的哲學問題，是一個功夫操作的哲學問題。如何連結？當然是守道。守道的操作義涵為何？則是致一。

本文中老子把道運行的義涵以「一」來領會——「其致之一也」（傅奕本），天地自然人物之所以能得其正、能達致存在上的最精純，都是由於謹守其道而有的，道的意義即為操作的純粹，守其本質而不分化，故以一言，言其「一」，是說著操作者不失去道意境的純粹性，當其意義不被分化，它的精純堅實謹守的情態，讓我們產生以一說它的意味，所以此處以一說道，是以道在意義上的本質之精粹不分化來說的，如果自然天地人物的存在操作不能守住本質之純粹，它們便將遭到自我毀滅的命運。好了，以一說道，一的保守就是弱的姿態，一是自我的純粹，從外在角度來觀察認知的時候，自我的純粹對他人而言是一個表顯的遮蔽，於是在觀念上對於自我的純粹樸實之事是顯現出姿態的守弱之事，「故貴以賤為本，高以下為基」。所以在存在環境的保守與操作者在操作的時候就要作出這種以弱為顯的姿態，「是以侯王自謂孤、寡、不穀。此非以賤爲本邪」，但是這種作法固然是以弱爲本，卻更是以一爲實，以道爲守。存在範域的操作自己都已經是以道爲守，那麼人存有者的活動何能失本？

「非輿！故致數輿無輿，不欲琭琭如玉，珞珞如石。」以上諸語，各本歧出太大，不如不解。

第四十章

原典章句

反者道之動，弱者道之用。天下萬物生於有，有生於無。

觀念主題

本章是形上學理論。

文句義疏

反者道之動，弱者道之用。

天地萬物運行變化的律則是朝向對立面進行的，作爲在生存操作著的人存有者，爲了迎擊朝向對立面發展的事變律則，所以乾脆負負得正，在操作的一開始就由弱處著手，從而使眼前的境況朝向正面之强勢來發展。如果在操作之初就擺出强勢的態勢，那麼很可能會在事件的前程上以卑弱收場。

所以整個的「道之動」的律則，所處理的純然是人類心理的感受的問題，所以老子的道的律則義是以人類的心理情緒爲分析的對象，是分析著人類的心理情緒感受的發展律則而說出了整體存在的律則。所以它的有效使用範圍也只能以人存有著的社會活動範圍爲限，而解析出一個理論體係的有效使用範圍則是「哲學觀念研究法」的重要工作目標。

天下萬物生於有，有生於無。

「有與無」不是一個存在上的範疇，而是一個認識上的範疇，在認識上給天下萬物的一個「對象意義」的貞定，這個貞定在貞定的當下就是一個「有無並觀」的感知。存在只是一個凸顯──「有」，凸顯必然蘊藏在一個並未凸顯的對立存在之內──「無」。在認識上意會到的任何知覺對象，它必然是一個意義上的「有」──「天下萬物生於有」，這個意義上的「有」是在一個「活動中的出現」，這個出現更是在一個「境遇中的表顯」，那麼這個境域才是這個出現的更根本的基地──「有生於無」。

我們對某人的喜愛蘊藏在不喜愛其他人的眞實中，我們對某物的發明蘊藏在別人的忽視之中。存在的玄冥永遠以它的廣袤籠罩了存有的活動，那個存在的境域在被情緒的剝藏又迫顯之下，顯現出對立的情緒──「有無相生」，對立面的存在永遠在事務的出現之時蘊藏在社會周遭的氛圍之中，它的生發隨著我們的啓動而明顯化，它的明顯逼迫著我們的認知朝向它的方向來感知——「反者道之動」，它的豐沛在我們的忽略與驚醒中顯得太過，我們在存活的感知中被擊敗了自信——「挫其銳解其紛合其光同其塵」。爲了避免這種被毀滅的命運，我們在活動的一開始就要對它予以正視——「故常無欲以觀其妙」，從而從其對立面來裝飾這個活動——「道常無爲」、「弱者道之用」，於是可以永保活動的發展效果——「執大象，天下往。往而不害，安、平、太」。於是從功夫的角度來講，「守弱」成爲老學根本的功夫路數。

第四十一章

原典章句

上士聞道，勤而行之。中士聞道，若存若亡。下士聞道，大笑之。不笑不足以為道。故建言有之：明道若昧，進道若退，夷道若纇。上德若谷，大白若辱，廣德若不足，建德若偷，質真若渝，大方無隅，大器晚成，大音希聲，大象無形，道隱無名。夫惟道，善貸且成。

觀念主題

本章是境界理論。

觀念研究

老子識道的思維脈絡

「道」是深刻的智慧，道是人存有者在深度思維中，對整體天地萬物的運行進行了整體原理的抽象把握後的了解，由此而凝鍊了抽象度高、普遍性廣、運用效力大的深刻智慧。這個深度的智慧在人性一般中是無法把握的，因爲道的觀念是源於人性現象的規律，它的根源性反思是針對人類恆常的習性。一種是忽略了意義的諸多廣袤面向的習性——對「有無相生」、「天下萬物生於有有生於無」的無知。另一種是沈溺在私心慾望的奔馳，趨迫了那被我們忽略、否定、不喜的一面亦極致地發展，因而製造了對我們自身的傷害——我們自己製造出的「反者道之動」的情境。由於這兩項錯誤而形成的實存律則成爲了老子認知天地萬物變化的根源性理解，又爲了解決這兩項恆常的錯誤而發展了「玄德」、「無爲」、「弱者道之用」等道的玄智。

文句義疏

上士聞道，勤而行之。中士聞道，若存若亡。下士聞道，大笑之。不笑不足以為道。

一般的人對於存在的眞相的心理感受是無知的，因此眞正本質性的行爲在一般人無知的內心世界中是無法顯現其眞的，甚且反而常常顯得不眞，但是智者則不然，他們能直透本然眞相的把捉中，因此，人類因爲自己修爲境界的程度不同，在對於與道接觸的反應模式中，將會有極大的不同。這就是爲什麼會有「上士聞道，勤而行之。中士聞道，若存若亡。下士聞道，大笑之。不笑不足以爲道」這種種差異的結果。第一種情況是，由於道的這些內涵正是人類心智中的恆常疏忽——「有無相生、反者道之動」；及對人性一般的逆向操作——「玄德」、「無爲」、「弱者道之用」。所以對於一般的人而言，是難以領悟、契入、甚而充份發揮並使用的。因此那些能夠認眞施行道的玄智的人，絕對是超越一般的人的——「上士聞道勤而行之」。第二種情況是，那些在認識與領悟中並不能深刻契悟，因而在把握上不能持久的人，則是人性中的中等品質者——「中士聞道若存若亡」。至於那些慾望深重，貪戀名利財貨權勢的社會中人，則是第三種情況，他們不僅貪戀更是執著地以此爲要，深陷於物慾之中，對於這樣的人物，道的玄智對他們而言，是根本不需要的，道的發展正是物慾的限制——「損之又損以致無爲」，所以就正是他們要棄絕的。在他們的心中對於有人居然要放棄財貨名利權勢的享樂，這眞是蠢得可以了——「下士聞道大笑之」。其實，就領悟玄智的人物而言，能以「無爲」的玄智作人性的逆勢操作，才正是道妙的開展，所以被物慾深重的人所棄絕的情況，實在是必然當然且應然的事情了——「不笑不足以爲道」。

故建言有之：明道若昧，進道若退，夷道若纇。上德若谷，大白若辱，廣德若不足，建德若偷，質真若渝，大方無隅，大器晚成，大音希聲，大象無形，道隱無名。夫惟道，善貸且成。

本文中：「道」是事務發展的原則；「德」是人類自我的品質；「大」是認識的終極境界。

「故建言有之：明道若昧，進道若退，夷道若纇。」

道的內涵是那麼地玄妙，智者在領會了道的玄妙之後對一切事務的理解也就更見深刻，然而根本的原理則是在於「無為」之玄智的把握。首先，對於事務發展的原則，智者的領悟是，事務在幽隱中深透著悠遠的奧祕──「明道、進道、夷道」。這樣的奧祕成為我們心中真正廣大的目標，然而在我們的追求過程中，我們的一切操作，卻在別人的眼中，顯得似乎是非常地艱困、曲折、無效──「若昧、若退、若纇」。但是這不是實情，這是因為我們正以無為的玄智，在謹慎地進行，所以才顯現出難以進行的相狀，其實智者早已規劃完成，目標必可達到。

「上德若谷、廣德若不足、建德若偷、質真若渝」

其次，在自我內在品質的表現上，品質的深刻義涵，與外在的行為形象常常正好相反──「上德若谷、廣德若不足、建德若偷、質真若渝」。這是因為世人的內心只能停留在慾望牽動的層次上，於是觀察的眼光就只在表面現象的利害禍福上打轉，而轉來轉去總逃不出對「有無相生」的忽略，與陷入「反者道之動」的錯誤觀瞻。於是一切美好的品質被世人當成了笑柄──「大笑之，不笑不足以為道」。智者內在的深刻不足以打動世人的淺薄，使得他的玄妙的內涵無法直捷地舒展，甚而顯現不出那種玄妙的意味，反而似若平常，甚而不值一顧。

「大白若辱、大方無隅、大器晚成、大音希聲、大象無形」

第三，智者在深度玄智的抽象思辨中，認識到事務的最高境界與它表面的形象是正好相反的

——「大白若辱、大方無隅、大器晚成、大音希聲、大象無形」，爲什麼？因爲人們通常都只看事務的表面現狀，而人類的觀察眼光又總是循著慾望的軌迹重複地犯著人性的錯誤，因此對於事務的處理無法深入。然而智者不然，在他深度的抽象觀念活動裡，他會追索事務意義的最終根本境界，當然，事務最終的意境其實就已趨入於道了，而道的玄智之德是「無爲」的觀照，無爲的觀照直下對世人的一般領悟又是一個「正相對反」，所以「大白若辱、大方無隅、大器晚成、大音希聲、大象無形」。

坦然的品德是清白的形象，但在道的玄智之德的境界中觀看之時，清白的形象也毋須有意爲之，所以眞正的坦然也毋須辯解，然而就在這無須辯解的作爲中，以世人的眼光看來，則以其爲辱——「大白若辱」。在邊界的限度中有了形象的外貌，所以具體的形象來自邊界的限定，這似乎讓我們領略到「無之以爲用」的道理，然而當形象被無限廣袤化了以後，則已無任何邊界得以限定——「大方無隅」，在此處，「無法限制」則又是一個「無爲」的意境之展現。任何的器具，都因爲顯現出具體的功能而成爲有用之物，人物之精彩也在於他的能力的展現，然而我們如果推究至極，什麼樣的功能、才情才是最高級的境界呢？那一定是一個肆應無窮的功能、才情，於是那也就不是任何一種具體特定的功能、才情，所以「無成」——「大器晚成」（晚義為免），「無成」則又是一個「無爲」之「玄德」的意境。聲音的悅耳發生在它的流露之際，然而傳達著最深妙之意境的聲音卻是來自人類的沈思，是來自沈思中的觀念，是來自觀念裡的感受，那是無聲的境界——「大音無聲」。天地萬物皆是一個成其所然，有形之體，於是我們在形象中認識了它，但是把天地萬物的物象廣袤推究至極，那整體的存在便無法象狀，已是一個無形之象——「大象無形」。

「道隱無名。夫惟道，善貸且成。」

所以在道的玄智之體悟中，我們愈深入挖掘，則天地萬物及各種意義事件的最終極境相便需是一個「無爲」的玄德之觀瞻——「道隱無名」，最深刻的玄智在把握與發揮之際一定是推向「無爲」的玄德，在「無爲」的眞實意境中發生了「無爲而無不爲」的開展——「夫唯道善貸且成」，這便是吸引上士在聞道之後，必然勤而行之的道理。

第四十二章

原典章句

道生一，一生二，二生三，三生萬物。萬物負陰而抱陽，沖氣以為和。人之所惡，惟孤、寡、不穀，而王公以為稱。故物或損之而益，或益之而損。人之所教，我亦教之。強梁者不得其死，吾將以為教父。

觀念主題

本章是形上學與境界論哲學。

文句義疏

道生一，一生二，二生三，三生萬物。萬物負陰而抱陽，沖氣以為和。

對於那個在我們的思維中定位為道的這個對象，由於它的自身的作用成績，使得天地萬物在一個發展的情境中出現了——「道生一，一生二，二生三，三生萬物」。這些紛紜的世上之物，是在一個氣存在的物性結構中，負陰抱陽，由之摶聚而成其爲物存在者——「萬物負陰而抱陽，沖氣以爲和」。

我們從「氣論思維的認識進路」來理解此章的理論意義時，得到以下看法：一、萬物之存在結構是以氣爲本的。但這只能說明被老子當作物性結構的那個本質是氣，也就是說從存在上講萬物之本質是氣，也就是說從宇宙論講時，我們可以宣佈老子明確地認知並主張著「萬物存在的原質是氣」的觀點。但是站在「哲學觀念研究法」的角度來看，道仍並不即是氣，以氣說道的理論效應必須檢討。（討論內容請參考第二十一章）

人之所惡，惟孤、寡、不穀，而王公以為稱。故物或損之而益，或益之而損。人之所教，我亦教之。強梁者不得其死，吾將以為教父。

「王公」在社會人間是富貴的享用者，爲免別人的忌妒、不滿、破壞與攻擊，於是在對待關係上，王公要對人民採取謙下的姿態，所以在自稱上先貶低自己，以人所不喜的情境自況——「人之所惡，惟孤、寡、不穀，而王公以爲稱」，這樣的自我貶低是爲了避免引起別人的不平，從而破壞了王公原來所擁有的富貴。因此，他們在態度上的謙卑是爲了提高他們在生活上的收穫——「故物或損之而益」。假如他們這些在生活上已經擁有得較多的人，在待人的態度上不能謙下，甚而驕傲得意，則因爲人性的一般「有無相生」——我們得意則別人不滿，則必然引起周遭人物忌妒心的奔溢，於是必然在各種場合情境狀態中與我們作對，於是我們必須分散力量來對付，於是我們生活上原有的美好遭到破壞。原來我們在態度上的志得意滿卻帶來生活上的遭蒙其害——「或益之而損」。因此我們得到了一個處事應世的根本智慧——「弱者道之用」。如若不然，不肯謙下，則「堅强者死之徒」，以及「强梁者不得其死」。那些在態度上表現强勢的人，最終都在生活上遭到打擊，這都是遠古以來的智者之所說——「人之所教，我亦教之，强梁者不得其死」，而如今我們也應該要接受這些觀念的——「吾將以爲教父」。

第四十三章

原典章句

天下之至柔，馳騁天下之至堅。無有入無間，吾是以知無為之有益。不言之教，無為之益，天下希及之。

觀念主題

本章是功夫論哲學。

文句義疏

本文中的「至柔、至堅，無有、無間」乃非同一範疇項下之事物對象，「至柔與無有」是主體的存有態度，「至堅與無間」是對象的存在情態。「天下之至堅」者，在存在上展現出「無間」的實力，使得對它執行的一切對付性行爲無從侵入，沒有「任何招式」可以擊敗，然而這就等於是說，假始能「沒有任何招式」，則「可以」擊敗，即以「無厚」來入此「無間」，所以我們要以「天下之至柔」來「馳騁天下之至堅」。也就是對於一切困難的情境，不要以正面對立的方式迎擊，在不顯現任何對立姿態的表演下，取得完全的合作格局，從而全面滲透，全面掌握，全體擊退。所以，不顯現對立姿態，不表現強勢作爲，正是最有效力的攻擊條件——「不言之教，無爲之益」。然而就一般人而言，人心難隱，情緒難治，意圖易露，所以不易做到——「天下希及之」。

第四十四章

原典章句

名與身孰親？身與貨孰多？得與亡孰病？是故甚愛必大廢，多藏必厚亡。知足不辱，知止不殆，可以長久。

觀念主題

本章是境界論哲學。

文句義疏

名與身孰親？身與貨孰多？得與亡孰病？

這其實是最自明的道理，但是人們卻常常會作出一些事情來讓自己喪身亡身，這都是不智的行為，這都是因為好名利、好財貨的緣故，人們常在名利、財貨的追逐中喪身亡身，把自己最根本最後的自我給丟失了。太過度地追求名利財貨就會有這種後果，老子在這裡提醒世人，在追逐外欲之同時，最容易失卻自我的根本，所以我們不應該務於外欲。

是故甚愛必大廢，多藏必厚亡。

這個觀念的成立必須從「有無相生」及「反者道之動」的實存律則中去證立，基本上這兩個實存律則的「經驗效度」（一哲學命題之經驗上得以有效使用的適用範圍）就是這個「是故甚愛必大廢，多藏必厚亡」原則的「實證效度」（使哲學命題有效的特定經驗範圍），及「理解入徑」（研究者相應的研究進路）。所以對於名位之甚愛，必然遭致己身之災損，對於財貨之多藏，最終必然喪失生活之所需，這是「反者道之動」的實存律則作用在人事現象的必然結果。

知足不辱，知止不殆，可以長久。

通常的人性現象是得名喪身眾所不顧，並且遺忘了「身」畢竟比「名」重要的原則。追求名位權勢的行動是會危及自身安全的，但卻樂於追逐，權勢名位如此，財貨亦然，這些都是引人貪心失己的東西。老子認爲，我們在一得一失之際應把焦點放在己身之保全，而非名位財貨之爭逐，若顧此失彼實爲不智，所以老子提出這個問題，誰願失去己身安危呢？「己身安危之得」與「己身安危之失」之價值判準立現，還需多考慮嗎？那麼如何避免失己喪身呢？名位、權勢、財貨這些掛搭之物有了即可，淺嚐即止，滿足了基本生活條件的必要程度就夠了，然後我們所現有的便可以長久保存——「知足不辱，知止不殆，可以長久」。

第四十五章

原典章句

大成若缺，其用不弊。大盈若沖，其用不窮。大直若屈，大巧若拙，大辯若訥。靜勝躁，寒勝熱，清靜為天下正。

觀念主題

本章是境界論哲學。

文句義疏

大成若缺，其用不弊。大盈若沖，其用不窮。大直若屈，大巧若拙，大辯若訥。

眞正的完滿已經不需要刻意特別的表現了，就在它的不特別表現的情境中，它似乎顯得什麼特質、才能也不具備的樣子，然而也就在它的完全不欲表現的姿態中，它的自身保全的功夫達到絕對完美的境界——「大成若缺，其用不弊。大盈若沖，其用不窮」。「其用不弊」之「用」，並非任何特殊才情之用，而是整體的無爲意境之展顯，將使它不在任何場景中有所折損。「其用不窮」則是指得它在自設處境的狀態中，沒有無法應付的格局，情況永遠在意料之中，於是在處理上永恆地被安排妥當。唯有其「大」，才是眞正的根本境界。所以這兩個「用」都是在「無爲」的「大」格局意境中之「用」，並非爭逐名利權勢財貨等之世俗之用。

靜勝躁，寒勝熱，清靜為天下正。

眞正的品質是充實完滿的，充實完滿的就不會强要表現，强要表現的必然是刻意經營，刻意經營就表示實力不足，所以眞正的實力看似無力——「大直若屈，大巧若拙，大辯若訥」。這是在世人無力的眼界中評定的，在人性一般的庸俗中，對「無爲之益」的領會都落在「無能之效」的格局中，同時，從有智者的操作型態上看來，其實也因爲「無爲之損」的認眞執行，所以「屈、拙、訥」的無能形象也正成爲他的追求標的。然而即便是如此，事變的根本仍然決定於眞正有實力的主體——「清淨爲天下正」。這才是我們要認識的重點，也就是我們要修習的功課——「靜勝躁，寒勝熱」。

第四十六章

原典章句

天下有道，卻走馬以糞。天下無道，戎馬生於郊。禍莫大於不知足，咎莫大於欲得。故知足之足，常足矣。

觀念主題

本章是政治哲學。

文句義疏　一

天下有道，卻走馬以糞。天下無道，戎馬生於郊。

這是一個意象的刺激，刺激我們對生活環境的思索。環境的現象眞實地反應了社會政治的本質，社會政治的本質有「有道」與「無道」的不同情況。「道」是存在的原理，轉化爲人存有者的生活理念之後成爲理想的生活境界，作爲存在原理的道，展現出「有無相生」及「反者道之動」的實存律則；作爲生活理念的道，發展了「無爲」的「玄德」，於是理想的生活意境是君王「清靜爲天下正」，於是當我們從環境現象中觀察到一片和樂安康——「走馬以糞」的氣息，即是體現了環境的「清靜」之「正」味，便表示這個社會政治的本質是「有道」的，因爲一切征戰剝奪的行爲並沒有被鼓勵，所以戰馬得以無所事事地漫遊田野，這國家土地中的君王與人民正在「無爲而損」地守在道妙的生活意境之中哩。相反地，當慾望併作，兵燹四起，人心貪婪，社會痛苦的境象顯現之時，這便是國土中的君王與人民沒有守著道妙意境中的無爲之境況，這個社會政治的本質是一個「無道」的情況，部隊開拔在外，久久不停，戰馬生於外地——「天下無道，戎馬生於郊」。

觀念研究

律則義的道與理想義的道概念的融合

原來老子的政治理想國本就是一個清淨的社會，這個社會理想的觀念其實是老子哲思的根本立足點，是他心態中的主觀判準，早早已經決定好了。然而老子的哲學思辨的功力仍然給了他豐富的理論觀點來强證這個清淨純樸的社會理想。基本上老子認識到貪念慾望的發展將因事變的規律——「反者道之動」而爲人類帶來災難，所以老子訴諸人類理性的自做決定——「名與身孰親？身與貨孰多？得與亡孰病？」（第四十四章），讓人類在自身安危的得失存亡局面上自作決定，當然，老子自己已經做了決定，「長生久視」才是根本、也才是合道的，所以作爲規律義的道之妙義，强迫作爲社會理想的理念義之道之妙義對自身作出決斷，它要求我們不能永遠在「有無相生」及「反者道之動」的左右侵奪中不停地擺盪，「長生久視」的「長久」之道必然是我們的目的，所以我們必須返回心性自身之中，在內心的情緒念慮思維裡下功夫，此時作爲律則義之道妙成爲了理念義的道妙，立刻轉出了「無爲」的「玄德」，作爲存在的理想，並且把長久之道的客觀目標與無爲的主觀態度併合爲一牢實不可破的生存理念，於是「有道」、「無道」的生存判準立現，就在這種型態的觀念工作模式裡，道的多重玄義在老子生存態度的主觀面與抽象玄智的客觀律則面中融攝爲一個觀念的整體，架構了明確的理論型態。

文句義疏　二

禍莫大於不知足，咎莫大於欲得。故知足之足，常足矣。

「不知足」與「欲得」就是貪欲的顯露，根據「反者道之動」的律則，這就是奔向滅亡的始源，然而這是不智的，智者的深思熟慮是以長久之道爲目標的，所以在生活的主觀態度上便需改變方式，要「爲道日損」，要損去慾望，要「損之又損，以至無爲」，「無爲」即「知足」，「無爲則無不爲」，故而「知足」型態的無爲也會帶來長久生存之妙境——「故知足之足常足矣」，於是我們生存的長久之道即可永保。此即前章所言「知足不辱，知止不殆，可以長久」（第四十四章）。

第四十七章

原典章句

不出戶，知天下。不窺牖，見天道。其出彌遠，其知彌少。是以聖人不行而知，不見而名，不為而成。

觀念主題

本章是境界論哲學。

文句義疏

如何可以作到「不出戶，知天下。不窺牖，見天道」呢？掌握了道妙，從而徹底實踐即可。為什麼？因爲道是天地萬物運行的總原理，是「律則」，「律則」指得是事變的恆常規律，它是普遍的原理，所以它的觀念適用範圍是廣大的。律則是道的妙義之一，是老子玄思的核心觀念，老子玄思律則，找出原理，普遍推演，定算無數，既然已經在事變根源處理解了——「見天道」，就不需要再出去硬碰硬才能知道社會生活的本質了——「不出戶，知天下。不窺牖，見天道」。

故而以為可以憑恃聰明才智在社會中掌握更多權勢名位財貨之利的人物，其實是最愚昧的——「其出彌遠，其知彌少」。「出」是慾望帶出了行動，爭奪的行動。「知」是理性貞定了情懷，智慧的領悟。爭奪的行動做得多的人就表示是對道的玄智的領悟較少的人——「其出彌遠，其知彌少」，智者在無為無事中其實早已能夠貞定一切了——「是以聖人不行而知，不見而名，不為而成」。

第四十八章

原典章句

為學日益，為道日損。損之又損，以至於無為。無為而無不為。取天下，常以無事；及其有事，不足以取天下。

觀念主題

本章是功夫論哲學。

文句義疏

為學日益，為道日損。

知識性的活動以擴充爲原則，但是用於智者的修心功夫則是以收斂爲原則。智與不智的判準是在生存結果的久暫安危，造成差異的關鍵即在內心思維意向的多欲與否，多欲則走向失己喪身，所以長久安泰的追求便在於慾望的減損，這便是意欲的收斂，所以爲道的活動是「日損」。此處的「爲道」是追求智慧的生活，「道」已轉化爲理想的生活情懷、生活意境。

損之又損，以至於無為。無為而無不為。

爲道的收斂功夫在操作至極之後所達致的便是「無爲」的存在意境，即在主體的心境中已無任何的私心慾望，或至少不顯現任何「爲己」的意圖，在主體的這種境況中，一切企圖追求某種目標的行動，皆能順利達致——「無爲而無不爲」，因爲否定我們的對立面無從展開，因爲我們自己並不製造一個特出，所以不會陷入「有無相生」的局面，更因而不會走入「反者道之動」的歷史命運中。

取天下，常以無事；及其有事，不足以取天下。

「無爲而無不爲」是達致任何目標的最高效用原理，即便是「取天下」之事亦然，首先要做到在目的上不以「雄霸」爲目標，若以「雄霸」爲目標，則政治環境中必有對立面會產生，則我們的主目標便不易達成了，我們應以「玄德」的胸懷爲本，在「無爲」的格式中，默默操作，直指目標。假使對於遠大的目標的追求，在操作者心中沒有做貪欲心念的克除功夫，一但私欲意圖被揭露——「及其有事」，則阻礙疊生，目標便不易達成了——「不足以取天下」。

第四十九章

原典章句

聖人無常心，以百姓之心為心。善者吾善之，不善者吾亦善之，德善。信者吾信之，不信者吾亦信之，德信。聖人在天下，歙歙焉，為天下，渾其心，百姓皆注其耳目，聖人皆孩之。

觀念主題

本章是境界論哲學。

文句義疏

聖人無常心，以百姓之心為心。

本文是說有道者的玄德胸懷，是作爲一個社會政治的管理者在對待民衆的時候，首重提供一個人民自得其樂的環境，而不在於個人的雄霸天下、窮奢亟欲的需求，如此則將驅趕人民奔向沙場或勞苦終生。所以有道的聖者，先修養自己，「為道日損以至無為」，先使自己對百姓民衆無所需求，使百姓自然自適地發展他們的生活所求，從而造就一個和樂的社會環境，在這樣的環境中，持續地將「無為日損」的收斂功夫輸送至人民的生活中──「不尚賢，使民不爭。不貴難得之貨，使民不為盜。不見可欲，使民心不亂」（第三章）。

善者吾善之，不善者吾亦善之，德善。信者吾信之，不信者吾亦信之，德信。

操作的技巧則在於讓人民自己泯消爭競優劣之差距感──「善者吾善之，不善者吾亦善之，德善。信者吾信之，不信者吾亦信之，德信」。這就會造成一個人民無所可爭的局面，則社會因而清淨貞定了。在老子對人性一般的認知裡，人民生活境遇之差別、優劣、高下，基本上是源於貪念慾望的擴展，其中所顯現的「善不善、信不信」的情況，基本上沒有根本的價值，因為都不是站在玄德高度下的觀照之判準，在有道的聖王的眼中，這些都該被消泯，聖人從而退後在更樸實的人性單純中接納民衆，至此，一切漂白，人民的較競高下之爭奪心止息，社會的紛亂之根源不受鼓勵，人民不見可欲，天下不亂。對於善不善皆善之的態度，是老子式的無為無私胸懷的展現，眞正的善者不需要去宣布他人的不善，所以那些堅定地站在善的正義之一方者，當他們在堅定地攻擊不善的邪惡的一方的時候，他們的善意是很狹窄的，那種善良只是在一個有限度的標準下的符應者，只是小善而已。不過當他不攻擊的時候，他又是很大的，而且因爲他的無有表演，故而他的潛能無窮，他的善者之形象即無可限制，故而又大得無以名之。

聖人在天下，歙歙焉，為天下，渾其心，百姓皆注其耳目，聖人皆孩之。

所以，根本上聖人對待天下的態度就是收斂天下人心的貪念慾望——「聖人在天下，歙歙焉，爲天下，渾其心」，自己不做主張，不刻意表現，不製造人民的辛勞，更不驅策人民征戰沙場。聖人不僅自己收斂無謂的慾望，聖人還要讓人民收斂貪念，不論百姓自己又冒出任何的貪念想求——「百姓皆注其耳目」，聖人皆不把它當一回事——「聖人皆孩之」，讓它竄動無門，自己失落了貪念慾望的價値滿足感，從而安靜在衆人皆樸的生存環境中，而這也就是老子觀念中以道的理想義，來作爲社會政治建構之目標——那就是一個清淨純樸的生活世界。

第五十章

原典章句

出生入死。生之徒十有三，死之徒十有三，人之生，動之死地，亦十有三。夫何故？以其生生之厚。蓋聞善攝生者，陸行不遇兕虎，入軍不被甲兵。兕無所投其角，虎無所措其爪，兵無所容其刃。夫何故？以其無死地。

觀念主題

本章是境界論哲學。

文句義疏

一部份人天生長壽，一部份人天生夭壽——「出生入死。生之徒十有三，死之徒十有三」，這些我們就別管了，但是還有一部份人因著自己行爲的錯誤，而把自己的性命弄丟了——「人之生，動之死地，亦十有三」。這是爲什麼呢？這是因爲他們對於自己的生命、生活的要求太多了——「以其生生之厚」。要求多、慾望多，生存的麻煩也就多了，暴露在危險狀況的機會也就多了，所以陷入危境喪己失身的命運也就降臨了。眞正懂得保存生命的人——「蓋聞善攝生者」，是絕不把自己的生存處境陷入危殆的——「以其無死地」，而使自己陷入困境的原因是貪想太多，自己破壞了環境的樸實性，自己製造了周遭的動盪，從而陷入了被吞噬的困境中。

「兕無所投其角，虎無所措其爪，兵無所容其刃」其效果的達致，就是操作者不進入與兕、虎、兵對立的存在局面中——「陸行不遇兕虎」，使對方也成爲一個樸實的存有者，沒有對立攻擊的情緒，自然自己也就毫無危險了。例如旅行者不深入荒野、不獨身夜行，則「路行不遇虎兕」，又如不與人作戰、不示現軍人身，則雖身屬兵營戰伎之中，亦無人欲傷之——「入軍不被甲兵」。對於「陸行不遇兕虎」及「入軍不被甲兵」的詮釋，不當作結果解，而作條件解，則在常識上即可通順。

第五十一章

原典章句

道生之，德畜之，物形之，勢成之。是以萬物莫不尊道而貴德。道之尊，德之貴，夫莫之命而常自然。故道生之，德畜之。長之，育之，亭之，毒之，養之，覆之。生而不有，為而不恃，長而不宰，是謂玄德。

觀念主題

本章是形上學理論。

文句義疏

道生之，德畜之，物形之，勢成之。

「生」與「畜」是經驗上的作用意徵，「道」與「德」是非經驗性的存在原理，「道生之」

與「德畜之」是原理對萬物的作用格局作意味的狀稱。道以存在之運行的總原理之身分，從作用情勢的最根源之地位上指導規範了萬物的運行，故而以「生」義指稱，指在作用的始源處給予根本的生發性方向貞定。德的「畜」作用是道對天地萬物之作用情狀的再細膩化狀述，狀述那諸多變化規律對萬物生發的規範性作用。「物」是經驗的對象，從「道與德」談下來到對萬物的作用思維時，此處之「物」是意象著經驗對象的經驗義基礎，在傳統中國哲學思維中作爲經驗物之經驗性原質者即爲「氣」概念義，指向存在物的經驗性基質。「物形之」的觀點是在述說萬物在變化過程中被我們注視了它的經驗義存在現象的特點，這個經驗存在的存在條件之完成，乃基於它的經驗性基質的供給，它的「形」來自於物質性基礎條件——「物形之」。而最後它的「成」決定於最後周遭的環境互動力量——「勢成之」。

是以萬物莫不尊道而貴德。道之尊，德之貴，夫莫之命而常自然。

這一路從「道、德、物、勢」的觀念對萬物作用格局之意徵的描繪，其實只是要指出天地萬物的運行作用是有著背後的指導原理的，是「道、德、物、勢」在指導、型塑、造就的如此情況，所以這些原理、條件性的存有根源，莫不在對比於天地萬物時，置處於一個較爲尊貴的地位位階——「是以萬物莫不尊道而貴德」。然而這個尊貴的地位，在理論上的意義是「常自然」，它轉出的人存有者的理解胸懷是「玄德」。道與德對天地萬物的尊貴地位在理論上的根本是以存有的原理的身分規範著存在的活動而有的尊貴，其實就是原理對存在的規範之邏輯上的優先地位義，故而「道與德」即是指著萬物運作的自然情狀、本然原理，天地萬物本來就是這麼個樣，故而「莫之命」——在不需勉强、不是造作、沒有任何獨立於自然之外的超越意志的刻意主張中，天地萬物就這麼運作著了——「常自然」。而這個運作中有秩序，這個秩序與這個運作是「一」，故是「常自然」。然而這個「一」之中有概念層級上的差異，我們以道以德分說之，然而不論如何稱述，不論合說分說，作爲天地萬物運作的原理，這個自然的定律，它作爲一種存在，我們從它的「莫之命而常自然」的存在特徵中體悟了最高原理的人性胸懷義，那就是「玄德」的胸懷。

故道生之，德畜之。長之，育之，亭之，毒之，養之，覆之。生而不有，為而不恃，長而不宰，是謂玄德。

「玄德」是稱說作爲最高原理的存有，以「無爲」的態度對待天地萬物的生發變化。存在的最高原理自身是「自然之常」，故而它的對待本就是一個「無對待」，這是因爲最高原理本就是在觀念運思中被對象化出來的存在，即便沒有思維活動，天地萬物還是隨著自然本身的規律在運作著的，所以「道」對天地萬物因爲存在上的「內在」所以顯現作用上的「不顯現」、「無爲」，所以被人存有者感受到原理主體的自我隱沒之「玄德」，而這「無爲之玄德」又正是老子用以說明「天長地久」的原理——「以其不自生」，同時也成爲人世生存的法寶，是人存有者保養自身長存安康的智慧——「無爲」，而無爲則剛好使得人存有者不會觸犯人類的恆常錯誤——「反者道之動」，因而不會因爲太有所爲而使情勢走向使自己滅亡的對立面，這又使我們領會到無爲的玄德因其自隱的姿態使得那必然的律則——「有無相生」中的對立存在面沒有機會產生，那就更遑論走向對立面的發展了——「反者道之動」。

所以這個「玄德」的觀念，在老子的思維中，從義涵的內容而言是無爲的作用，從道論層上來說，即從義理的形而上基礎來說，是道的存在性徵，本身即自然，故而在存在上隱沒，因而有意味上的胸懷，是存在的性徵被人性化地理解成爲存有的胸懷，故以「德」稱。從功夫上說來，是把握社會人世事變的律則，以長保自身爲目的，深鑑於「有無相生」及「反者道之動」的律則，因而採取的「無爲」姿態，即「弱者道之用」的法式。

第五十二章

原典章句

天下有始，以為天下母。既得其母，以知其子；既知其子，復守其母。沒身不殆。塞其兌，閉其門，終身不勤。開其兌，濟其事，終身不救。見小曰明，守柔曰強。用其光，復歸其明，無遺身殃，是為習常。

觀念主題

本章是形上學與功夫論哲學。

文句義疏

天下有始，以為天下母。既得其母，以知其子；既知其子，復守其母。沒身不殆。

在理性的思維中，我們必然可以構想天地萬物在生發作用中的根源——「天下有始，以爲天下母」。這個根源是在根本的原理上規範著天地萬物的運行，使我們可以以一知百，御繁於簡，掌握普遍原理，理解整體天地萬物——「既得其母，以知其子」。既然天地萬物變化的律則可以理解，那麼生存於紛紜中的人存有者，便可以在生存情境中掌握原理，從而長保自身——「既知其子，復守其母。沒身不殆」。亦由此可知，作爲可以被理解，從而運用以掌握生存的最高根源，原來是一個原理，而不是一個存在始源，不是宇宙生發的原質，而是事務運行的道理。所以這個「有始」之「天下母」是一個原理，也就是說道是原理，是整體天地萬物運行的總原理。

塞其兌，閉其門，終身不勤。開其兌，濟其事，終身不救。見小曰明，守柔曰強。用其光，復歸其明，無遺身殃，是為習常。

「塞其兌，閉其門」是「無爲」，「無爲而無不爲」故而可以長保，所以「終身不勤」（不有憂患），「開其兌，濟其事」是「有爲」，然因「有無相生」，故而自己製造了對立面，從而自喪其身——「終身不救」。「見小曰明」，因爲社會情境的紛紜本源自人心的貪念發散，於是命運的安危禍福就決定於貪念的擴散或收斂，收斂則轉危爲安，然而收斂的動作表現在不表現的隱藏之地，故而陷入爭競中的人們難以警醒，所以稱收斂的警覺是「見小」的動作，「小」是關鍵，「小」是有慾望者漠視的，「小」是可以長久的，「小」是眞正的「大」，眞正的「强」，雖小而强，所以「守柔曰强」。「見小曰明，守柔曰强」，都是要人們把人類的價值眼光由外往內收，復歸樸素，守住玄道，進入無爲的玄德之處境，長保自身，這樣的生存觀念，便是對常道律則的理解及應用——「是爲習常」。

第五十三章

原典章句

使我介然有知，行於大道，唯施是畏。大道甚夷，而民好徑。朝甚除，田甚蕪，倉甚虛；服文綵，帶利劍，厭飲食，財貨有餘，是謂盜夸，非道也哉。

觀念主題

本章是社會政治哲學。

文句義疏

本文是對社會現象的批判，焦點放在貪念橫起不顧百姓生活福祉的政治領導人身上。「使我介然有知，行於大道，唯施是畏」，聖人所憂者，就是世人的貪念橫行——「唯施是畏」（施是邪），總想著名位財貨權勢諸事，以爲這是人生的目標，再大的危險也阻擋不了這種衝動，自以爲這才是最佳的途徑，其實眞是枉然，生活的高遠意境是慾望剝除之後的樸素，在樸素心態中的生活，多麼輕鬆自然，而人們自以爲的美好想望，其實正趨向毀滅，其實都是慾望的顯發而已。在「朝甚除，田甚蕪，倉甚虛」的社會中，人們還追求「服文綵，帶利劍，厭飲食，財貨有餘」，這種在上位的人是違背了道妙的無爲之玄德意境，他所顯現的虛榮浮華並不足以爲領導者典範，而只是一個貪欲暴露的盜酋而已——「是謂盜夸，非道也哉」。

第五十四章

原典章句

善建者不拔，善抱者不脫，子孫以祭祀不輟。修之於身，其德乃真。修之於家，其德乃餘。修之於鄉，其德乃長。修之於國，其德乃豐。修之於天下，其德乃普。故以身觀身，以家觀家，以鄉觀鄉，以國觀國，以天下觀天下。吾何以知天下然哉？以此。

觀念主題

本章是社會政治哲學。

文句義疏

善建者不拔，善抱者不脫，子孫以祭祀不輟。

「存在的長久」幾乎是老子社會政治思維的價值終的，他的一切對人存有者之行爲的好壞對錯之判準，皆以此爲要。「善建者」則是作到「不拔」的境界的人，「善抱者」是作到「不脫」的境界的人，善於持家的人則是作到「子孫以祭祀不輟」的境界，所以「不拔」、「不脫」、「不輟」，是指操作者開創了一個不會被破壞的環境條件。當然要做到這種境界，則是需要「爲道」的功夫，「爲道」就是「以玄德的胸懷行無爲的功夫」，功夫作到極致，則可以創造一個長久保存的生活世界，這個世界小自個人大至天下，都體現了「無爲的玄德」，都達致了「長生久視」之境界。

修之於身，其德乃真。修之於家，其德乃餘。修之於鄉，其德乃長。修之於國，其德乃豐。修之於天下，其德乃普。

「眞、餘、長、豐、普」，都是對於無爲功夫在操作後的效用目標之稱述辭，針對不同的生活世界之範域，對於自我長久保存的價值標的，作義涵的狀述。「乃」是對境界情狀之確述語，對於身、家、鄉、國、天下這幾層的生活世界，當它們被智者以「玄德的胸懷」、「無爲的功夫」來操作對待之後，這個艮好的生活環境之艮好品質的要義，即是「眞、餘、長、豐、普」諸義，所以，「乃」，是確定了它的這個義涵，是說「眞、餘、長、豐、普」這些觀念就是生活環境的條件目標。從「乃」字的這個意味的基礎上，當然也可以轉出「於是」的文義，在這個生活世界中操作無為的功夫，「於是」可以獲得這個境界。

「眞」是在「為道日損」之後，胸中已無私欲夾雜，人存有者完成了老子義的聖王之學境，理解道的抽象存在與實存律則義，並在自我心性中鍛鍊了「損之又損以至無為」的胸懷，這才是「純樸充實」的心性修為，是老子學所追求的人性標的，所以是「修之於身」的標的。「餘」是個人的功夫對應在家庭的處理上得獲「子孫長保」的效應，所以是「修之於家」的標的。「長」是鄉里社羣在智者的玄德領導下，人人不為無益之事，且能自滿自足的「長久安泰」之效應，所以是「修之於鄉」的標的。「豐」是國家社會不為君王窮奢極欲、征戰擴土所侵傷之後的「豐足景象」，所以是「修之於國」的標的。「普」是天下社稷的衆生之民同享純樸平安的「理想國生活」，所以是「修之於天下」的標的。

這些「身、家、國、天下」的理想生活情境的達致，其實都是在同一個「為道」的根本原理中完成的，也就是那個「無為」的功夫，也就是將追求「餘食贅行」的慾望清除淨盡，還其生活的原始純樸，於是對於生活環境中的任何一個層級，都要正視屬於它的存在的眞實條件，千萬不要踰越了它的基礎需求，而追求無益的行為目標，因為每一個存在都有它自身的眞實，守此自然之眞則智矣，這個自然之眞為何呢？「樸」——「原始的自然狀態」、「存在的基礎條件」、「本身自足的生活系統」，掌握了這些基礎性條件，自然能創造一個自足豐盈的生活世界，因為當多餘的慾望爭心淨盡了之後，自然的質樸將發生作用，道的玄理將發揮遍在的作用，此時即進入「萬物將自賓」、「萬物將自化」的境界中了。

故以身觀身，以家觀家，以鄉觀鄉，以國觀國，以天下觀天下。吾何以知天下然哉？以此。

以「身」而言，即以己身之生命存活之意義而言，平安順適地存活是根本的要義，所以慾望是不必要的，貪念爭心是不必要的，老子第十三章言：「何謂貴大患若身？吾所以有大患者，爲吾有身，及吾無身，吾何有患？」所以我們要以生命存在的基礎性根本要件來看待生命存在的義涵，這樣才能清楚地掌握對待生命的道理。對待「家庭」亦然，不過就是家人的平安、子嗣的綿延罷了，什麼光耀門楣、榮華富貴都是餘事。對待「鄉里社羣」依然，創造一個共生的經濟性依存環境即是，不要搞政治、搞鬥爭、搞鄉與鄉之對立、搞族羣的爭奪撲殺械鬥，這就壞了鄉族相依的根本了。對待「邦國」猶是如此，邦國的存在不就是爲了人民的安危福祉嗎，君王若用以征戰天下殺人盈野，或役民於途致溝屍遍地，那還要國家幹嘛？「民不畏威則大威至」、「民不畏死奈何以死懼之」，正是君王失國的最後寫照，所以邦國的存在仍是爲了國中百姓的生活福祉，這是它的存在的根本道理，離此一步即非爲國之道，即非「以國觀國」而是以君王的慾望而任意濫用其國。「天下」的存在是提供給普天下之人民共同生活的大環境，大環境安定，則人民各安其室，社會純樸而生活美好，如果有野心的政治人物欲擴張領土，不爲天下人民的生命財產著想，而只爲自己成爲天下共主的私名私利，這就又是一個喪失存在的根本的例子，喪失了天下作爲人民生存的共同大環境的根本道理。

「故以身觀身，以家觀家，以鄉觀鄉，以國觀國，以天下觀天下」，語中之「故」字，是往上尋繹觀念的前提，是對表述過的理念抽象出成立的道理，是說著唯有守住存在的純樸，才可得致理想的生活環境，唯有「以身觀身，以家觀家，以鄉觀鄉，以國觀國，以天下觀天下」，才能夠「修之於身，其德乃眞。修之於家，其德乃餘。修之於鄉，其德乃長。修之於國，其德乃豐。修之於天下，其德乃普」。也就是說，老子在使用這個「故」字的時候，並不是以前面的情況來推論接下來的情況，而是要對於前面的情況進行成立條件的反思，從而說出若非後面的情況出現則前面的情況是無法出現的，是當下在前者的情境中進入反思的玄智活動，從而準確地說出原來前者的出現必須依賴的條件，所以故字是找前提的上推，不是說結論的下演。這是老子語言表述的特殊格式，我們應有所注重。

吾何以知天下然哉？以此。

以何？爲道而已，對自然之事變情理之領悟而已。

本章爲老子「政治哲學」項下的觀念，是政治操作的收斂性思維，是在目標的收斂性貞定下定位操作的收斂性標的。

第五十五章

原典章句

含德之厚，比於赤子，毒蟲不螫，猛獸不據，攫鳥不搏，骨弱筋柔而握固，未知牝牡之合而?作，精之至也。終日號而不嗄，和之至也。知和曰常，知常曰明，益生曰祥，心使氣曰強。物壯則老，謂之不道，不道早已。

觀念主題

本章是境界論哲學。

文句義疏

含德之厚，比於赤子，毒蟲不螫，猛獸不據，攫鳥不搏，骨弱筋柔而握固，未之牝牡之合而?作，精之至也。

本章中老子以嬰兒的生理狀況爲例（中國古代科學思想），說明人存有者愛護生命存在的要義，即在於「守精」以及「守和」，而且守精即守和，守精是對守著能量而說，守和是對持守的方式而說，是說要守著生理本能的精純，像嬰兒一般地完整地保存著生命本能的一切能量，如此即可保守生命。要做到這樣，那當然就是要做到不追逐於物慾、聲色之樂，從而自自身之中調理著生理本能中的能量，使得在運用的時候，能夠不侵傷身體的健康，並且使自己存在於一種平和無心的狀態裡，與物無傷，由於對它物不存有任何威脅性的對立，故而它物亦不侵傷自己，這就是對待自我的保和之道。

終日號而不嗄，和之至也。知和曰常，知常曰明，益生曰祥，心使氣曰強。物壯則老，謂之不道，不道早已。

這樣的保守之道，是以道妙的實存律則爲領悟的基礎的，天地萬物生發變化的律則是「反者道之動」，故知「物壯則老」，故知不應「心使氣」，通常的情況是「心使氣曰强」，人們多以爲「求强」是目的，然而在老子玄思的道理上是「柔弱勝剛强」，故不「求强」，則不會陷入「不道早已」的情境之中，而能守在「守精」、「守和」的情狀中，這是智者的行誼，智者是「知常」者、是「益生」者，所以他的行爲標的是「守道」，是「保守生命」，所以要學習嬰兒柔健的存在情狀，而嬰兒的柔健即顯現在他的精純及氣和上，所以守精及守和亦成爲守身愛命的標的。

觀念研究

老子精氣觀念的使用理解

本章中老子使用了生理能量的觀念來說明保身愛命的原理，理論的最後皈依是在「反者道之動」的實存律則中，但是知識的來源卻是「精氣」的觀念，所以對於老學理論的關鍵性理解基礎便有若干程度地轉向了「精氣學說」，而非只有道的抽象玄理及實存律則和功夫命題。然而當我們以「哲學觀念研究法」來對應老子的理論系統的時候，我們所注重的是觀念的推演性基礎，而非知識的假借性來源，就後者而言，我們應該對於老子觀念中的「精氣說」進行知識的挖掘，探究老子同時代中的「精氣說觀念」，以便測知老子在「精氣說」中達到了什麼樣的深度，從而明確地界定出老子文中對於「精氣說」的知識內涵。然而，在「哲學觀念研究法」的研究目的中，我們著重的是理論的創造性及特殊型態的建構原型，我們對於理論的發表的看重是大於對知識的引介的重視的，理論的發表是在於一套觀念系統的建構之中的，即便是知識的發表也是預含在理論的發表之中的，如果不是具有創造力的理論或知識的發表，而只是單一知識的引介性使用，那這是知識發展史中的課題，這不是哲學觀念建構中的課題，我們著重的是觀念的創造性建構，因此看重的是哲學作品中多次出現的核心觀念叢所共構的特殊觀念型態，至於不在觀念原型系統中的單一使用性知識，則將予保留在知識史的研究領域裡，而不在討論理論創造的「哲學觀念研究法」中處理。

本章中的「精」與「和」的觀念，即是此種單一知識的使用狀態，和是氣之和，這是我們通過中國傳統文化中的知識性概念的理解後而可判定的，然而精也好氣也好，都不如道的諸義在老子書中的多重性架構之使用，老子從道的諸義中架設了道與德爲中心的哲學觀念叢，建構了形上學、政治哲學、功夫修養等的理論，但卻未將觀念建構的重心放在「氣概念」的處理上，所以「氣概念」方面的知識性傳達，難以被當作老子本人的創造性理論工作之目標，這或許應歸於中國先秦學術的其它著作中來承擔，它或許在老子之更早之前即已成爲中國文化知識裡的重要內涵，或許在老子更晚之後的作品中才被理論化地介紹了出來，如果我們談的是知識的發展史問題，僅憑老子書中的氣概念之使用，是不足以由老子來擔當它的創造性地位的，這個知識的溯源應該要更早地發生，老子書中的氣概念之使用僅能作爲氣概念在中國知識史中被確認的一個案例，至於氣概念的較完整性的理論化架設則恐仍在稍晚之後的莊子書中及稷下學派之中，如《管子》書中所言，及諸多以黃老爲名的醫學、氣象學、天文學、曆學等科學性著作中。

總之，從「哲學觀念研究法」的理論創造性之思維中，我們不認爲氣概念及本章中的精概念是老學的創造性觀念之重心之一，我們認爲那僅是老子的假借性使用到了而已，老子使用了文化傳統中的現存知識，藉以爲他的創造性理論建構之引例之一，至於氣概念本身所引爆的廣大知識領域中的理論建構，應該留待它作來承擔美名。

第五十六章

原典章句

知者不言，言者不知。塞其兌，閉其門，挫其銳，解其紛，和其光，同其塵，是謂玄同。故不可得而親，不可得而疏；不可得而利，不可得而害；不可得而貴，不可得而賤。故為天下貴。

觀念主題

本章是功夫論哲學。

文句義疏

本章述「玄同」之道。「玄同」是特出的解消，是心理的情緒衝動的止息。既已無爲，言語亦爲多餘，解釋行爲的正當合理之事亦是餘事，故「知者不言，言者不知」。同時，功夫上既已作到「玄同」，則在行爲上即不營造，故無親疏、利害、貴踐之可加於身者，即在內心境界中對於「親疏、利害、貴踐」的情境不起分別，即善不善皆孩之之義，如此即得天下最大之貴，即入於道妙之中。這種境界的達致，在操作上便是對於一切的「親、疏、利、害、貴、賤」皆不採取態度，皆不親近，皆不執定，當人存有者對於這一切的特出皆予棄置之後，便達致一個永無侵傷的存在境界之中，而這正是老子學中所認爲的生活的最高意境，那就是一個長保終永之境界——「故爲天下貴」。

觀念研究

律則義的玄同

「玄同」可以在道的妙境之義中說，即在道的律則義中說，說道的妙用是對著整體存在界作用著齊同一切特出的效應，將一切的特出之欲望、貪念之行爲瓦解消除，使其終將與周遭齊同平一。然而「玄同」的律則義之理論上的成立根據卻是在於「反者道之動」的實存律則，因爲一切的特出終將與它的對立面（有無相生）同趣極致，從而彼此互噬，趣入玄同。

功夫義的玄同

當「玄同」的情境成爲存在發展的終趣，於是人存有者的功夫操作則可以以這個終趣的慘然爲警惕，於是便先行在自身的行爲中消除這個特出，以避免這個特出與它的對立來互噬的悽慘，於是「玄同」又成爲存有者的生存之道，要建立一個不爲特出的生活態度，不營造，不嬌情，保持一個生活的平靜，平視一切對己對人的價值誘惑，解消一切冒出的引誘，終於在自身的心境中成爲一個功夫的德行，其境界已與「玄德」一般，基本上是一個「無爲」的態勢，化除一切的爭心慾望貪念。

第五十七章

原典章句

以正治國，以奇用兵，以無事取天下。吾何以知其然哉？以此。天下多忌諱而民彌貧。民多利器，國家滋昏。人多伎巧，奇物滋起。法令滋彰，盜賊多有。故聖人云：「我無為而民自化，我好靜而民自正，我無事而民自富，我無欲而民自樸。」

觀念主題

本章是政治哲學。

文句義疏

以正治國，以奇用兵，以無事取天下。吾何以知其然哉？以此。

「正」也是無爲，「奇」也是無爲，對老子而言，任何社會政治的根本操作原理都是以「無爲」爲其義涵的，「以正治國」的操作眞義即是「我無爲而民自化，我好靜而民自正，我無事而民自富，我無欲而民自樸」，根本上是無爲的格式而已。「以奇用兵」，更準確地說是直接採用「反者道之動，弱者道之用」的作用原理，也就是第三十六章之所言者：「將欲歙之，必固張之。將欲弱之，必固强之。將欲廢之，必固興之。將欲奪之，必固與之。是謂微明。」「以無事取天下」的原理則見於第四十八章。是故「以此」者何？「無爲」而已。

天下多忌諱而民彌貧。民多利器，國家滋昏。人多伎巧，奇物滋起。法令滋彰，盜賊多有。故聖人云：「我無為而民自化，我好靜而民自正，我無事而民自富，我無欲而民自樸。」

人類的貪念慾望是禁不起引誘牽動的，一但成形，則非至受傷毀滅的境地而不止，任何正面制止性的作爲亦是無用，因爲反面的對抗力量又會再度激起紛亂的根源——「天下多忌諱而民彌貧。民多利器，國家滋昏。人多伎巧，奇物滋起。法令滋彰，盜賊多有」。所以貞定天下的法寶只有一樣，那就是無爲，絕對的收斂，從君王的作爲開啓，從自身的操守行誼開啓，只有絕對收斂的效應發散出去之後，那些人性中的慾望騷動，才會因爲對境無物而喪失標的，從而自我解消它的作用興味。當人性幽隱面內的意識情緒之騷動得獲止息之後，自然的力量將會開發生存的堅韌，從而由社會大衆自己發展出充實飽滿的純樸生活來。故聖人云：「我無爲而民自化，我好靜而民自正，我無事而民自富，我無欲而民自樸。」

第五十八章

原典章句

其政悶悶，其民淳淳。其政察察，其民缺缺。禍兮福之所倚，福兮禍之所伏。孰知其極?其無正。正復為奇，善復為妖。人之迷，其日固久。是以聖人方而不割，廉而不劌，直而不肆，光而不耀。

觀念主題

本章是政治哲學。

文句義疏

其政悶悶，其民淳淳。其政察察，其民缺缺。

本文是說爲政者在施政的作爲上要先自我化消，不要以爲正面的對治會有積極的效用，因爲正面的力量一過，反面的對付就又來了，人心的貪欲是經不起激引的，一但引動就不是正面的對治可以制息的，因爲它將永遠在幽隱的境地之中伺機騷動，因爲引誘它爆發的慾望還在，因爲社會的環境提供明確的標的物，法令的劃定勾勒出公道的行誼，但也洩露了偷法的界限，不如一切放下，在上者不以法令限制人民，不再標舉何爲聖賢、何爲仁義，因此也就對照不出何爲小人、何爲險詐，因此也就無從引發人類的驕傲或悔喪之情，因此也就缺乏了任何的慾望貪念的動機，於是人類社會便平置在一個純樸眞實的生活情境之中，而這正是老子政治學思的首要目標。

> 禍兮福之所倚，福兮禍之所伏。孰知其極？其無正。正復為奇，善復為妖。人之迷，其日固久。

爲什麼會這樣？因爲人類心中所以爲的福禍是以貪念慾望爭心爲判準的，所以人類所以爲是好的東西，可能正導引他趨向災難而不自知，而人們以爲是壞的事件，卻正將帶領他走上坦途，這是世界的定律，是存有的奧祕，是道的玄智，若不在「常有」及「常無」的玄智中是無法領會的，若不能在自身中操作除去慾望的功夫是無法體悟的，這種「有無相生」、「反者道之動」的抽象玄智，使得事件的現象與本質時時正相對反，使得我們無從明確地把握意義——「孰知其極？其無正。正復爲奇，善復爲妖」。但是其實我們可以變得明智的，只要我們願意進行無爲的功夫修持，損除自己的欲求便可——「改過即生智慧（慧能語）」，只不過天下人心紛紛，智者能有幾人，所以人們多半是終日在慾望貪念中打轉，所以也就總是看不清楚自己所作所爲的好壞結果了——「人之迷，其日固久」。

是以聖人方而不割，廉而不劌，直而不肆，光而不耀。

聖人則不然，爲了建立那樣的純樸的生活世界，他的一切作爲都在持守本分中累積效應，而不作無益的情緒慾望之放肆，所以對於福禍之把握準確不移，對於作用的效應長遠且眞確，這是智者行爲的必然型態。

第五十九章

原典章句

治人事天莫若嗇。夫唯嗇，是謂早服。早服謂之重積德。重積德則無不克，無不克則莫知其極。莫知其極，可以有國。有國之母，可以長久。是謂深根固柢，長生久視之道。

觀念主題

本章是政治哲學。

文句義疏

操作社會政治事業的有智者，首重自我修養的功夫鍛鍊，其精義只在無爲，是爲個人慾望的收斂，即是「嗇」，「嗇」是不發散，是情緒慾望貪念的絕對收斂，絕對收斂的結果就沒有任何迹象之顯露，於是就不會自己製造毀傷的機轉，這就爲自己預留了一個絕對冷靜的理性思維空間，於是對於一切的進退效益便得觀察清楚，這就入了玄智的道妙之境——「是以早服」，於是開始高效率地累積一切作爲的成果——「謂之重積德」，以致無所不至的極境——「無不克」，終於掌握衆所不知的高妙關鍵——「莫知其極」，於是站上社會事變操縱的絕對地位——「可以有國」，而這個地位的獲得是從一開始就是以收斂無爲的冷靜理性來作爲的，所以是根本地守在道妙玄智的德行之中的作爲——「有國之母」，既守其母沒身不殆——「有國之母，可以長久。是謂深根固柢，長生久視之道」。這就是社會政治操作者的功夫原理，以無爲爲功夫，以長久爲目標，收斂、冷靜、效率、關鍵、玄智，則是過程中的精華，然而這一切的施爲，都需是道妙玄智之領悟下的作爲。

第六十章

原典章句

治大國如烹小鮮。以道蒞天下，其鬼不神。非其鬼不神，其神不傷人。非其神不傷人，聖人亦不傷人。夫兩不相傷，故德交歸焉。

觀念主題

本章是政治哲學。

文句義疏

「治大國如烹小鮮」，是說在政治事務的操作中，有智者儘量取其清淨無爲的政策，不要多事擾民，更不能驅民溝壑，要像烹煮小魚一樣，小小的火慢慢的烹，且不能常常翻動，讓它自己由內熟透即可，這就是清淨政策的政治哲學。

以清淨無爲的政策待民，就是老子的聖王「以道蒞天下」之義，「道蒞天下」即以道的「玄德」來對待衆民，自己清淨，使民不見可欲，結果將造化一個安靜的生活環境，在這個理想國度中，人民的慾望騷動無從引發，因此也就沒有彼此侵傷爭奪的紛擾——「其鬼不神」（王淮《老子探義》），也就是說人民的一切活動都只守在完成生活基本需要的純樸型態之中，所以他的行爲顯現的也是一個純樸，純樸即不有騷動，因而沒有紛亂侵傷之情事——「非其鬼不神，其神不傷人」（更根本的意義是人類的行為造化，一切純樸，故而彼此無害）。然而人們行爲的彼此無害其實在一個更更根本的觀察下，它的基礎早已完成在聖王的清淨操作的前提之中了——「非其神不傷人，聖人亦不傷人」，因爲聖王早就在社會條件的塑造中安排好了一個自然無爲的情境，讓百姓自在地生存著，這就是「是以聖人方而不割，廉而不劌，直而不肆，光而不耀（第五十八章）的結果。所以我們眼前看到的百姓安適知足的景象——「其鬼不神」，其實是「聖王以道蒞天下」的結果，這結果是在一個「百姓皆謂我自然」的情境之中，只因「太上不知有之」，所以無人識得，但是儘管如此，聖王的作用還是這一切美好理想國度之所以能出現的根本，這就是聖王的清淨無爲之操作、以及玄德的持守意境。這樣的結果，所透顯的意境就是，人與人不相侵傷，聖王與百姓不相侵傷，整個生活世界中沒有任何的私心慾望在騷動，人與人間流動著無爲的玄德在互相對待著。

第六十一章

原典章句

大國者下流，天下之交。天下之牝，牝常以靜勝牡，以靜為下。故大國以下小國，則取小國。小國以下大國，則取大國。故或下以取，或下而取。大國不過欲兼畜人，小國不過欲入事人。夫兩者各得其所欲，大者宜為下。

觀念主題

本章是政治哲學。

文句義疏

「守弱」、「謙下」是老子生活哲學的基調，在政治哲學中亦然，在國際政治中猶然，國與國間之相處，因國力强弱大小之不同，使得大國小國各應有謀交之道，謀交之道無它，仍是一個

「無爲」而已，「無爲」是對於國家存在之道謹守住必要的需求即可。這就是「以國觀國」，國家不是君王逞欲之私器，而是保民之居，爲謹守這個原理，在操作的哲學上，就要以「無爲」爲要。所以政治哲學中的作爲，又回到形上學的原理了。

就「大國」而言，除非全天下共起逐之，否則不會有它國的威脅，所以只要自己不侵略別人，就不會引起天下的反抗，不但如此，假如還能表現得寬以待人，對周遭小國表示善意，則將獲得衆小國人民的親近喜愛，因而成爲天下的共主，人人喜愛在這個國度中活動或與該國交往，無形中它的國力就又更強盛了，這就是「大國不過欲兼畜人」的需求之滿足，滿足了這樣的需求即可，不需要去侵略欺侮小國，所以表面上的兩國關係，好像是大國對小國謙下，但結果是大國獲得的更多，這就是「大國者下流，天下之交」及「故大國以下小國，則取小國」的道理。

就「小國」而言，當然無力與大國在國力上抗衡，所以它的生存之道就是不要引起大國的兵燹相加，所以它必須與大國保持良好的關係，所以也必須顯現出謙下的姿態，使得大國接納，從而有所依託，這就是在「小國不過欲入事人」的生存基本需求下的對待之道，也就是「小國以下大國，則取大國」的道理。因此，不論是大國也好，小國也好，在國際政治的操作之中，大家首要的眼光是應該放持在國家基本需求的定位上，而這個基本需求的定位是排除君王個人的慾望，而以百姓的樸實生活之保存爲目標，所以保持國際關係的和平穩定、善意友好才是目的的根本。

所以大國要以不引起周遭小國的恐慌及反抗爲目標，所以大國要善待小國，而這就是一個謙下的態度，一個無爲的玄德，不以强力要求屈服的玄智，不意欲王天下卻能眞正的取得天下人心的作爲。而小國則要對大國示弱、示好，以取得大國的善意對待之情，這當然又是一個守弱的態度，一個無爲的情懷，不硬要撐起場面而卻能眞正常保生存的玄智。大國小國都是體現守弱的原理，都是體現「天下之牝，牝常以靜勝牡，以靜爲下」的原理，結果大家皆蒙其利——「夫兩者各得其所欲」。所以就老子的政治哲學而言，在國際關係的互動中，他的操作原理仍是以無爲守弱爲標的，最後老子又强調「大者宜爲下」的觀念，顯然老子看不慣的還是大國欺凌小國的行爲，老子眞要敎訓的，還是那些國力强盛、卻貪得無饜的國君哩。

第六十二章

原典章句

道者，萬物之奧，善人之寶，不善人之所保。美言可以市尊，美行可以加人。人之不善，何棄之有？故立天子，置三公。雖有拱璧以先駟馬，不如坐進此道。古之所以貴此道者何？不曰「以求得，有罪以免」邪？故為天下貴。

觀念主題

本章是人生哲學。

文句義疏

本章要强調「守道」才是人生的根本，不論是多麼美好的人間尊寵之名位財貨皆不如守道來得重要，因爲不論是對於生存條件較好的人（善人）還是不好的人（不善人）而言，道都是他最需要的根本，是人生當中眞正最尊貴的東西——「道者萬物之奧」。對生活條件好的人而言，能夠使他長保現有的一切，甚至可以使他過得更好的關鍵就在守道——「道者……善人之寶」。而對於生活條件不好的人而言，守道的效用是可以使他免於災禍，甚而改善狀況——「道者……不善人之所保」。所以，人們的生活情況之好壞、現實條件之優劣、社會地位之高下等等，其實都不是最重要的人生目標，眞正重要的人生目標是有沒有擁有了道，也就是有沒有持守著道，有沒有依道而行，也就是有沒有體現無爲玄德的修爲、淸淨少欲的生活、柔弱謙下的態度，從而長保純樸眞實的人生意境，這才是人生的眞要。只要持守了道，坐進此道，便是眞正掌握了生命的目的，是眞能獲得寶貝的境界，因爲道是在普遍的作用中必然地會爲人類提供根本的也是最尊貴的生活需求之滿足的——「美言可以市尊，美行可以加人，人之不善，何棄之有」（生活環境的條件好不好有什麼關係呢？反正道是不會嫌棄你的，只要守道，必得照拂）。因此那些人間社會中的名位、財貨、權勢都不是根本的，不論是「立天子、置三公、有拱璧、先駟馬」，都不如守道爲要。

所以眞正要過好的生活的人不是去追求人間的目標，而是要去追求合道的生活智慧，它可以使生活中的一切適宜的目標達成，也可以使人間的災禍避免掉，所以道必是天下最尊貴的東西了。

老子的人性論的不足

本章對道之妙用的强調，其實從道的實存律則之性格中就已經完成理論上的架構了，實存律則義的道性徵已經使道在理論上具備作爲天下間最尊貴的東西的條件了，道本就是事務生發的原理，故而依道而行的作爲當然是事變的根本，所以一切的人生目的必在道中判定價值優劣，一切的有價值的作爲必以合道的方式進行，「道爲萬物之奧，爲天下貴」豈不只是一個「套套邏輯」的概念推演了。然而爲什麼還要强調呢？這是因爲在現實人生的使用中，人類的貪念慾望作爲一種實存的衝動，它的騷動力量也是無遠弗屆的，所以爲盯住它的時時而起，就要跟著再三强調，面對人性實然中的愚昧，老子不再三强調也沒辦法了。於是這裡就透顯了老子思維中的人道論觀念是遺漏了對於人性實然之深入研究的情況，老子明白地正視人性貪欲的實然，但他也就這麼地接受了，並不企圖在本質上作出改變的努力，僅僅在操作上提出處理的方案，就是無爲守弱等觀念。至於人性爲何總是如此地不堪？有沒有可能透過努力强制人類變得理性、無私、不貪？這就似乎是老子未予尋思的問題了。所以老子也就只好不斷地强調要守道的重要，從而期待一位守道的高手，清淨無形中將百姓的惡念抽離，從而製造一個「不見可欲」的安靜的社會環境，而這也就是政治操作的最終高明境界了。這個在人間的理想王國，訴諸了老子式的聖王的出現，以及百姓的人性的負面因子暫時停止騷動的情況，這樣的基礎其實還是遺留了廣大的被破壞的空間，只不過在一定的範圍限度內它暫時是有效的。我們肯定這個範圍內的有效性，但是我們在哲學觀念的研究上，在眞理的追求上，卻並不能就滿足於此而已。

第六十三章

原典章句

為無為，事無事，味無味。大小多少，報怨以德。圖難於其易，為大於其細。天下難事必作於易，天下大事必作於細。是以聖人終不為大，故能成其大。夫輕諾必寡信，多易必多難。是以聖人猶難之，故終無難矣。

觀念主題

本章是人生哲學，是談社會操作的原理，是由功夫論哲學轉出來的生活智慧。

文句義疏

為無為，事無事，味無味。大小多少，報怨以德。圖難於其易，為大於其細。

生活中的智慧就在於對目標的掌握有其實效性，實際有效地達成，這是智者之所圖，就在這個目的的指引中，智者理解到大事、難事的追求在根本上是逐步累積出來的境界，所以他不輕視小事、易事，不輕視一切為人所忽略的細節，反而看重日用平常的功夫，在平淡中進行著深遠的安排——「為無為，事無事，味無味」。他不對非目標性的人世情境之喜怒厭樂投注情緒，所以他基本上是置身衝突之外的——「大小多少，報怨以德」。他的一切行為只對準目標，並且不惜從表面上最為遙遠的境地中作來——「圖難於其易，為大於其細」。

天下難事必作於易，天下大事必作於細。是以聖人終不為大，故能成其大。

這是因為他深知「反者道之動」的事變原理——「天下難事必作於易，天下大事必作於細」的道理。其實，「反者道之動」的律則所揭示的是世人的錯誤認識之恆常規律，所以這個世人所以為的難事、大事，其實是它的面貌中的易事、小事的側面被忽略了，這個忽略是一切世事難以被世人成功有效地執行的根本阻礙，這是智慧不深透的結果，這也是眼光受慾望所狹隘化了的結果。智者即不然，他深知事物的反面存在的道理，難事、大事的背後其實開啓著一道易為的大門，那就是一些平常的基礎性的準備工程，只要執著地在此處下功夫，在一個沒有競爭、沒有壓力、沒有危險的安適的環境中，智者正好大顯身手，逐步逐步地建構著浩大工程的基地——「天下難事必作於易，天下大事必作於細」。這些都是些眼前的小事，但都終將匯聚出巨大的效果——「是以聖人終不為大，故能成其大」。

夫輕諾必寡信，多易必多難。是以聖人猶難之，故終無難矣。

這正是對那些表面上虛張聲勢、好大喜功的作爲的當下棒喝，因爲他們都是忽略了事務的眞正艱難，並不在表象上的情況，而是在許多的細節的累積之中，如果忽略這些小細節，輕視這些簡易的動作，就是正將走向「反者道之動」的悲慘命運的情況了——「夫輕諾必寡信，多易必多難」。就是爲什麼智者將輕易的事、簡單的事認眞地對待，而將困難的事、浩大的工程從小處做起，而終於完成巨大的事業之原理了——「是以聖人猶難之，故終無難矣」（聖人不輕忽細節，謹慎地對待每一件小事，所以最後都能獲得圓滿的結果）。

本章的觀念完全是同一於「反者道之動」的實存律則之應用者，運用的手法則是「反其反」，故而是對人性一般的逆向操作，因此就是無爲的格式，也就是壓下慾望爭心貪念的衝動，轉爲冷靜理性的作爲，從而達成所要追求的目標。而這樣的觀念建構，也就是老子將他普遍義的實存律則，實際地建構在「生活哲學」中的作法，讓實存律則實存地在經驗生活中發生作用。

第六十四章

原典章句

其安易持，其未兆易謀，其脆易泮，其微易散。為之於未有，治之於未亂。合抱之木，生於毫末；九層之臺，起於累土；千里之行，始於足下。為者敗之，執者失之。是以聖人無為故無敗，無執故無失。民之從事，常於幾成而敗之。慎終如始，則無敗事。是以聖人欲不欲，不貴難得之貨；學不學，復眾人之所過；以輔萬物之自然，而不敢為。

觀念主題

本章是「生活哲學」，是以「實存律則」運用的「功夫理論」。

觀念研究

常有常無的觀察法式

「天下萬物生於有，有生於無。」然而，「有無相生」，而這一切都是在「常有」、「常無」的玄智觀照下的領悟，這是老子玄之又玄的玄智之根本妙義。本章即是老子運用「常無」、「常有」的玄智觀照在現實事變中的應用，智者在事變的運作之中的理性是深透入抽象的境界之中的，在「有的意義感知」中尋繹「無的境界風貌」，在「無的意義感懷」中挑起「有的境界內涵」。「常有」與「常無」都是觀世的玄智，端視人類的智慧深度，而深度的智慧之根本，是建立在無欲的境界之內的，惟其永遠不被慾望的牽染而破壞了深遠的目標，才能永遠以深透的玄智領解事變的眞正關鍵，才能在最寬廣的基礎上建立最浩大的工程。

對於理想的追求，對於局面的創造，因爲它是理想，所以它的難度高，因爲它是創造，所以它是無中生有，所以操作者必須在衆人皆無所見的條件裡剝開空隙，從而出擊，打開局面，創造環境。

對於社會政治的操作原理，就是在一無所顯的境界裡，觀照出將來必然紛擾的細微現象，從而先事處理，徹底消滅，讓它無從發展，而永保社會的安定。這就是以「常有」的玄智，推循事變的發展，理解它的終將坐大，然後反過來思考，以「常無」的玄智，尋繹一切細微的情況，從而制止，不讓它擴張，將其全面地收攝貞定，當一切止息，世人尚不知曉——「百姓皆謂我自然」、「太上不知有之」。這就是老子的「玄之又玄衆妙之門」。

文句義疏

其安易持，其未兆易謀，其脆易泮，其微易散。為之於未有，治之於未亂。合抱之木，生於毫末；九層之臺，起於累土；千里之行，始於足下。

面對紛擾的世局，從人性一般的實然上來分析時，社會的因人性貪欲爭心而帶來混亂是必然的，所以在一切人性一般現象的初步顯露之時，就要採取措施，當衝突還沒顯現，這個局面是容易處理的——「其安易持，其未兆易謀，其脆易泮，其微易散」、「爲之於未有，治之於未亂」。一項一項地處理，一步一步地做去，從小事中累績效應，目標在長遠的未來，必將終有所成——「合抱之木，生於毫末；九層之臺，起於累土；千里之行，始於足下」。

為者敗之，執者失之。是以聖人無為故無敗，無執故無失。

這種社會政治局面的建立，最怕的就是操作者自己的野心跑出來，自己成爲了紛亂的根源，一但慾望貪念無法自我抑制，一但自己想要在操作的過程中攘奪什麼樣的大的小的利益的話，那麼一切的前置作業都將白費，一切的累績效應便將終止，本來衆人已在默默地被導引向無私無欲的純樸境界之中，卻因爲操作者自己的貪心引發了周遭情緒的不滿，從而人人爭心貪念紛呈，局面當下擴大，一發不可收拾，再也難以回復初始的情況了——「爲者敗之，執者失之」。所以操作者的核心功課除了要以「常無」、「常有」的玄智觀照能力找出事變要害之外，更重要的是在自己的內心世界之中進行慾望化除的功夫，既有玄智復以玄德，讓社會政治的情況在既定的軸線上改善，也就是外在客觀的效應需要內在主觀的修爲。這就是爲什麼要求聖人要無欲的道理了——「是以聖人欲不欲（接受眾人棄絕的），不貴難得之貨；學不學（不拒絕被眾人畏難丟棄者），復眾人之所過（改正一般的缺點）；以輔萬物之自然（順任情勢），而不敢爲（不爭出好強）」。

民之從事，常於幾成而敗之。慎終如始，則無敗事。是以聖人欲不欲，不貴難得之貨；學不學，復眾人之所過；以輔萬物之自然，而不敢為。

能做到無欲，再加以玄智的操作，以及在逐步累積的作爲中，則大事可成，即「取天下常以無事」之義——「是以聖人無爲故無敗，無執故無失」。這樣的社會政治局面的終有可成的操作方式，是只有聖人才做得到的，關鍵有二，一爲「有無並觀」的玄智能力，二爲「無欲」、「無爲」的玄德胸懷，人們通過了第一關卻不一定通得過第二關，這就是老子的聖王與陰謀家的權術操作的差異之處——「民之從事，常於幾成而敗之。慎終如始，則無敗事」。因爲權謀的目的仍是慾望，而社會的局面並不停止在人類的心理需要之內，只當無爲的格局暫停，一但有爲的慾念顯露，一有迹象即露敗迹，所以無爲無欲的功夫必須是人性中的本質才可，這就是老子學中對聖王的期待是特別地必要的道理。只有當它成爲了人性中永不退轉的品質之後，大事方才可圖，所以要「愼終如始」，其實不只要愼終，而是要終永才是。

第六十五章

原典章句

古之善為道者，非以明民，將以愚之。民之難治，以其智多。故以智治國，國之賊；不以智治國，國之福。知此兩者亦稽式。常知稽式，是謂玄德。玄德深矣，遠矣，與物反矣！然後乃至於大順。

觀念主題

本章談政治哲學。

文句義疏

古之善為道者，非以明民，將以愚之。民之難治，以其智多。故以智治國，國之賊；不以智治國，國之福。知此兩者亦稽式。

本章談政治操作中的「棄智」的觀念。老子的政治理想是建立一個純樸的生活世界，在純樸中人性的機巧詭詐貪欲好爭之諸惡相則無從顯用，社會因而不紛亂，這就是老子的理想，是爲對治紛亂的手段，其中最難處理的是這人性一般的負面因素，而老子的根本治療則是「不見可欲」的操作，是由聖王來創造的社會境界，一個百姓無欲可用的境界，所以本章要强調「愚民」。「愚民」是使其智巧不用，欲使民智巧不用，則君王要棄智，不重視聰明、機轉、應變、器械的人文活動。不使人民用心盡力酖逸於馳騁智巧上，則民心無可欲可爭之事，則心靜意純而易治。這就是老子愚民棄智的思維。

這樣的思維的合理性乃基於理想國度是一個純樸社會的觀念，在純樸的社會中用智應變創化的需要是不存在的，當然這樣的用智不是玄智之智，而是生活的聰明，是一些器械的發明、制度的方便、休閒的創造等，是在生活的感受有所不足而產生的需求的念頭，就在這樣的需求念頭之中，人類的貪念慾望爭心等等人性負面的情緒感懷便被激盪了起來，因而社會的紛亂從此攪動，而這正是老子不願見到的局面，所以在聖王與民對待的始初，就要避免引發這種生活條件的需求感受，使民私智無從啓動，讓人民將生活的需求感受降到最低，作到無欲清淨的境界，如此的社會必然安定無爭，這就是老子的想法。

常知稽式，是謂玄德。玄德深矣，遠矣，與物反矣！然後乃至於大順。

在這樣的觀念中當然會認爲人民的私智過多是社會紛亂的根源，所以不激發私智之用成爲了治國的妙道，這也又是一個社會實存的律則——「稽式」。這是「反者道之動」的實存律則在建立純樸社會之目的上的具體應用，是一個社會政治操作的經驗法則，它的根本性格是一個事變的原理，而在智者的使用中便成爲了一個實存的妙道，是一個能在經驗中發生效用的作法，是智者的玄智引導他來必然地如此使用的妙方，所以它是一個「玄德」，是有玄智者的專用作法，是聖王的操作原理，並且它的效用廣大——「乃至大順」，因爲觀念深入事變的核心——「深矣遠矣」，根本上是人性律動的徹底掌握，原來是從普遍的妙道中轉引的玄智，這個「反者道之動」的經驗例用——「與物反矣」。

第六十六章

原典章句

江海所以能為百谷王者，以其善下之，故能為百谷王。是以欲上民，必以言下之；欲先民，必以身後之。是以聖人處上而民不重，處前而民不害。是以天下樂推而不厭。以其不爭，故天下莫能與之爭。

觀念主題

本章是境界論哲學與政治哲學。

文句義疏

江海所以能為百谷王者，以其善下之，故能為百谷王。

「江海爲百谷王」的觀念是一個自然的現象，而「江海所以能爲百谷王者，以其善下之，故能爲百谷王」則是將一個自然現象作了人性化的解釋。在自然現象中，位於地表最低之處的土地成了大江大海，在解釋中，「以其善下之」則是成爲江海的原理。自然現象的解釋與人事現象的規律不應該是同一回事，但是在老子的思維中卻將兩者打合爲一，所以這個「善下之」的觀念作爲老子哲思中的一個生存原理，是包管自然與人事的雙面範疇的。但是我們仍需指出，「善下之」即「守弱」即「無爲」的作用格式，基本上是發生在人事情境中的實存作用原理，它對自然現象上的解釋是薄弱而不充份的，是只在固定的觀察眼光中才發生的同樣的理解義涵，所以它是一個人事的需要下的理解內容，而不是純粹知識性需要的客觀的對自然世界的理解內容，因此當我們轉而以純粹知識性需要來使用這個觀念的時候，我們會發現「善下之」的觀念對自然實在毫無所說，甚至稱不上是一個命題，要建立客觀的自然生發的定律，還需要太多的其它功課了。當然，在人事智慧義的「善下之」的觀念原理，要讓它眞在人性現象中發揮實義，也是需要許多其它的東西的，那就是功夫，實際地在生命中作爲的力量，而這也就是這些實存觀念的殊勝之處，它的終境是可以使聖王在天下而天下莫能與之爭的。

是以欲上民，必以言下之；欲先民，必以身後之。是以聖人處上而民不重，處前而民不害。是以天下樂推而不厭。以其不爭，故天下莫能與之爭。

「天下莫能與之爭」的局面是怎樣的義涵呢？這是一個以純樸的社會生活爲基地，以長保君王之位爲型態的義涵。是說聖王以無爲淸淨治國，百姓貞定，社會安定，聖王也長保其位，沒有由內由外的力量意欲抗衡的局面。爲什麼沒有任何要聖王下臺的力量在作用著呢？這是如何作到的呢？老子認爲這就要做到一種境界才有可能，那就是人人喜歡交由這位聖王來領導他們，人們在他的領導之下沒有任何受壓迫的感覺——「是以天下樂推而不厭」。那麼這種境界又是怎麼出現的呢？那就是聖王自己要做到雖然在社會地位上高高在上，但是人們卻不覺其高、不覺受壓迫——「聖人處上而民不重」。雖然總是在規劃、在設計、在領導，但是人們不覺得聖王是爲了他自己的私利，因而不會對百姓反而帶來災害——「處前而民不害」。就是要達到這種境界才會有「天下莫能與之爭」的局面出來的。

原來這一切的境界的達致的根本關鍵即在「不爭」，「不爭」就是「是以欲上民，必以言下之；欲先民，必以身後之」。要在地位上領導別人，就要在言語上謙下，使得人民不會產生被高壓欺凌的不滿，因而也就不會心生反抗的念頭；而要在觀念上領先別人，就要在態度上落於人後，讓完成觀念的獎賞由人民享用，這樣他們才會樂於使用爲你所發明的觀念。這樣的作爲方法，都是因爲理解了人類的好勝好爭的心理而用的，人類有此私心是人性一般中的實然，老子無從抹滅，卻可以使他不狂暴地作用，不去激發它，甚而適度地滿足它，使它失去使用的强烈意欲，使社會不受它的作用的傷害。於是原本是聖王的領導，卻是人民的尊貴，因爲聖王善下之。原本是聖王的好意，卻成爲人民的功績，因爲聖王樂後之，這就是不爭。於是聖王的領導使人不厭，甚而樂推，於是永保其位，永遠領導，永遠提供，永遠作爲，永遠有效，於是終究完成了一個純樸安靜的社會環境，並由此而長保百姓福祉，這就是聖王「常善救人故無棄人」的結果，而這個境界的達致的操作關鍵，仍然是無爲守弱的基本功夫，仍然是對於「反者道之動」的人性恆常錯誤的清楚認知及徹底的避免。

第六十七章

原典章句

天下皆謂我道大，似不肖。夫唯大，故似不肖。若肖，久矣其細也夫。我有三寶，持而保之。一曰慈，二曰儉，三曰不敢為天下先。慈故能勇，儉故能廣，不敢為天下先，故能成器長。今舍慈且勇，舍儉且廣，舍後且先，死矣！夫慈，以戰則勝，以守則固。天將救之，以慈衛之。

觀念主題

本章是境界論哲學。

文句義疏

天下皆謂我道大，似不肖。夫唯大，故似不肖。若肖，久矣其細也夫。

本文是對聖人之道的境界描述。得道者的處世境界是一個絕對收斂性的無爲情狀，一個絕對的無爲的處世境界便是沒有任何情緒機心之顯露的生活模態——「夫唯大，故似不肖」。於是人們在周遭的來往進退中對其作爲將永不察覺——「天下皆謂我道大，似不肖」，因爲一但有任何的迹象顯露，就是境界不夠的象徵，就又要用無爲的功夫來化除，化除之後就又無象狀了，而這些象狀就是指得機心貪念的流露之象，一但有了貪欲，就將無窮推引，終將失去道妙，落入俗人私智的一般人性境地之中了——「若肖，久矣其細也夫」。所以有道者的境界必須是意欲的絕對收斂的境界，必須是所有的作爲沒有徵象的玄妙，必須是永不爲人察覺其動機的作爲，這樣的境界豈非廣矣大矣——「故道大」。

我有三寶，持而保之。一曰慈，二曰儉，三曰不敢為天下先。慈故能勇，儉故能廣，不敢為天下先，故能成器長。今舍慈且勇，舍儉且廣，舍後且先，死矣！夫慈，以戰則勝，以守則固。天將救之，以慈衛之。

「慈」是「聖人皆孩之」的辭義，對於每一個對象的寬厚是平等的，因而也就是「聖人不仁」，沒有任何一個對象被特出地對待，沒有任何的行爲突出於平常的需求，因此「不表現出勇」的意味，但是卻對每一個艱難也是視若平常，故而「又顯現出勇」的意味。「慈，以戰則勝」是在平等自然中的操作，也就是無爲中的操作，則致無不爲，亦即勝，而在無爲中已無戰無守，皆戰皆守，亦皆勝——「夫慈，以戰則勝，以守則固」。慈是態度上退到最後的極致，從而從根本的境地上開始收拾局面，無論是怎樣的外在環境，「以慈衛之」都將有所收穫——「天將救之，以慈衛之」，故而慈爲「寶」。

「儉」是在資產、財貨的擁有及使用上，採取不奢華浪費的態度。「儉故能廣」的廣，不必是資產財貨的廣多，而是在儉的使用態度下，眼前所有的一切已經充裕無匱，故而在主觀的感受中，一切皆廣。「捨儉且廣」的廣，則爲在心意上追求資產財貨的豐足，那又是悖道，死矣。

「不敢爲天下先」的義理同於前章之「欲先民必以身後之」之義。

其實，「三寶」——慈、儉、不敢爲天下先，皆是無爲守弱的應用——「弱者道之用」。

第六十八章

原典章句

善為士者不武，善戰者不怒，善勝敵者不與，善用人者為之下。是謂不爭之德，是謂用人之力，是謂配天之極。

觀念主題

本章是「境界論哲學」也是「戰爭哲學」。

文句義疏

前章謂「道大不肖」，而本章之「不武、不怒、不與、爲之下」的行爲樣態便是一個「不肖」的證例，應武卻不武，應怒卻不怒，應與卻不與，應上卻爲下，總是不肖。爲什麼？其實衆人所以爲之應爲者，是把存在的活動當作意志的擴展，而意志的本質卻只是慾望爭心的內涵而已，所以注重姿態的表顯，所以爲士即顯武姿，以戰則顯怒相，欲勝則積極與爭，用人則位其上，這都是沒有掌握存在活動的本義與運用的道妙玄智的結果。如果一但有所掌握，則對於生命活動中的一切作爲施設，首重自己慾望的化除，所以將營造沒有操作姿態的表顯模式，因爲一但有了姿態，即有了特出，即製造了對立，即開啓了紛擾，即爲自己製造了化入消亡的危機。所以化除自己展顯的姿態是操作的本質要義，是趣入道妙之玄境的關鍵，也就是成功的寶劍，而這樣的運作的內在品格的意境，就是那個「不爭」的「玄德」，而這又是無爲的格式，這也才是善於創造環境條件的作爲——「是謂用人之力」，而這也就契入道妙的玄境了——「是謂配天之極」。

第六十九章

原典章句

用兵有言：「吾不敢為主而為客，不敢進寸而退尺。」是謂行無行，攘無臂，扔無敵，執無兵。禍莫大於輕敵。輕敵，幾喪吾寶。故抗兵相加，哀者勝矣。

觀念主題

本章是「戰爭哲學」，是從「實存律則」轉出的操作智慧。

文句義疏

戰爭是事變之極，是變動最大的存在活動，兩軍對峙瞬息萬變，任何人沒有必勝的資糧憑依，端視態勢的擺弄及實力的蓄藏，所以能善於處理自己的存在條件以適應作戰的千變萬化才是致勝的祕訣，所以古人有言：「吾不敢爲主而爲客，不敢進寸而退尺。」這就是在作戰的操作中挑出處理的重點，擺在蓄勢而動、伺機而動、待敵而動的條件穩定及環境創造之準備上，惟其時時調整己方的情狀，才能時刻站在有利的地位之上。假若將己方的條件環境確立，一副衝決網羅的求戰姿態，以爲敵方已是如此，以爲此舉必可穩操勝卷，這就是輕敵。如果敵方仍有重新準備、調整環境條件的機會，那麼創造有利條件的主動權便爲敵所據——「幾喪吾寶」。所以永遠要冷靜地退下一步，永遠不要被壓力激起蠻幹的情緒——「輕敵」。永遠以自己仍需準備調整的心情來對應——「哀者」。這才能永遠掌握處理的關鍵寶劍，這才能在敵方實力暴露、情緒動盪的處境中擊出利刺，從而取勝——「哀者勝矣」。

如果我們永遠不先敵一步就豁出去，那麼我們就是永遠守在後退一步，那麼我們就是尚未形成堅決的作戰態勢——「是謂行無行，攘無臂，扔無敵，執無兵」。一副尚未完整的姿態，一種沒有成形的型態，一套並未規劃的戰法，一個愚者無法察覺的情況，一次誘敵輕進的戰陣，一場欺敵冒進的戲劇。其實是堅定的信念，最靈活的準備，最深層的蓄藏，絕對必勝的形勢。

第七十章

原典章句

吾言甚易知，甚易行。天下莫能知，莫能行。言有宗，事有君。夫唯無知，是以不我知。知我者希，則我者貴。是以聖人被褐懷玉。

觀念主題

本章是「境界論哲學」，從境界的角度發爲嘆辭。

文句義疏

原理是簡單的，因爲它淸晰明白，因爲它效用普遍廣大，因爲它抽象度高，因爲它概念精煉，因爲它不過就是「無爲」而已，故而理論上應該是「甚易知，甚易行」。但是爲什麼會「天下莫能知，莫能行」呢？因爲「無爲」在概念上的精煉是蓄涵著在操作上的凝重——「損之又損以致無爲」。損的是慾望，慾望是人性的一般，所以是逆向的操作，所以是困難的，但是它是有用的，因爲它是普遍的，因爲它是道妙的玄德的本身——「言有宗，事有君」。所以它的易知必須建構於它的實行，它的實行卻是艱困的，如不能行即非眞知——「夫唯無知，是以不我知」。而這又是世人俗情的實然，故曰「知我者希，則我者貴」。所以聖人在言說之際不得不不要強求，因此就表現出自我遮掩的姿態，其實是絕對的開顯，只不過愚者視若不見，所以就好像「聖人被褐懷玉」，但這也是無奈。

第七十一章

原典章句

知，不知，上，不知，知，病。夫唯病病，是以不病。聖人不病，以其病病，是以不病。

觀念主題

本章是境界論哲學。

文句義疏

對於任何一個周遭的生活現象，因爲是人的因素在參與其中，所以它必然顯現著紛亂，在紛亂的生活世界中，智與不智的差別就在冷靜不冷靜了，冷靜者不輕易涉世，即便涉世也不輕易爲人察覺，總之絕不使自身成爲紛亂的來源，所以他對於環境條件的深刻理解了之後，便採取無爲處事的態度——「知，不知」。惟其如此，則正是應世的最高明態度——「上」。然而世人多非如此，稍有了一點點的什麼，就要拼命的展現，其實環境的內在邏輯千變萬化，遠遠超過他的理解甚多，但是因爲他的强力作爲，就總是用錯力道，因而爲自己及他人帶來麻煩，所以是一種失敗的生活態度——「不知，知，病」。這種失敗的生活態度是應該要棄絕的——「病病」。如此才能自保與救人——「是以不病」。這就是智者的處世方針——「聖人不病，以其病病，是以不病」。

第七十二章

原典章句

民不畏威，則大威至。無狎其所居，無厭其所生，夫唯不厭，是以不厭，是以聖人自知不自見，自愛不自貴。故去彼取此。

觀念主題

本章是政治哲學。

文句義疏

政治治理的最低限度原則，在於給人民一個生活的條件，一條生存的道路，如果掌握政治力量的上位者，對於自己的慾望不加以克制，處處要以人民生命財產利益的犧牲來換取自己的快慰的話，一但超過了人民的忍受極限，認爲這樣的生活還不如死了算了，而且接受命運也是死、反抗命運也是死，那麼接受就不如反抗了，因爲說不定還能有一線生機哩。於是就在人民寧可選擇反抗之路的同時，在上位者就要嚐到失去權位危機的苦頭了，所以政治治理的最低限度原則一定要保留——「無狎其所居，無厭（壓）其所生」，惟其保留住人民還能生存的若干空間——「夫唯不厭（不壓迫）」，人民才願意繼續接受被統治的命運——「夫唯不厭（壓），是以不厭」。所以聖王在操作政治事務的時候是根本上就撤除淨盡了自己的慾望了，站在無爲無欲的基本態度中，充份地給予人民生活的資糧，讓他們自己營生，而不是聖王自己來設計領導、辛勤營造的方式。

第七十三章

原典章句

勇於敢則殺，勇於不敢則活。此兩者，或利或害。天之所惡，孰知其故？是以聖人猶難之。天之道，不爭而善勝，不言而善應，不召而自來，繟然而善謀。天網恢恢，疏而不失。

觀念主題

本章是境界論哲學與形上學。

文句義疏

勇於敢則殺，勇於不敢則活。此兩者，或利或害。天之所惡，孰知其故？是以聖人猶難之。

「勇」不是眞勇，是帶著意願的顯態表露。人類的意願以什麼樣的心態表現出來就以什麼樣的命運收場，事事逞强、好鬥、强爲、示敢——「勇於敢」，則必然自招抗拒、反對、毀滅的命運——「則殺」。如果處處謙下、退讓、隱藏、收斂——「勇於不敢」，則能永保安全，甚而創造局面——「則活」。這是因爲他不會自招對立，這就是「無爲」的「玄德」之操作，這就是對於世人的「反者道之動」的恆常習性的領會與處理。這兩種不同的命運結局是一好一壞的，故而應選擇哪一種型態，豈不已極明顯了！然而未必。人類在生活行爲中的進退取捨，決定於他的理性思維，但是理性思維的範圍受限於慾望貪念的框架，慾望貪念愈少的人，理性的範圍愈大，慾望貪念愈大的人，理性的範圍愈小。當人們理直氣壯地主張著什麼、操作著什麼的時候，總以爲是在最具正義、效率、公益的理性基礎上，其實卻無法察覺仍然受限於自己的慾望貪念哩，一但在貪念中的行爲發出了，自然在別人的反應中會有不滿的反抗隨著出現，於是在社會大流的互動中，自己終於被巨大的力量給擊退——「天之所惡」。這個巨大的力量是出乎我們的意料的——「熟知其故」，因爲我們總想像不到原來還是因爲自己的好强才引發了敵對。故而這個「爲道日損」的功夫還要加强，這是一個「無爲」的修心功夫，是一個人生實踐中的眞本事。所以聖人對待的態度是多麼地謹慎呀——「是以聖人猶難之」，因爲人們都蘊藏著衆多難以撤除淨盡的慾望及野心的。

天之道，不爭而善勝，不言而善應，不召而自來，繟然而善謀。天網恢恢，疏而不失。

那個社會大流中運動著的巨大力量，其實是蘊藏在一個恆常的生發規律中的顯現而已，所以我們說是「天之道」。老子的天道概念就是道的律則義的概念，就是「反者道之動」及「有無相生」等實存律則的觀念。這就是天道作用的原理，是天道的普遍律則義，是「有無並觀」、「反者道之動」的型態。這是老子以天道說社會自然人事一切存在活動的律則，是天道顯現了這樣的作用律則。就在天道律則的這樣顯現中，它一方面作為規範天下事務運行的法則，一方面作為天道自身運作的情態——「天之道，不爭而善勝，不言而善應，不召而自來，繟然而善謀」。

觀念研究

老子天道觀念的性徵

在老子的思維中，天道自身也是這樣地運作著的，從「有無相生」及「反者道之動」的實存律則中顯露著「無為的玄德」，在道的抽象思辨義中體現著遍在作用的廣袤性格，即對象著天地萬物而進行著「善勝、善應、善謀」的「自來」的功能，所以我們曾討論過的道的「抽象性徵義」及「實存律則義」及「人性位格義」的道的諸性相，現在都以天道對象的自身來接受著了。就其抽象性徵義中的普遍作用力而言，「天網恢恢，疏而不失」已是必然。我們一直地以道的性徵來觀看天地萬物，特別是社會人世的運作原理，現在被對反了過來，就以天道為對象來觀看妙道玄智之本身即是天道運行的自身，即是自然而已，這也就是作爲普遍義的整體天地萬物之運行原理的身分者之顯著，而天道自身就顯露著道的一切妙義，這也就是「道法自然」之說的基礎。必然要有的情態了。

第七十四章

原典章句

民不畏死，奈何以死懼之？若使民常畏死，而為奇者，吾得執而殺之。孰敢？常有司殺者殺。夫代司殺者殺，是謂代大匠斲。夫代大匠斲者，希有不傷其手矣。

觀念主題

本章是政治哲學。

文句義疏

君王在上位，絕對不可以任意役用人民，甚而輕率犧牲人民的生命，否則必將面對社會的巨大力量來對抗自己，使自己受傷。這個巨大力量即是人性的原理，也就是天地之間一切事變的原理，也就是天道，也就可以稱爲「大匠」。天道自有其「常」，故有其生殺之自然機轉——「有司殺者」。這不是人間君王的職責，若任意殺人則是悖道——「代司殺者殺，是謂代大匠斲」，人王的職責是在造就一個人人可以生存活動的安全的社會環境，而不是去擴展意志決定生死，這是「代大匠斲」之事，也就是逾越了份際之事，也就是「餘食贅行」，也就是不必要的「特出」，也就是會帶來對立，從而受傷，進而毀滅的事了——「夫代大匠斲者，希有不傷其手矣」。

「民不畏死，奈何以死懼之」的觀念同於第七十二章的「民不畏威則大威至」的觀念，所以聖王在政治操作的進行中，是要將目標放在人民不欲爲惡的境界上，製造一個環境，使善者易於生存，使不善者不欲爲惡——「若使民常畏死，而爲奇者，吾得執而殺之，孰敢」。這才是社會政治操作的理想目標，要達到這樣的目標需要提供一個人民願意生存的環境條件，在這樣的環境中讓人民知道不應爲與不可爲之事的限制性條件，並使得人人願意遵守，而這些條件限制都是在人民能忍受、願接受的範圍內的。如若不然而作到善者活不下去，不善者早就反了，那麼這時候一切的控制條件都將失效了，社會的紛亂擾攘已是必然無法可改了。

觀念研究
老子政治哲學的理論定位

本章也是老子政治態度的強烈宣示，根本上排除了君王有殺人的權力，但是與其說老子在理論上證明了這個觀點，不如說這是老子自己強烈的人生態度，理論上的說明只有「希有不傷其手乎」一條，論證是極薄弱的，但是論證是一回事，態度是另一回事，我們可以發現在老子的政治哲學觀念裡面有許多的談話都是這種強勢的宣斷，顯現了他的生活態度中的根本立場，所以我們說老子的政治觀念才是他的哲思的根本源頭，這是從心理的角度說的，若從理論的角度說，則他的政治哲學仍是從形上原理推出的。

第七十五章

原典章句

民之饑，以其上食稅之多，是以饑。民之難治，以其上之有為，是以難治。民之輕死，以其上求生之厚，是以輕死。夫為無以生為者，是賢於貴生。

觀念主題

本章是政治哲學。

文句義疏

民之饑，以其上食稅之多，是以饑。民之難治，以其上之有為，是以難治。民之輕死，以其上求生之厚，是以輕死。

收稅重，則民饑——「民之饑，以其上食稅之多，是以饑」—。君王想做的事多，則國家內的建設、動員就多，則人民相對地要付出的配合也多，則不欲配合的情況也就跟著多了起來，則人民不易控制的情形也就產生了——「民之難治，以其上之有爲，是以難治」。君王好欲多，或爲征戰、或爲搜括、或爲重刑、在在都是製造人民生命財產受剝奪的情境，則終有超過忍受限度的時候，於是就不怕犧牲自己的生命來反抗君王——「民之輕死，以其上求生之厚，是以輕死」。

夫為無以生為者，是賢於貴生。

人民要反抗君主都是君王好欲過多的結果，政治的根本只在提供一個人民可以生存的環境即可，不應該是君王好大喜功地任意作爲。總想要讓自己的生活擁有能夠更多又多——「貴生」，其實這是不必要的，姑不論天道的根本，只就生活的效應而言，君王「貴生」的結果，是「民饑、輕死、難治」，這都是動搖政權根本的禍害，這是智者的所爲嗎？不是的。聖王的治國，不應以營造生活慾望的滿足爲要，而應該「無以生爲」，應自己降低慾望，並且追求滿足人民的生活基本需求，還要製造人們不欲爲惡的環境——「使夫智者不敢爲」、「爲奇者吾得執而殺之」。這才是政治的根本，才是根本地達致長治久安之道的作爲，而長治久安豈非君王爲私的目標嗎——「非以其無私邪而得以成其私」。

老子的政治理想是一個樸實的理想國，人民可以在其中獲得基本生活條件的滿足即可，至於在精神生活上，則要以去奢、除欲爲主，所以不必有太多的文明活動，因爲那正好是刺激慾望的東西，所以老子追求的是一個精神上簡單、生活上樸素的世界。對於這個世界的追求，關鍵在於君王自身的守靜、謙下、無欲而已，如果君王自身多欲，如果君王好求過甚，則就會帶給百姓莫大的痛苦，而這正是老子所認爲的社會紛亂的根源。君王欲大有作爲，所以稅收要重、建設要多、各方面的需求紛至，這些都將轉嫁到人民的負擔上，都將引發人民更加痛苦或更加貪婪的結果。

第七十六章

原典章句

人之生也柔弱，其死也堅強。萬物草木之生也柔脆，其死也枯槁。故堅強者死之徒，柔弱者生之徒。是以兵強則不勝，木強則兵。強大處下，柔弱處上。

觀念主題

本章是形上學原理。

文句義疏

把無爲柔弱的玄德用在自然現象變化的解釋上，把需要人性功夫的實踐才會成立的觀念，用爲純粹自然現象的律則，這就是「人之生也柔弱，其死也堅強。萬物草木之生也柔脆，其死也枯槁」觀點的由來。這些對自然現象的觀點是不能形成自然現象的普遍定律的，這些觀點反而本身也是來自生活哲學中的觀念的假借的，人文觀念中「故堅强者死之徒，柔弱者生之徒」的原理才是前述自然現象的觀念來源，但其實只是詮釋性意見的特定型態之轉用而已。同樣地，「兵强則不勝」是人文原理，故而在道妙律則中是有效的建構。但是「木强則兵」則不然，除非是在人文活動中來認識則可以有效。總之，老子「强大處下，柔弱處上」的原理，只是人文活動中的社會原理，對於自然現象則反而是强加其上的觀察意味，並不足以成爲定律。不過老子確實也是以定律的地位來認識的，這就是他的哲學思維活動中缺乏釐清普遍律則與詮釋觀點間的差異的地方，也是他分不清社會原理與自然現象的地方。

第七十七章

原典章句

天之道，其猶張弓與！高者抑之，下者舉之，有餘者損之，不足者補之。天之道，損有餘而補不足。人之道則不然，損不足以奉有餘。孰能有餘以奉天下？唯有道者。是以聖人為而不恃，功成而不處，其不欲見賢。

觀念主題

本章是形上學的天道論與人道論哲學。

文句義疏

天之道，其猶張弓與！高者抑之，下者舉之，有餘者損之，不足者補之。天之道，損有餘而補不足。

說「天之道」者即是說著道妙的運行作用在自然世界的天地存在中之時，這是老子的道的律則原理的觀念上的解釋範疇，然而這個範疇其實是一個不相應的範疇，自然世界的現象本身可作多種詮釋，但是詮釋的觀點與自然界自身運行的原理是兩個範疇。人文世界的活動可由詮釋觀解，甚而施設，因而創造效應，造就心所欲現之世界，在這個世界中這個造作的原理，那個本來是詮釋觀點的原理，卻成爲了在經驗範圍內有效的律則，因爲對現象發展的理解仍然是原來詮釋的原理，所以從而形成了認識上的律則。但是自然界的原理則不同，所有的現象人類無從參予，對所有的現象的生發，人類唯一的角色只有觀察者的角色而已，所以人類只能從事理解的工作，在理解中建立觀點，形成了所謂的客觀命題，但是老子此處對自然界活動的觀念，只是提出了詮釋性的意見而已，並且這個對自然的詮釋性觀點在老子的哲學思維活動中，是被他當作自然本身的律則，同時也是人類世界的規範性原理，那麼這就有範疇逾越的錯誤了。當然，老子的使用是一回事，理論的普效性及適用性的範域界定是另一回事，我們仍然認爲，道妙觀念的使用範圍只有在人文生活中有其效用，至於自然現象，道妙的觀點僅有形成詮釋性意見的機會，而不可能爲自然建立律則。所以在我們閱讀與理解的過程中，對於它的觀念地位的積極性意義，則是應以自然現象作爲譬喻，協助理解人文律則，如此應用則爲善解。

人之道則不然，損不足以奉有餘。孰能有餘以奉天下?唯有道者。是以聖人為而不恃，功成而不處，其不欲見賢。

「人之道則不然，損不足以奉有餘」，是說人類的習性是恆常地犯著多欲貪求的錯誤，所以損不足奉有餘，這一個特出的作爲終將遭受對立力量的反噬，欲止其誤，需以無爲，即是「孰能有餘以奉天下?唯有道者。是以聖人爲而不恃，功成而不處，其不欲見賢」的作爲。

第七十八章

原典章句

天下莫柔弱於水，而攻堅強者莫之能勝，以其無以易之。弱之勝強，柔之勝剛，天下莫能知，莫能行。是以聖人云：「受國之垢，是謂社稷主；受國不祥，是為天下王。」正言若反。

觀念主題

本章是形上學及政治哲學。

文句義疏

天下莫柔弱於水，而攻堅強者莫之能勝，以其無以易之。弱之勝強，柔之勝剛，天下莫能知，莫能行。

水是最柔弱的存在，但是觀於天地之間的水的作用卻又是如何地廣大，甚而是堅强，排山、穿石、斷鐵，都在水的持續不停的作用中達成了，原本無人畏懼的最柔弱的水存在，現在卻成爲了世界存在中的最堅强的利器，無物可比，因爲沒有任何東西能有那麼多的數量、那麼大的耐心，在自然的造化過程中默默作爲、達成任務的。我們從水的柔弱持續的作用型態中領略了「弱勝强、柔勝剛」的道理，這是多麼淺白的道理——「天下莫不知」，但是卻沒有人能夠做到哩——「莫能行」。「莫能行」則是因爲柔弱謙下的態度是要經過功夫的鍾煉的，以其難故不易成。

是以聖人云：「受國之垢，是謂社稷主；受國不祥，是為天下王。」正言若反。

柔弱是老子的大用，治國亦然，故曰：「是以聖人云：『受國之垢，是謂社稷主；受國不祥，是爲天下王。』」柔弱是「無爲」，「無爲」是爲避免「反者道之動」的厄運，「反者道之動」的恆常律則是生活世界中人的行止一般。「無爲」則已是逆向於人性的操作，雖然無爲是眞合於妙道的直行，雖然無爲的行止是眞正有效而正確的作爲——「正言」，但是在於人性一般中的觀點卻是個錯誤——「若反」，這是因爲「下士聞道大笑之，不笑不足以爲道」。所以聖王之言不得不反，其實是正在其反中直顯其正，只是在衆人中只能被識認爲反。

第七十九章

原典章句

和大怨，必有餘怨，安可以為善？是以聖人執左契而不責於人。有德司契，無德司徹。天道無親，常與善人。

觀念主題

本章是政治哲學。

文句義疏

和大怨，必有餘怨，安可以為善？

政治的操作之道在於創造良好的生活環境，而良好的生活環境之達致應從小事做起，一步一步慢慢來，並且注重讓社會紛亂在仍處於初蒙階段即予消弭，讓環境在尚未惡化前就先導正，這樣的社會成本最小，而且效果最大。但是要做到這一步也極不容易，這需要「見小曰明」的玄智功力才能看出事務在匯聚成巨大破壞力量之前的初步騷動狀態，需要「常無以觀其妙」的玄智能力，才能看出事變在萌發時的隱晦狀態，需要「不自見故明」的修心功夫才能忍受寂寞、願挑小事及不出名的事來做。一但無法做到這些功夫，一但無爲的修持不夠，則所面對的社會情況就必然是一團紛亂，在一團紛亂中竭盡其能地消弭紛爭，不論做到什麼樣的程度，總是不如根本沒有紛爭的境界來得穩定美好。所以即便暫將紛爭消泯——「和大怨」，也不能慶喜，因爲基於人性的一般，我們都不知道在什麼時候什麼條件下人性的貪婪又會啓動了——「必有餘怨」。所以眞正高明的政治操作是讓紛爭在尚未成形之前即已解消，而不是對已形成的紛爭予以消弭。

是以聖人執左契而不責於人。有德司契，無德司徹。

追求紛爭未起即已消弭的社會，即是在製造一個人人沒有犯罪動機的社會，要做到這樣就要提供人民基本生活的滿足，就要讓他過得安定滿足，而不是讓他心思私用貪欲並起，所以君王要有一個施而不求報的玄德胸懷——「是以聖人執左契而不責於人」。讓人民內心沒有負擔地接受供給，讓他連動念爲惡的環境條件都不具備，因爲君王已經提供給他一個安適輕鬆的環境了——「有德司契」。如果君王是威勢查察陷民於罪——「無德司徹」，那就是治亂於已起之後了，這並不是眞正高明的作爲。

天道無親，常與善人。

天道並不以私意行進，天道是天地萬物的共循原理，它的作用廣袤普遍，它以總攝性原理的身分照拂天地萬物，所以萬物遍受其攝卻不爲私攝，雖不爲私攝卻必然施設，於是一切依道者（善人）得道之長保，一切違道者自取其滅亡，所以人存有者不必以私意意求天道的照拂，而應以玄智對應道妙的啓發，續以玄德修持自我的境界（善人），這才是生活中契合於天道的智慧之道。

第八十章

原典章句

小國寡民，使有什伯之器而不用，使民重死而不遠徙。雖有舟輿，無所乘之；雖有甲兵，無所陳之。使民復結繩而用之，甘其食，美其服，安其居，樂其俗。鄰國相望，雞犬之聲相聞，民至老死不相往來。

觀念主題

本章是政治哲學。

文句義疏

老子第六十五章言：「古之善爲道者，非以明民，將以愚之。民之難治，以其智多。故以智治國，國之賊；不以智治國，國之福。知此兩者亦稽式。」這就是本章的治國原理。治國之要在創造一個樸實的社會環境，在這個社會環境中，人民並不追求生活條件的不斷增益改善，能符合基本生命需求的條件即可，從而人民的心思將不使用在私智慾念之事上，因而社會從此不存在製造騷動紛亂的機緣，從而一個純樸的社會生活環境於焉產生，這便是老子的理想，所以「什伯之器舟輿甲兵」等器物對人民的生活而言成爲非必需品，反而對於現有的一切簡單的條件心滿意足——「使民復結繩而用之，甘其食，美其服，安其居，樂其俗」。從而生活在一個沒有國際戰爭、沒有國家壓迫、沒有盜賊橫行的純樸社會中——「鄰國相望，雞犬之聲相聞，民至老死不相往來」。這就是以清淨無爲政策治國之後的結果。

第八十一章

原典章句

信言不美，美言不信。善者不辯，辯者不善。知者不博，博者不知。聖人不積，既以為人己愈有，既以與人己愈多。天之道，利而不害；聖人之道，為而不爭。

觀念主題

本章是境界論哲學。

文句義疏

道德經全文已進入尾聲，說了這許多的觀念卻都不太中聽——「信言不美」。其實好聽的話都不太是眞理的——「美言不信」。既然不太中聽那也就不必要强迫別人接受，因為世人如非去欲去私，則也不太聽得懂的，所以如果要强迫別人接受也是不可能的——「善者不辯」。如果有人發明了一些什麼觀念要來强迫別人接受的話，那麼這多半又是些作者私心自用的想法，恐怕也不是什麼眞正高明的東西吧——「辯者不善」。當然道德經中之所說都是抽象度高的觀念，都是很精鍊的語言，切中要害即可，不需天南地北地大說特說——「知者不博」。因爲屬於智慧的觀念都是原理性的，如果有人說了一大堆的知識，自己卻不能用精要的觀念收攝匯集成爲普遍的原理，那麼這便是一個沒有智慧的人物，充其量是一個瑣碎知識的收集者，並不能建立根基深厚的理論——「博者不知」。所以道德經五千言所顯現的都是一些「正言若反」、「信言不美」的觀念，並且簡短精要發人深省。

五千言中的核心觀念是什麼呢？不過就是爲了生存的需要而提醒了世人一些生活哲學罷了，那就是以無爲的胸懷，行大利於衆人之事，以柔弱謙下爲懷，而終於成就聖王理想中的一切目標——「聖人不積，既以爲人己愈有，既以與人己愈多」。聖王的努力可以達成一切的目標，這是因爲天道自然本身也是無爲的，本身也是提供一個生存的環境供人類操作並使用，其禍福之結果則端視人類的操作是如何的方向了。走向了天道預視的必亡之途者豈可活命，走向天道豐保的長久安全之路者豈有歹運——「天之道，利而不害」。所以人類該做的就是讓自己走向長久保存之路上才對，這是什麼呢？不過就是無爲謙讓守分清靜之道而已——「聖人之道，爲而不爭」。這就是道德經五千言所有言說的核心目的，在人生活動上要去欲、要無私，在社會理想上要純樸、要長久，如此而已。

本書結語

本書之寫作是作者於博士論文《論王船山易學與氣論並重的形上學進路》完成之後的第二本書，前一本是《莊周夢蝶》，從王船山到莊子到老子，貫穿整個寫作過程的思考主題，都是針對中國哲學研究的工作方法爲主的，作者以白話義疏的方式介紹《莊子》內七篇全文，明確地感知到中國哲學作品背後的哲學觀念是極爲豐富的。《反者道之動》的寫作，即嘗試將道家老子學的理論以一套有體系的推演架構給鋪陳開來，這樣的工作經驗，使得我們對於建構中國哲學的觀念體系之可能性再獲確定。然而，更根本的問題仍然在於整個中國哲學研究的工作方法中，惟其有研究方法的創造性突破，以及中國人文精神的深刻體證，才有再起高潮的契機。後者可欲不可求，前者則有待哲學工作者之長期集體之努力。

本書寫作脈絡之開展，得力於對「老子形上學的兩個認識進路」觀點的提出及使用，然而就中國哲學研究之需要而言，本書所提之「哲學觀念研究法」、「功夫理論」和「境界理論」的强調及試用，才應該是較有發展潛力的研究方法。

本書對老子哲學觀念之研究，若干重要的論點已鋪陳於上卷的各章之中，主要是「道的抽象思辨之認識進路及實存律則之認識進路」的內涵，及關涉在老子的「形上思想」與「功夫境界理論」中的開展。其餘的零散問題也已交代於下卷的觀念研究部份，包括「人性理論」、「政治哲學」、「戰爭哲學」、「氣論思維的認識進路之討論」等。

本書中多有作者對「老學研究」及「中國哲學研究」的個人看法，觀點已提出，可能引發的問題及理論照顧不及之處必然甚多，然而新的問題刺激新的反省，作者對中國哲學研究的注意力又有新的焦點，不欲一直停留在老子學研究的領域之內，反而企望新的刺激動力能在中國哲學的其他研究領域中獲得新意。是以暫將作者近年來的老學思考小結於此，暫輯此書，以作爲作者中國哲學研究的另一個小品。

論老子的聖賢智巧對莊子和孔孟的超越

前言：

先❶秦哲學以政治關懷爲各家理論的主要出發點，各家都是關懷社會的入世心態，提出種種理想與做法以改善社會。唯各家出發點不同，因此意旨有別。其中，墨家關懷基層百姓，主張皆以爲百姓發聲爲格局。儒家關懷百姓也關懷國家體制，深知唯有健全的官僚體制才能造福人民，於是期許自己承擔社會責任，但卻時常受到挫折。莊子認爲社會體制只是束縛人心的牢籠，主張個人自由，不涉入政治管理事務。老子哲學既有儒家的服務的理想，又有莊子看破社會體制虛僞的認識，提出眞正能夠放下自己的名利的做法，無爲而無不爲，是以超越了孔孟與莊子，眞正是聖賢的智慧。爲何聖賢必須如此捨己以爲人呢？只服務卻不受益呢？這是因爲高層多惡人，不如此不足以成事，至於高層多惡人之原因，這點，只有法家的學說才講清楚了。以上，都是世間法的思維，若從出世間法的角度來看，佛教哲學才眞正更澈底地說明了生命的歷程與人生的意義和世界存在的實況，因此就更能理解社會現實的發生原因以及自處之道。唯佛教哲學涉及信仰，不能人人相信，在沒有佛教信仰的前提下，從世間法的角度說，一般知識分子的人生意境，就是以老子的聖賢智慧爲最高境界了。此即本文之寫作主旨。

孔子，聖人也，老子呢？孔子之所以爲聖人，不只是因爲他留下的《論語》中的智慧寶語，而是《論語》中的話語就是他自己的行爲寫照，他實踐了他說的話，紮紮實實地帶領了眾多的弟子，奠立了中國歷史上的儒生族群，這個族群，世世代代爲國家民族的事業奉獻己生。孔子確乎聖人矣！老子呢？他沒有明確的事蹟，歷史上傳說爲老子者甚至不只一人，但唯獨就是有一部著作流傳，且媲美於《論語》，開啓了中國歷史文明中在孔子思想之外的另一番思維氣象，強調守柔、守弱、無爲，同樣引領世世代代的知識份子衷心服膺。顯然，孔子是聖人，而老子是智者，然而，恰恰是老子的智慧，才眞能讓孔子的理想獲得落實，老子的智慧正是實現聖賢人格的路徑，聖人建立理想，但經由老子的智慧，而將其操作完成。本文之作，即在揭示這個觀點，關鍵就是，儒家講理想，而道家深入人性，唯有掌握人性，理想才得以落實。

這麼一來，孔老可以互補了，本文之作，便是在整合學派思想的立場上，界定各家的適用性範圍，指出它們特別的強項，但也有不及的邊界，瞭解各家的特長，準確地應用之，而不要「是此非彼」，這樣才是學習中國哲學的良好做法。本文之作，將對比莊子哲學和孔孟思想，提出老子哲學的超越之處。最後，要說明老子型態的聖賢人格，爲何要如此艱辛作爲的原因，關鍵就在法家思想裡所談到的君王，君王多闖禍而喪國，法家強迫自己面對的問題，就是讓君王得以有效治國的技能，反之一位無能多欲的君王，正就是造成聖賢難爲的原因。從儒家到老子到法家，莊子除外，這些都是世間法。兩千年來的中國智慧，固然家家都有道理，但這個民族始終浮浮沉沉，如同全球的人類命運一樣，想要終極的看清世道，還需有待佛學，然而，佛法是出世間法，人多不信，因此在世間法中，掌握老子哲學的智慧，正是人間聖賢的最高理想。

學派理論的認識方式與互相攻擊下的誤區

歷來，中國哲學各家各派都有互相攻擊的現象，儒道之間有《論語》中儒者和隱士之辯❷，有《莊子》書中譏諷孔子之語❸；儒法之間，有《韓非子》〈難篇〉之辯儒❹；儒墨之間有《墨子》非儒的文章❺。這是先秦之時，迨至漢末，又有道佛之爭，至宋明，又有儒佛之爭。這些爭辯，伸張己意，正本清源，原本是理所當然，然而，卻在批評他派學說時用力過度，導致各家水火不容，更令各家理論的眞正價值被淹沒在攻防爭執之中，導致後學者產生學習上的阻礙。這種現象，是到了應該被正視並且澄清的時候了。

整合諸子思想的理論努力：從參照中知己知彼。

對於中國哲學的學習，筆者認爲，一方面要深入原典，二方面要參照各家。這是因爲，儒道墨法佛教各家，都是講人生理想的哲學，但有其各家的切入面向之不同，觀點也就互異，從自己的面向以及關切的問題來說，各家的理論都是成立的。只是，碰到不同學派間的彼此批評的時候，就會因爲失去焦點而致錯解。要解決這個問題，勢必要互相參照，找到各自的特點與差異，就不必互相非議了。當然，中國哲學各學派都是建立在有理想的人的思想上，既然是有理想，就是要宣傳推廣以爲世人所用，碰到意見不同時自然要爭辯一番。然而，意見之不同不一定都是立場的對立，通常是有不同的問題，甚至是有不同的職業身分，如《漢書．藝文志》中記載先秦學派的來源：「儒家者流，蓋出於司徒之官……道家者流，蓋出於史官……陰陽家者流，蓋出於羲和之官……法家者流，蓋出於理官……名家者流，蓋出於禮官……墨家者流，蓋出於清廟之守……縱橫家者流，蓋出於行人之官。」[6]既然職業身分不同，所論問題必異，各種主張只對自己的問題是有效的，但就在學派爭議中，往往看不清楚別人的問題，攻擊別人的同時，就把別人給錯解了。然而，古人如此，也就罷了，因爲他們自己是學派的創建者，但今人的學習，就不能如此了，不能讀了一家就只有這家是眞理，而是應該綜覽各家，互相參照，便能見出各家的特點，也不必再有學派意見之爭，只要用其各家特長的優點就好了。

架構諸子哲學的視野：六爻的架構。

筆者近年對中國哲學各學派整合的問題，提出了一個架構，藉由《周易》六爻的階層關係，將墨家、儒家、莊子、老子、法家、佛教列入這初爻到六爻的社會階層的視野中。初爻是墨家，代表基層百姓的心聲，提出「節用、薄葬、非樂、天志、明鬼」等觀點。儒家是二爻，代表基層幹部的心聲，提出「仁義禮智」的價值觀，實際上就是服務的人生觀，倡議君王要行仁政愛百姓，自己扮演專業政治管理人的角色，而不是權力型的人物。莊子在第三爻，在體制中沒有實權實位，自己選擇做個自由人，以追求自己的興趣嗜好技藝為目標，以達到個人技藝的最高境界為人生的理想，不負社會建設的責任。老子是第四爻，中央的高層管理人，權力大，能做大事，但卻時常處於權力鬥爭當中，所以要學習「無為、守弱、謙下」，這樣才能團結人心，促成美事。法家是第五爻，專注於君王權力使用的問題，談御下之道，重賞罰，談君權至上，此為勢，需慎用，又談嚴守法令，及談外交攻防之術，而有「法術勢」三項應用的技巧。佛教是第六爻，已與人間社會體制資源管理運用之事無關，只重自己的生死問題，求永生，在人間唯給而已，自度度人、自覺覺人。

以上架構藉由《周易》六爻在解釋社會階層的理論架構，將中國哲學各家各派的理論型態，藉由初爻到上爻的六個階層予以區分，以彰顯學派思想的特色。目的是講清楚各家的差異，究其原因，關鍵是視野的不同。六爻由下而上是基層百姓、地方官員、自由業者、中央高階官員、國君、高階退休享福之人。筆者認爲，各個學派理論的提出，與其自身所處之時位有直接的關係，從而提出理論主張，意見都是合理的，只是多不全面。人生問題無數，個人處境多端，藉由六爻的六個階層，恰能彰顯學派理論所處位階不同的特徵，從而合理化各家的命題意旨，但也破解了各家爭辯的合理性。當然，從社會體制的階層對比各家的型態，並不就能等於是各家理論成立的合法性基礎，也不能就限制了各家理論的適用範圍。然而，藉由這樣的架構，對各家進行的對比研究，確實對各家理論的合理性能有適切的說明，同時就在這對比的視野中，各家意旨更容易瞭解，同時也取得了互不衝突的理論立足點。

基於以上的架構定位，筆者將展開儒道各家理論特質定位的討論，從中見出老子哲學思想在莊子與孔孟之間的特殊定位。

孔子哲學的特質和邊界

《論語》中的重要價值觀以「孝、仁、禮」三個觀念爲主，《弟子規》書中所引的「弟子入則孝，出則弟，謹而信，汎愛眾，而親仁，行有餘力，則以學文」，也正是孔子思想的大綱要，可以見出孔子追求的理想，是每個人都應該要培養自己，以爲社會服務，而且是在體制內的服務角色。孔子教誨弟子如何從政，就是要培養爲體制服務的君子人格，從而成爲基層官員的價值指導原則。孔子自己的身分本來幾乎就是一個平民，藉由努力學習，獲得政治人物的肯定，從而被拔擢爲官。然而，不論位階多高，畢竟不是王公貴族出身，始終不能掌握根本性的最高權力，使得他在國家體制的社會實踐上，不能終究成功。

《論語》中有言：陳成子弑簡公。孔子沐浴而朝，告於哀公曰：「陳恒弑其君，請討之。」公曰：「告夫三子。」孔子曰：「以吾從大夫之後，不敢不告也。君曰『告夫三子』者！」之三子告，不可。孔子曰：「以吾從大夫之後，不敢不告也。」❼

齊國本是姜子牙的封地，世代爲姜姓國君，後爲田氏權臣所篡，期間發生弑君事件，就禮法而言，這是各諸侯國必須共同討伐的政治大事，以維護周王朝封建體制的尊嚴與法度。然而，在魯國從政的孔子，所面對的魯國，本身也是爲三桓權臣所挾持，孔子面君報告此事，國君要他直接找三桓討論，孔子也知道三桓不會理會此事，但爲禮法的維護，孔子硬著頭皮去報告了，結果可想而知，無人搭理。這就看出，孔子對於政權擁有者，是無可奈何的，雖然自己有崇高的理想，想維護周王朝的禮法，但是他的位階就是中高層官員，而非上層統治階級，關鍵的政治事件，依然要聽命於人，且無反抗的想法。可以說孔子對於掌握魯國政權以致一統天下的理想是有心無力的，空有品格理想，卻無實際做法，也沒有關於如何操作的理論。

孔子思想的特質，是在讓每一個人成爲君子，且應爲社會服務，這樣的品格，是社會體制中所有的人應有的基本修養，唯其如此，社會才會進步。然而，體制是有階層的，權力是自上而下的，最高權力的掌握者，才是眞正決定體制良莠的關鍵，孔子的理想當然是整個國家社會都變好，但他自己在魯國的實踐就不能成功，以致離魯他去，周遊列國，但依然不行，最後回到魯國以教學爲主，理想是留下來了，弟子也教育成材了，但各國的政治依然不堪，關鍵還是權力的問題，沒有掌握好高層的權力，始終不能給人民百姓眞正美好的生活。

孔子自己主張「不在其位，不謀其政」❽，從禮法的角度，這是對的，但若爲了天下百姓，則在位是重要的，而更重要的是，能做好事情，能建設社會，能服務國家，造福百姓，而這一切，不與權臣謀劃是不能成行的。然而，如何爲之？老子有辦法，且是站在官員的角色講述的辦法，韓非也有辦法，且是站在國君的角色所講的辦法，而孔子是知識分子從政的角色，從他的位階眼光來看，卻是沒有辦法的。孔子的思想，固然成就了知識份子的人格，且建立了中華民族的道德價值觀，但對如何掌握權力這種極爲現實的問題，孔子的思想是沒有構著的。孔子的理想只能是在體制內管好自己，能夠清楚地分辨誰是君子、誰是小人，然而一旦與小人爲伍時，卻只能自己避去，而不能掌握之。筆者以爲，這一部分就是老子哲學對儒家思想的有所貢獻之處。孔子如此，孟子亦然。

孟子哲學的特質和邊界

相較於孔子，孟子在政治哲學方面著墨更多，孔子可以說是從個人的角度，說明人生的意義，而以服務爲人生觀，重君子小人之辨。孟子則是更多地以官員及君王的角色出發，說明爲官之道以及爲君之道，一樣是賦予高度的理想性要求，將中國政治哲學中的國家存在的目的、國君與百姓的關係、國君與大臣的關係、官員與百姓的關係，都做了規範，基本上就是國家以照顧百姓爲目的，而國君則應行仁政、愛百姓，官員則是負責執行，做不到或國君不聽從建議，則應辭官。此外，孟子提性善論的人性論，講仁義禮智，也建立了工夫修養論，爲君子人格的建立，提出了修養論的普遍原理，即盡心知性等理論者。就對比於老子哲學思想的特色而言，在政治理論方面，儒者固然培養自己要有從政的能力，且要求國君要尊重自己的專業，但是，作爲在體制內服務者的角色，是否能夠成功其事，仍然是要等待明君，明君在上，正是孟子的期許，也是孟子所談國君言論之所指。然而，君王英明與否，孟子沒有辦法處理，只能言語規勸，不合則自己求去，大臣做不好事，孟子也只能不與之相處，自己辦自己的事情。也就是說，孟子一樣是知識分子性格，大道理講得清楚，具體實踐時的操作技巧是缺乏的，國君不行、大臣不行的時候，爲保持自己高潔的理想，也只能選擇自己離開權力場合，這樣，自己的高潔品格是保住了，但是天下百姓卻照顧不及了。

孟子道性善，言必稱堯舜，但眾人多半時間是活在私欲橫流之中，君王大臣莫不如此，除了講道理給他們聽之外，就不能多做什麼嗎？除了自己辭官他去外，就沒有別的路可走了嗎？孟子的邏輯就是，枉道侍人，未有可成的，此話誠然。然而，孟子想的是理想的完美實現，但是，不可控制的變數太多，如何達到完美？物質建設如高鐵、機場都是一點一滴建設起來的，社會建設、政治改革何嘗不是如此？沒有一百分也不能就連十分都不要了，僅僅是十分，都能拯救很多老百姓的。因此，孟子哲學中一樣有其邊界，有其不能有效處理的面向，孟子談的是國君與大臣應該如何作爲的問題，孟子期許自己是協助君王治理國家一統天下的大臣，但是，國君大臣之如何作爲，孟子是沒有管控的辦法的。而自己這個大臣職位的取得，以及是否受到君王的尊重，孟子也只能依賴國君本身的英明，卻無法在他的理論與實踐中有所貢獻。也就是說，孟子沒有把知識分子從政的各種問題處理完全，如何頑強地實現理想，如何操作，有沒有什麼技巧，孟子並沒有搞清楚這些事情，這樣一來，理想就只能是理想了。這個問題，還是老子的哲學才眞正面對了。

儒家面對問題的解決之道

面對人性自私貪鄙的問題，面對君王如此、大臣如此、一般基層官員如此、百姓如此時，儒家的做法就是「教化全民」。孔子自己是大教育家，孟子亦有弟子圍繞，儒家的君子，孔孟之徒，紛紛以教育爲己任，企圖在廣大的百姓基礎上，重建人生的價值，釐清生命的意義，落實以君子人格爲典範的教育理想，此一道路，可謂根本解決之道。然而，依然是不足以成效於當下，因爲再怎麼教育百姓，也不能保證這些弟子將來都能從政，且占據上位，再怎麼教育官員，也難以阻擋眼前的權力鬥爭局面。而儒者能做的，或是在野辦教育，或是在朝堅守正義，問題就是，堅守正義往往與群小爲仇，兩相爭鬥的結果，沒有不是君子受刑戮的命運。儒者都是要從政的，就算是辦教育，也是在培養從政的官員的，但是，政治畢竟是體制的事業，體制的資源便是小人覬覦的貨財，體制的權力又是君王與大臣最爲看重的事情，權力與資源引起無數的貪慾來爭奪，儒者教人孝悌忠信，盡忠職守，這一正一邪之間的拉鋸，就一位眞正的君子儒而言，不論他的位階是在基層還是高層，都是十分艱困的局面。那麼，儒者該如何應對呢？歷史上有儒家理想性格的大臣，他們都面對了，也應對了，而他們面對及應對的技巧，卻有許多是道家的智慧了，並不是他們已經不再是孔孟的信徒，而是以孔孟的理想爲志向，以道家的智慧爲操作的技巧，如此才能肆應貪鄙的人性以及艱困的局面。

這其中，道家尚有老莊列三型，列子專注個人身體修煉，對儒家幫助不大，因爲整個人生觀的方向是不一致的。莊子的人生方向也與儒者不一致，但是莊子的型態畢竟是悠遊在人間，這卻對儒者有莫大的參考價值。至於老子，才眞眞正正是儒者從政的關鍵助力，老子的思想，深入人性黑暗的一面，根本性地關切了人際關係變化的律則，提出了掌握人際關係變化的應對之道，正是儒者從政所需的操作技巧。列子就不論，以下先論莊子，再論老子。

莊子的特質與對儒家的功用

莊子哲學追求個人的自由，不參與社會體制的建設，這主要就內七篇的主旨而言，外雜篇就不然了，此處以內七篇的莊子原型之思路爲準。莊子可以說是體制外的哲學，出世主義及個人主義的思想，〈齊物論〉中就說出了社會議論的不可信，都是個人成見之致，因此任何人主張的社會理想是不值得信賴的。〈人間世〉中則提出應世面對之道，基本上都是避開傳統社會性角色的扮演邏輯，不以掌管天下、治理國家爲思路，澈底看清政治人物的暴虐性格，對於社會體制的角色扮演都採取了退避的態度，也就是角色的存在是不得已，如「天下有大戒二，其一命也，其一義也」一般[9]，但扮演角色的邏輯可以逍遙，也就是不投入，不以社會世俗的眼光處理自己的生活，擺脫社會評價的束縛，看破社會體制的虛妄，只求個人自己的適性逍遙，脫離了社會性的角色之後，個人的興趣嗜好技藝成了追求的重點。

這樣的人生，對儒家而言，是有其價值的，關鍵就是，莊子可以看清世俗的虛僞，儒者何嘗不能看清？問題只是，儒者有社會使命感，使得自己不得不艱辛地在體制內掙扎，問題是，確有不可爲之時，若尚有可爲，當然應該盡力一搏，假如時不我予，勢不我利，在不可爲的時候，也應該知道這不可爲的邊界已經出現，那就應該選擇退出，退出在體制內積極建設的角色與心態。事實上，孔子和孟子的去魯和去齊，就是這種退出的行爲，放棄了在體制內建設國家社會的角色扮演，走出一條以個人專業教育子弟的體制外道路，若非有這種世俗虛妄的透視，孔子和孟子豈能離開實現理想的舞臺。

這一點，正是孔孟與莊子同調的地方，很可惜，《論語》書中的隱士卻不能瞭解孔子。參見：桀溺曰：「子爲誰？」曰：「爲仲由。」曰：「是魯孔丘之徒與？」對曰：「然。」曰：「滔滔者，天下皆是也，而誰以易之。且而與其從辟人之士也，豈若從辟世之士哉？」耰而不輟。子路行以告，夫子憮然曰：「鳥獸不可與同群，吾非斯人之徒與而誰與？天下有道，丘不與易也。」[10]，桀溺以孔子的周遊列國只是辟人，而他們作爲隱士者則是整個辟世了，其實，孔以也談辟世，其言：「賢者辟世，其次辟地，其次辟色，其次辟言。」[11]差別只在，隱士之辟世，避開政治，再也不回頭，孔孟之辟世，只是暫時離開眼前這個舞臺，卻希望有機會再回來，或是培養弟子回來。當然，這個差別是巨大的，已經顯示了終極人生方向的不同，也就是道家莊子和儒家思想的價值立場是根本不同的了，一者出世，一者入世。出世是指不以社會體制的建設爲人生的意義，不以社會體制的角色爲生命的價值，世是世間，有管理眾人之事務的社會體制，儒家就活在這樣的結構裡，期許君王大臣愛百姓、行仁政，莊子就不活在這樣的體制裡，他的看破是澈底的看破，最終追求的是個人的適性逍遙，或是技藝的超升，或是神仙的境界。

本文討論到，儒家的理想，確乎是人類社會體制根本需要的價值觀，唯人性澆薄，貪欲橫行，儒者的理想通常難以在社會現實中完美落實，爲了避免與暴君惡人相鬥而喪生受戮，接受莊子出世的思想是有必要的，這是保身、全生、養親、盡年之道[12]，《論語》中的「賢者辟世，其次辟地，其次辟色，其次辟言」，這其中的辟世、辟地，就是出世思想的方向，有不可爲之時，就宜避開，若不能避，必身死牢籠，或者，就同流合污了。儒者潔身自愛，講公私義利之辨，自然不肯同流合汙，莊子何嘗不然，〈逍遙遊〉中的大鵬鳥，心志比天，何肯與蜩、鳩為伍[13]，只是他一去不返，甚至祈求神仙的境界，社會體制的良好建設絕非他要追求的方向，這就跟儒家分途而為了。

孔孟及莊子都能看破社會體制的虛妄面，又都潔身自好，不肯與汙穢為伍，在勢不可為之時，都是離開舞臺，那麼，天下大勢怎麼辦？百姓福祉甚至是國家安危怎麼辦？一旦有機會，或本來就在位，一定要離開舞臺，追求自己的興趣技藝嗎？孔孟是離開了，但是又找到新的角色了，教育樹人，更何況，孔孟是大哲學家、大思想家，在理論上建立了萬世不朽的價值觀，且孔孟的時代，知識分子與政權的關係尚有其自由在，因為是多國時代，秦以後的儒者，沒有他國求官的空間，除非是三國、南北等亂世，但既是亂世，本就不是大有可為之時，然而就算是大一統的時代，依然是高層權勢鬥爭激烈的格局，心繫天下關懷百姓的儒者，想要照顧人民，清理政治，則將如何自處？以及與權臣小人相處？與暴君或是黯主相處？這時候，待在體制階層中，有個一官半職，便是儒者不能不扮演的角色。當然，在體制外做儒商、做教育家也是很好的，但體制內仍然必須是儒者最終的舞臺。此時，老子的智慧就眞正派上用場了，因為他深透人性，對負面的人心瞭解深刻，對人事變化的規律掌握正確，知道如何應對，既能生存於體制的詭譎風雲中，又能適時地為百姓做出貢獻，既能保身，又能應世，還能有所貢獻於人民的需求。

但是，老子這種智慧的展現，歸根結柢，仍是依據於孔孟及莊子的兩套重要思想的認識，其一是儒家的道德信念，爲人民服務的胸懷，其二是莊子的世局觀察，追求自性逍遙的精神。老子哲學是有仁愛胸懷的，但是，政治場合終是虛妄不實的，權臣小人昏君總是時時掣肘的，因此，理想固然高遠，做法必須務實，不求十分圓滿，只求多做一分是一分，就在這樣的夾縫中，發揮了處世應變的高度智慧，關鍵就是對人性的瞭解以及對規律的掌握。

老子哲學的特質與對儒家的功用

老子是講求規律的哲學，所談「有無相生」、「反者道之動」、「天下萬物生於有，有生於無」，是說明人事變化的規律，掌握了規律，就掌握了應變之道。老子是談領導者的哲學，所談「無爲而無不爲」、「取天下」、「天下莫能與之爭」、「善有果而已」、「功成、事遂」，說明了他就是要積極掌握世界，他有創造事業、建設社會的理想。老子又不只有理想，老子還有實現理想的智巧，就是「弱者道之用」、「損之又損，以至無爲」、「取天下常以無事」、「夫唯不爭」、「果而勿矯」、「身退」、「功成而弗居」、「生而不有、爲而不恃、長而不宰」。可以說，老子的哲學，就是既有儒家治世的理想，又有莊子看破社會體制的虛妄的認識，進而有如何在虛妄的世界爲人民服務的工夫修養。既要追求理想，照顧人民百姓，又要知道權力世界之無情與殘酷，因此必須「無有入無間」，唯其「無爲」，故能「無不爲」。也就是「非以其無私耶，故能成其私」。

無私、讓利、給而不取，正是老子待人處世以及治事的智巧。既然高層多嗜欲之徒，就把利益讓給他們，滿足了人心無厭的慾望，就能夠掌握自己的作爲，滿足他人的關鍵就在於自己能夠無私而讓利，這就是無有、無事、無爲之意，既然自己都不有、不恃、不宰了，那當然也就能夠生而、爲而、長而了，如此則昏君權臣小人的掣肘都不會起作用了，因爲他們的私利都獲得保存了。無私就是無事，無事就是無有爲己私利之事，如此便能取天下，取天下就是掌握改變世界的權柄，從而創造事業福利人民，這就是「以無事取天下」。想掌握改變世界的權柄，此事談何容易，因爲人都好爭，但所爭的都只是私利，若私利都讓給他們，權柄就掌握住了，這就是「夫唯不爭，故天下莫能與之爭」。天下人都爲了鞏固自己的私利而來維護你做事的權利，因爲你做事，他獲利。這樣的思維，確實有超出孔孟之道之處。

此中的無爲，是要無掉什麼呢？孟子已經說清楚了，儒家的君子就是要有公私義利之辨，顯然爲公無私是儒者的基本修養，但是在儒家這裡談的主要是財貨的利益，財貨的利益儒者多半可以無掉，可不去爭奪，但是有一樣東西是儒者不易放棄的，那就是名，而名又常鎖在位裏，有位才有名，但有位而無法做事時，儒者寧可放棄此位，棄位而留名，留個清名，留個不與小人爲伍的清名，這才是儒者所要的名。孟子一方面稱讚柳下惠是「聖之和者也」，但另一方面卻也批評他的做法，「伯夷隘，柳下惠不恭，隘與不恭，君子不由也」[14]。柳下惠就是「不羞汙君，不卑小官；進不隱賢，必以其道，遺佚而不怨，厄窮而不憫」[15]。顯然，柳下惠保位而不在意名聲，實際上不是爲了位，而是有機會做事情就做事情，不論位高位低，不論君王明暗，保位而不重位，其實就是不重名，名能放下，與汙君卑位共伍而不在意，卻能謹守直道做事，這就是儒家有時候難以做到的境界。

孟子如此批評，孔子也一樣批評：「降志辱身矣」[16]，孔子也認爲柳下惠這樣的行徑雖然「言中倫，行中慮」[17]，卻仍是「降志辱身」，既是「降志辱身」，肯定孔子不爲也，這就是重視自己的清名，如果太重清名，那就是伯夷、叔齊的情況，堅決反對武王伐紂的事業，確實留下清名，但於百姓無所助益，於建設無有貢獻，這就是重名的結果。儒者以孟子爲心志高傲者之最極，其言：「故將大有爲之君，必有所不招之臣」[18]，然而，戰國時的國君多傲慢粗鄙或無能多欲，如何將大有爲？如何肯下臣？依照孟子的期許，則所有有理想的儒者君子，也就遇不上明君、站不上高位、掌不到權柄、做不了大事了。

名，於老子哲學中，則是要放下的東西，「名與身孰親？身與貨孰多？得與亡孰病？甚愛必大費，多藏必厚亡。故知足不辱，知止不殆，可以長久」[19]。名聲確實重於一切，這是儒者的信念，但這是公私義利、是非善惡之辨下的名聲，而不是是否當位、在位、得位的名聲，再深一層，一個人是否有道德，那是重在自己的身心言行，而不是在他人的評價，儒者愛惜聲譽，不齒與權臣小人爲伍，怕汙了自己的清名，但這不就像子路回答丈人之言意嗎：「欲潔其身，而亂大倫。君子之仕也，行其義也。道之不行，已知之矣」[20]。這一段話就是主張不宜自潔其身而放棄社會責任的意思，然而，君子入仕固然是儒者的大義，但如何入仕而能治事，如何治事又能處世而保身全生？如何在亂世而據高位以保民安國？這就不是孔孟之儒者太在意的事情了，事實上這一段話還是發生在孔子周遊列國的時候，也就是自己也是不在位的時候，子路主張君子宜入仕在位，但他的老師卻爲了選擇更好的環境而去國他求。

當然，這是在春秋戰國時期，而且孔孟皆如此，但是孔子的弟子中有官做的人，他們的行爲，就多少有老子思路的身影了。眞要做事，名也不重要了，不只是利益不重要而已。名與利皆不是眞正重要的，重要的是爲人民服務。此處講的儒者之好名，不是一般的好名好利，好名好利就不會辭官了，而是儒者好潔身自愛的美名，然而，這正是權臣小人之所以可以如此肆無忌憚的原因，既然你好美德之名，那權柄我就不客氣全部吃下了。《菜根譚》就發揮了這方面的見解：「放得功名富貴之心下，便可脫凡；放得道德仁義之心下，才可入聖」。這樣的觀點，正是深黯老子處世智巧的名言。文中的超凡入聖，是指眞正能爲百姓做到事情謀到福利的人的作爲，他們必須是能夠放下自己潔身自好的心態，才能眞正做到的。又如其言：「辱行汙名，不宜全推，引些歸己，可以韜光養晦」。把自己的光耀遮住了，就有了與權臣小人黯主肆應無窮的身段了，一旦自己道德高尚形象完美，則只能被冷凍排擠了，如果還要指導是非，那就等著被誣陷凌辱了。自己身命都不保了，談何照顧百姓、福利人民呢？這就是「降志辱身」，而孔子是不願意「降志辱身」的，孔孟都還在祈求明君，道家都沒有這個念想了。

筆者之意即是，孔老是互補的，儒家提出理想的目標，老子提出處世的智巧，關鍵就是對人性的瞭解，儒家主張性善，認爲人皆可以爲堯舜，於是透過教育，講究孝悌忠信以爲立國之大本，老子深知人性之負面心理，在具體治國理政時，懂得如何應對進退。儒家的最高價值是仁義禮智的道德信念，老子的最高價值是無爲的信念，無爲即無私，無私即爲追求仁義禮智，但更看重操作的智巧。可以說，儒者不能過去的關卡叫老子給破譯了，關鍵就是放得下這道德仁義之名，「絕聖棄智，民利百倍；絕仁棄義，民復孝慈」[31]，當所作所爲能夠不是爲了自己得到名聲時，才眞正落實了作爲，做事只在目標的本身，善有果而已，而不在自己的榮譽，老子言：「善有果而已，不敢以取強。果而勿矜，果而勿伐，果而勿驕，果而不得已，果而勿強。物壯則老，是謂不道，不道早已。」[32]

過度在意自己的貢獻的結果，而又身在高位，這是會讓別人容不下你的，高層的資源權勢之爭，是「無間」的，沒有空隙讓別人鑽進去，所以要「以無有入無間」[33]，沒有任何自己的名譽利益在，才能擠身高層，做點小事。然而，當儒者懷抱著淑世的理想，高舉道德仁義的大旗，要來救國救民、改革吏治、懲治貪腐時，自己道德崇高，別人就小人權臣了，這樣，豈能站上高位？豈能掌權治事？君子要有理想、要潔身自愛，這是當然，但若要爲民服務，就還要捨棄名聲，不是去爲惡，而是不捨棄與惡人爲伍，否則如何入仕治事、服務人民？這樣，在尙有可爲之際，不因形象而種下敗因，在不可爲之際，不因行爲而敗亡受戮，永遠保持可進可退的空間，這就是老子的智巧對儒家的互補。當然不能說儒者就沒有這樣的智慧，而是說這樣的智慧主要就是老子哲學才講清楚了的，老子哲學就是身在高階管理層者的體悟，領悟世人多欲，知道如何處事面對而發展出來的智慧。

那麼，這樣的智慧，在什麼意義上超越了莊子？超越了孔孟呢？下節論之。

老子對莊子及儒家的超越

老子對莊子是超越的，但，這是世間法意義上的超越，世間法的目標就是建設社會，落實事業，照顧人民的生活，就此而言，莊子等於是沒有世間法的管理哲學的，雖然不能說莊子沒有政治哲學，但他的政治哲學實際上就是放任政治，「汝遊心於淡，合氣於漠，順物自然，而無容私焉，而天下治矣」[23]，當然，這肯定是不行的、無效的，過於天眞的，等於不負責任的，莊子看透了高層的虛僞，認爲人民的痛苦就是源於政客對人民的傷害，因此只要君王不傷害人民，人民各自生活，必然就和樂安康。然而，這是講話給自己聽的，若是自己是君王就這麼辦了，問題是，莊子型態的隱士，怎麼可能天上掉下來一個君王之位給他呢？就算他眞是這樣辦了，下民大臣就能不違法作亂嗎？就能天下治嗎？

所以，莊子與老子的差別，就是沒有有效的政治哲學與有有效的政治哲學的差別，至於相同的地方，就是對人世間的不天眞，知道世間不是幸福美好，知道體制多是汙穢骯髒，莊子選擇棄世而出世，只做自己，對於世俗的榮譽利益都不看在眼裡，不受任何世俗評價的束縛，如王駘、如哀駘它之行爲[25]，自己自由了，便可放手去追求個人技藝的無限上升，這是莊子的型態。老子則不然，念茲在茲的還是人民與天下，於是謙下、守弱、無私、讓利，委曲求全，顧全大局，團結眾人，成就事業。莊子的理想一人爲之即可，超高的技藝就是天才的類型，因爲這是不關乎體制建設的個人才華之展現。老子的理想卻須眾人合作才能成事，因爲做的都是體制內的社會建設事業，所以沒有眾人齊心協力是不可能的。而眾人之中既有幹練的部屬，也有小人權臣昏君，如何讓後者不掣肘，讓前者能放手去做，就是老子哲學的智慧展現了。這其中，額外的利益都要分給別人，功勞是君王的，權力要與權臣共用，資源要分給小人，酬勞要給予幹部，只有這些在位的角色都願意事業成功的時候，才有君子可以領導指揮的格局，一旦成事，便是創造了新的社會資源，這才有百姓可享的空間在。在這樣的作爲中，儒家淑世的理想才能獲得落實。

究竟是什麼樣的因素，使得老子哲學中的智慧，可以成就儒者認爲不可爲之事呢？關鍵就是放下了名利，自我價值感的名，與自己應得的利。從儒者的眼光中，這名與利是實在的，名非虛名，而是實至名歸之名，利非不當之利，而是自己努力所應得的報酬，但老子哲學中告訴我們這些也可以放下。莊子放下的是世俗的名利，但都是虛名假利，因爲他也沒有對社會做出貢獻，甚至以自己的瀟灑之姿，高超的技藝，還可以獲得豐厚的財貨，只是他的作爲無關乎社會世俗之名利，也無關乎人間的道德是非，只是自滿自足逍遙自適而已。老子哲學則不然，損之又損，所損的，就是自己應得的名利，但是老子已經明言，就是要「損之又損，以至無爲」，也就是完全沒有了名利，才能成就社會的事業，才能「無爲而無不爲」。

這是因爲，老子所論都是高階官員的處事原理，你辦成事，而得名利，則天下好事盡叫你得去了，別人豈不忌妒得很，高層就更是好名、好利、好權、好表現且見不得別人好的，也就是會爭權奪利的，因此老子深知要讓利，所有人心的貪慾都在自己所得的讓出中獲得了滿足，別人就再也沒有忌妒、爭鬥的必要了。這就是老子哲學所提出的聖賢的智慧。

眞正成爲聖賢的人，是在操作中落實了天下大利的人，要得天下大利，就在自己讓利，否則權小之徒不會給你機會成就大事業。儒者並非不能讓利，但就在榮譽心的堅持中，不肯降志辱身，因而錯失了爲民服務的實際。儒者這種榮譽心的堅持，適合在基層爲官，基層官員盡可以英雄主義，受人民感念，一旦擠身高層，除非不怕忌憚與忌妒，否則都是要去掉榮譽，低調行事的。社會世俗的虛名必須看破，這是莊子的胸懷，但服務人民的理想必須落實，這是儒者的價值。然而，唯有老子哲學的智慧，才能眞正結合兩者，而超越莊子與儒家。這種智慧表現在一條一條的老子語句中：

「是以聖人處無爲之事，行不言之教，萬物作焉而不辭，生而不有，爲而不恃，功成而弗居。夫唯弗居，是以不去。」[26]

「是以聖人後其身而身先，外其身而身存。非以其無私邪？故能成其私。」[27]

「上善若水。水善利萬物而不爭，處眾人之所惡，故幾於道。」「夫唯不爭，故無尤。」[28]

「何謂貴大患若身？吾所以有大患者，爲吾有身，及吾無身，吾何有患？故貴以身爲天下，若可寄天下；愛以身爲天下，若可託天下。」[29]

「故善人者，不善人之師；不善人者，善人之資。不貴其師，不愛其資，雖智大迷，是謂要妙。」[30]

「天下之至柔，馳騁天下之至堅。無有入無間，吾是以知無爲之有益。不言之教，無爲之益，天下希及之。」[31]

「名與身孰親？身與貨孰多？得與亡孰病？是故甚愛必大廢，多藏必厚亡。知足不辱，知止不殆，可以長久。」[32]

「爲學日益，爲道日損。」「損之又損，以至於無爲。無爲而無不爲。」「取天下，常以無事；及其有事，不足以取天下。」[33]

這些被老子看透澈、講清楚、說明白的道理，之所以成立，就是針對高階層權力人士所說的道理，高層的壞人太多，所以高層的好人更難爲。但是，爲何高層壞人多呢？此暫不表，後文談法家時說明。面對壞人，莊子哲學選擇離去出世，儒者選擇「辟世，辟地，辟人，辟言」，也是避開，只是還在尋找其他可以奉獻的可能，而不輕易出世，因爲還有大倫在。然而老子的智慧告訴儒者，再怎麼樣都還有可爲的空間，只要自己懂得再讓，讓利讓名讓形象讓功勞讓權力讓資源，這就是「損之又損」，自己完全「無爲」了，就能「無有入無間」，那時就能「無爲而無不爲」了，也就是「夫唯不爭，故天下莫能與之爭」。不爭私利，則造福天下公益的權柄就在手中緊緊握住了。這就是聖賢之所以能夠成就事業的道理，也正是老子的哲學超越了儒家與莊子的道理。

這個道理，總結而言，就是老子哲學掌握了人際變化的智巧，從而得以落實儒家的聖賢理想，關鍵在於莊子看破世俗的洞見深入其心，但莊子放棄了，而老子卻仍不放棄。在哲學史的發展中，也許孔老是同時，而莊子晚出。然而，在思想的世界裡，孔子之所見，人生之理想，莊老皆見之，然唯孔子堅守之且講明白了聖賢的理想。莊子之所見，世界之虛妄，孔老亦見之，唯莊子一往直前地走上了棄世出世之思路。老子之所見，既重理想亦見虛妄，孔莊亦見之，唯老子提出的處世治事之智巧，既守理想又顧現實，眞正超越了莊子與孔孟的類型，在世間法中出類拔萃，可謂在好人群中的應世寶典。

那麼，回頭來處理爲何高層多壞人的問題，以及試探解決之道，這就需要從法家的智謀中尋求瞭解了。

法家的特質與對儒家的功用

本節以《韓非子》爲對象而論法家，法家與老子的關係，在《韓非子》書中有〈解老〉〈喻老〉兩篇，〈解老〉論理，語氣不似韓非，冗長叨絮，但直以繼承老子爲宗旨。〈喻老〉以史事證說老文，意旨皆同於其它篇章，當爲韓非之親作無誤。重點是，《韓非子》之書等於是明講繼承老學的發揮，唯《韓非子》重法、重術、重勢，法與勢者皆非老學重點，可以說韓非所發揮的老學思想，成爲重術的智謀了。老子掌握事變的規律，故有應世之智巧，謂其有術，並不爲過，唯僅以行術見之，未免偏歧了。以上說法家與老子哲學的關係。

法家思想，面對戰爭及權臣小人當國之時，思考如何強勢掌握國家體制，以追求富國強兵之局。從對比的角度視之，孔子思考生命的意義，指出人生以服務爲目的，於是進入體制性，成就君子人格。孟子思考人性的本質，提出性善說，支持孔子君子人格的理想，建構人性論。又思考服務社會的終極理想，便是寄望於國君之行仁政愛百姓，以及官員之勇於負責，建構了政治哲學。孔孟思想奠立了做人的根本道理，以及國家社會體制存在的根本目的，可謂理想性哲學。唯對現實問題所談不多，理想在現實中如何操作？現實有些什麼困境？孔孟一旦面對這種問題，都只是以理想的貞定爲思考的出路，卻不能在現實問題的解決上提出對策。王陽明講致良知也是這一路，道德意識精實，但是陽明又有別的能力，他精通兵法，計謀過多，面對戰爭，他是有辦法的，只是面對中央的權力，他也只能退避。至於孔孟，面對戰爭，就沒辦法了。莊子的思考，直接跳出國家社會的存在目的與意義的問題，只管個人生命的伸展，灑落世俗的羈絆，直上青雲，甚至煉成神仙。這畢竟也是面對現實的一種出路，但說到底，這只能是天才的自我出路，而不能是全民的共同理想。老子的思考，爲全民找出路，將孔孟的理想內化入心，對莊子的見識洞察明晰，卻更有見於人事變化的規律，找到知識分子應世治事的智巧，解決了在體制內生存艱難的問題，也掌握了建立事業、照顧百姓的方法。然而，以上都不是法家面對的問題。

法家面對的是國家在征戰中的敗亡之局，奮思有以挽救之道。關鍵就是，權臣當國，挾外自重，竊國自肥。於是君王需有御下之術，首應保勢，其次重法，藉賞罰以明威，從而保勢，至於肆應國際，以及管理臣下，則有多方之術。可以說法家才眞正是最重視現實的學派思想了。孔孟見現實而提理想，莊子見現實而避世，老子見現實而掌握之。但是，儒道所見之現實，都不及法家所見之現實之唯眞實、唯殘酷、唯關係重大，孔子辟世，孟子去齊，莊子出世，老子避昏君權臣小人，然而法家則是面對敵國當前，君位不保，權臣竊國，可以說是現實中之最重的現實，因此便有當務之急。關鍵就在君王的角色扮演上。這一點，孟子所提亦不少，但重點在期許君王行仁政、愛百姓，談的是角色的理想。而法家所提重點在君王御下以保位，重法以治國，用術以勝敵，談的是角色的操作智巧，從而權柄在手，富國強兵。這其中當然預設了福國利民的理想，只是御下之際，深知眾人皆爲名利而來，所以以賞罰約束之而已。

雖然不重德性，但只是說空有品德卻無能力亦是於國家無用之人，並不是否定德性的價值。法家如此現實的思考，可謂務實，文中不見一殘民以逞、欺壓百姓的思想，只是爲面對危急存亡之局，而提出的強勢管理之道。唯一有理論上的問題的，是與儒家辯論時也是誤解儒家，此事見於《韓非子》〈難一二三四〉諸篇。這倒也是法家自己缺乏對比的視野之所致，一味申明己意的同時，卻是誤解而貶抑了儒家。

雖然，《韓非子》書中多有精彩的理論建樹，但其現實，卻是因爲國君貪鄙無能、群臣做亂於下所衍生的思考，韓非都提出了解決的方法，關鍵還是要求國君須是大有爲之人。此處，就是回答聖賢之所以艱難的原因所在了，因爲現實上，國君貪鄙無能，導致群臣做亂於下，這就是爲何高層多壞人的原因，也正是孔子所面對的魯國政情、孟子所面對的齊國政情，以及老子所思考的聖賢智巧之所以必須如此操作的原因。關鍵就是國君多欲以及無能，多欲則群小爲其代言人，無能則權臣爲其發言人，高層充斥著權臣及小人，一旦知識分子當官救國，就沒有能夠不面對權臣小人的，能夠面對權臣小人的知識分子，才能建設事業，造福百姓，不能面對的話，要不出世如莊子，要不辟世如孔孟，更有甚者，就是與其對立而身遭刑戮，如子路之被剁成肉醬。在這樣的時局之中，知識分子從政，便只有老子哲學中的智慧之道才能面對，故而《韓非子》亦以繼承及發揚老子思維爲宗旨，而並不肯定儒家。

可以說，法家又比老子哲學更加務實，因爲他要面對的是高層多壞人的這個更根本的政治現實的問題。如果國君貪鄙多欲又無能昏庸，那麼權臣及小人的存在是必然，孔孟去國，莊子出世，唯有老子哲學提出了應對之道。莫怪乎聖賢難爲，勢必如此委曲求全，方可「無有入無間」。因此對法家而言，國君必須被改造，必須成爲保位御下、富國強兵的強人，只不過，談何容易。韓非自己都說了，「有道術之士」時常被權臣阻隔於外，不能面君，就算面君了，又有多少國主眞有英明之才而能善聽並堪造就的[34]，當然是有，但從歷史上算來，比例低得可憐。然而，不只是法家的理想難以奏效，儒家認爲百姓必須被改造，要教之以孝悌忠信，天下才會太平，這當然也是談何容易。莊子認爲不需要改造什麼了，自己逍遙出世就行了，但有幾人眞能放下世俗評價的束縛，這也談何容易。老子認爲就改造自己吧，像變形蟲一樣適應任何艱困的環境就能救人，但除非是眞聖賢，凡人說說而已，誰眞能不要利益、不要榮譽、不要形象只爲顧全大局，這一樣談何容易。

　　法家提出的解決之道，就在君王角色扮演的具體操作上，可惜依然是一本理論堂皇的巨作，國君也不會深入閱讀而獲得智謀，於是歷史依然如故，一家朝代興起了又衰落。儒者在基層依然充滿了理想，希望改變這個世界，並且自己成爲英雄。自由派人士依然逍遙自顧，追求神仙不死的永恆意境。聖賢依然必須委曲求全，顧全大局，犧牲小我，完成大我。人間的世界似乎循環不變，各家的理論都有道理，但都不全面。理論上各家其實彼此需要，現實上各家誰也顧不了全域，王朝興亡、歷史更迭、人心依然。因爲所有美好的理論與優秀的人品都難以一時匯聚，那麼，政治哲學的最終出路爲何？個人生命的最終出路爲何？

筆者以爲，就前者而言，古代聖賢思想的提出，都是在王朝體制下的思維，或許，源自西方的現代民主共和政體能夠緩解這個問題，因爲問題的關鍵都出在最高領導人本身，一方面政權擁有者有家天下的觀念，難免自私，二方面政權的繼承來自宮廷內部，難免貪鄙無能。對於今日的共和政體而言，至少最高領導者不至於是極無能之輩，國家強盛與否的重點變成政策的方向及治國的策略，相比於古代的國君，問題已經改善很多。當然，衡諸今日的世界各國，民主共和政體也還未達到最終理想的境界，這個問題，眼前是沒有答案了。那麼，個人生命的出路呢？筆者以爲，這就可以參考佛教的意見了。

佛教的思想對儒道法家的超越

本文討論老子哲學對儒家與莊子的超越，意旨已明。爲文繼續討論法家，是要說明聖賢之所以必須具有如此智巧的原因，關鍵就是主上無能，大臣奸惡，而這個問題，是法家更爲直接面對的，解決之道也已提出，現實的效果如何？這是另外的問題。也就在法家的說明中，能清楚看到知識份子面對的體制高層的眞實面貌，莫怪乎聖賢難爲。法家的思考是直接對準君王本身的作爲而發言的，首先指出君王的過錯而有亡國之徵的種種事件[33]，避免了這些個人的過失，便可保位強國。然而史實是，封建政體的君王，一個個還是無法避免這些過錯，人類的歷史也就無止境地政權更迭、王朝興衰。關鍵就是人心的貪慾，以及各種條件不能一時齊備。法家的智謀固然有效，但仍無法擺脫封建君王無能貪鄙的先天結構，就算是民主共和政體了，依然有人心險惡的問題，人類建立的社會，距離理想大同世界尚是十分遙遠，此時，是必須藉由宗教哲學來重新理解這種種的現象與問題了。

宗教固然十分眾多，本文僅以佛教哲學說之，一方面佛教是中國傳統文化中的三大學派之一，早已內化於民族心靈之中，二方面，筆者個人認爲假使有信仰的話，佛教的世界觀及人生的路向之說明，是最能澈底解決問題的理論了。

要認識佛教，關鍵在它的世界觀，基本上就是原始佛教提出的因果業報輪迴的生命觀，在其理論不斷地發展中，佛教宇宙論是大千世界之說，人類所居只是大千世界中的一個國土，尚有眾多的世界國土以及不同種類的眾生，爲人所能得見或根本不能得見，且世界一個個在其自身的成住壞空之中，但因爲有無數個世界，就算這個世界壞空了，還有別的世界存在，於是有許許多多的世界此起彼滅地遞延著，也有無以數計的眾生在各個世界中輪迴流轉著，有情眾生因執著而有各自的業力因緣，國土中的社會，則是眾生共業所成，非單一角色所能決定，其良莠清濁之狀況難以繩計。佛教爲人生指引的出路，就在生命現象的理解與個人努力的超升中，理解一切社會個人的生命與生活狀態，都是無以計數的原因與條件共同構成的，謂之緣起，任何當下的狀態都不必然、不固定、不永恆，因此也就不必執著，隨順即可，一旦隨緣，束縛就斷了，人就沒有憂愁煩惱了，生死貴賤貧富壽夭美醜善惡好壞，一切都不必執著，當知諸法皆空，因爲萬法唯識，因爲都只是自己以爲如此而自我執著而已。小乘佛教主張捨離而解脫，捨離慾望便解脫痛苦，大乘佛教主張理解而救度，理解諸法且幫助他人。能理解生命現象的終極來由，便能不執著而無煩憂，自己不煩憂了，別人還在煩憂，所以應予救度，自己理解就是自覺，救助他人就是覺人，大乘佛法自覺覺人、自度度人，終於爲所有的生命找到最終的出路。畢竟是彼岸永恆的智慧生命，所以出路在彼岸。然而，眾生都是在人間的眾生，一旦生命的視野打開，此岸亦即彼岸，生命是無窮地綿延，好好淨化這個人間的國土，此處就是永恆的彼岸了，這是《維摩結經》中所說的菩薩淨化國土即是佛土的意思[36]。

回頭來面對老子哲學，老子哲學以聖賢的智巧面對世間體制的種種虛妄與難堪，爲了照顧百姓，以知識分子的身分擠身高層，以無私的付出供應所有階層人物的所需，他自身的生命意境是圓滿無缺的，也無所求於天地之間了，問題只是，世界永遠有那麼多的不圓滿，智者永遠都必須如此無私地奉獻以改善之，這世界會變好嗎？本文提出法家的思考，不是說法家的理論能終極解決這些問題，而是法家點出問題的關鍵在領袖，但這可以只是封建王朝的關鍵問題，民主共和政體可以沒有這個問題了，或者問題不再那麼嚴重、那麼關鍵了，當然，私人企業、民間公司行號團體還是會有這個問題，那就用法家的智謀協助解決就好，至於國家體制以及國際社會，顯然沒有因爲人類共同走向民主共和政體就變得完美了，這就說明，人類對於世界的美好的思考還要有更深的層次。這個層次就是對宇宙運行眞相的究明。然而，宇宙的眞相是超越經驗感官知覺的能力的，科學的研究固然有躍進的發展，未知尚且多於已知的。佛教的宇宙觀之所以提出，並非依據科學研究，而是感官能力的直達，感官能力是可以提升的，這就是修行工夫的結果，這是知識論的問題，筆者有專文討論於它處，此處不再深入。重點是，佛教提出的世界觀、宇宙論、生命哲學的意見，說明了這一切社會國土世界的發生演變，都是有情眾生的自我構作而來的，當下理解了就不再做無謂地構作，從而導致傷害與痛苦，終至煩惱不已，那麼要做什麼呢？就是幫助別人理解覺悟。但這也是談何容易啊。佛陀於印度教化眾生，佛教經典於全世界弘揚其說，佛教團體不斷改革發展，時至今日，提出人間佛教之說。就是要在當下的世間，藉由佛化生活的拓展，舉凡飲食閱讀旅遊行業林林總總，都在佛教事業體內進行，讓更多的人以緣起性空、自覺覺人的智慧生活與實踐，這就根本的安頓了人心了。

世界本來就是有情眾生共業所造，什麼帝王的貪鄙無能，權臣小人的犯上做亂，盜匪的橫行，人事的鬥爭，都是眾生執迷下自然的結果，很正常，但其實也是無常，看破了、看透了，就放下得更澈底，眞放下了，榮譽地位權勢財富健康美貌也就更不需執著了，自身生命的自我飽滿也更加充實了。沒有缺欠，就不再外求，覺悟了，就只剩與人相處，且不斷給予而已。這個看破，比莊子的看破還要看破，這個度人救人，比儒家的仁民愛物更深更久，這個無執，比老子的無私無爲更透更明。但是這一整套的智慧，卻是有它在世界的出世間法的背景的，若無這個知識上的信念，是得不到這個智慧的好處的。沒有這個信念其實也無妨，那就在世間法中以老子的智慧用世即可，因爲老子哲學已經是世間法中最終極圓滿的智慧型態了，尙要提出佛學以爲思考的基地，是因爲世間法追問究極之後卻有太多的未解，一是逼入最現實的政權問題而有法家把狀況講清楚了，二是逼入生命最根本的問題而有佛教把眞相說清楚了。然而，沒有掌握國家機器的人，是無法處理根本政權的問題的，一般的人，那怕是最有能力的知識份子，也只能定位自己的角色在老子式的智者狀態中應變處世。而沒有佛教的宗教信仰的人，也無法眞正地接受因果業報輪迴的生命觀，但那也無妨，以老子式的智慧生存在世間，一樣是聖人之位。

結論：

本文之作，以世間法與出世間法的架構，討論老子的哲學思想，主張老子哲學是世間法中最究極的人生智慧，它預設了儒家的仁愛胸懷，也領受了莊子的逍遙精神，卻入世而治事，既免於儒者無可爲時的困境，又不尙莊子出世逍遙的路向，是以謂之老子超越莊子與孔孟。就此而言，老子哲學的智慧型態是聖賢的型態，聖賢者入世救人，以孔孟的儒家爲原型，但老子哲學有其超越之處，關鍵在智巧，關鍵在人心的理解與規律的掌握。可以說是仁民愛物的胸懷加上無爲守弱的智巧，以完成聖賢的角色扮演，這是不同於莊子的天才的型態的，天才者個人完成就是完成了，文學家、藝術家、武功人、特技專家等等都是，個人做到了自己技藝的最頂尖的境界就是天才了，天才是個人的事件，聖賢卻是眾人的事業，天才很好，能夠安頓個人的心靈，聖賢更好，能夠安頓眾人的心靈，因為他無為，也就是無私無我，因此能以「無有入無間」，在夾縫中幫助這個世界，以服務於人民百姓。

老子型態的聖賢之所以必須如此扮演角色，是因為國家體制的問題，古代王朝體制，萬事取決於國君一人，天下安危繫於一人之身，雖然有時候這句話講得是忠臣良相，但這只是講好聽的，歸根結柢，還是繫於君王，法家把這個艱困局面的根本原因說清楚了。儒家要做官，所以不敢批評君王，但是還是有孟子敢於直接說出來。莊子要做隱士，根本無畏君王，所以也是直接說出來。法家愛國心切，必為君王謀，而提出許多的策術。然而，話都說了，君王依然故我。兩千年的王朝體制下，有理想的知識份子若是真要為人民服務，無不需以老子哲學中的智慧型態以應世治事，否則無有能成其功者。

因此，筆者要指出，世間法中要解決在社會體制裡造福人民的問題，以平民知識分子的角色身分來說時，就是老子的聖賢智慧是最究極的了。當然，如果角色本身是生在帝王家的可能繼承者，那自然可以有不同的形態，那就是《周易》乾卦的型態，一路以主角型態扮演，是董事長、理事長、國君、領袖的型態，老子哲學是坤卦型態，平民擔大任的型態，是祕書長、總幹事、總經理、執行長的型態。又如果所面對的是沒有體制的戰亂時期，角色上是要做人民的英雄，要革命起義做開國的君王，這又可以是別的智慧型態了。《人物志》〈英雄篇〉談的項羽、劉邦的優劣高下之說可以參考，此處不宜深入。老子哲學中的智慧，是給身在體制內部的角色人物適用的，至少是要說給不是第一號的人物聽的。並非開國君王不需要謙下無爲，而是他的角色根本關鍵是開創性、指揮性的，是意志堅定地提出方向性的人物，否則不足以爲開國君王。至於那些忍辱負重、委曲求全、任勞任怨、不敢居功的角色，才是老子哲學這種型態的聖賢在作爲的。否則何以「弱者道之用」，「非以其無私耶，故能成其私」，「不敢爲天下先」。

當然，追求帝王事業者在尙未成功達陣之前，也需要這些智慧，然而這恰恰說明了，只要不是天下最有權勢之人，都需要老子型態的智慧。例如「高築牆，廣積糧，緩稱王」之說，就是老學的應用，「柔弱勝剛強」之道，但這也正是在自己並非實力最強的時候的作風，若是湯武革命、楚漢相爭之勢，何來「柔弱勝剛強」？文王時候是「柔弱勝剛強」，尙未形成楚漢相爭局面之前的劉邦是「柔弱勝剛強」，一旦到了武王，到了楚漢之局的劉邦，柔弱是勝不了剛強的。老子哲學中的「弱者道之用」是要掌握之而不是要消滅兼併之，開國帝王的「弱者道之用」只是一時的隱匿之策，最終必然是要將對手消滅之、兼併之的。一味地將老子視爲帝王術之詮釋，不僅將帝王術說偏了，也說偏了老子哲學的聖賢型態。

聖賢不是帝王。當然，聖賢可以爲帝王，一旦聖賢爲帝王而爲聖王時，那就是百姓之福、萬民之慶、國家的最大禮讚了。可惜聖王者少，於是就需要有聖賢，老子哲學就是能完成聖賢型態的哲學智慧，宜予釐清，因爲任何時代都需要有具備這種智慧型態的平民知識分子出來拯救百姓。此外，黃老道家對老學的發展提出君王亦要無爲，但那已經是老學發展下的新思維。《韓非子》的法家思想中也講這種無爲，這是隱匿自己的意圖以完全掌控部屬的意思的無爲，而不是老子哲學原意中的「無私」意思的無爲，歷來多有以帝王術詮解老子文句意旨的作法，但這是黃老道家和法家的型態，不是老學原旨。筆者既不是反對無爲概念可以這樣使用，也不是反對黃老道家和法家的理論，而是要還原老子哲學思維的原型。只有原型確定，才能在使用到它的時候清楚方向，知道它的適用邊界何在，否則包含太多詮釋可能性的理論，一定不是好使用的理論。

聖賢難爲，世間法就是如此，想解脫世間的束縛，那就只有出世間法了。佛教思想是出世間法的哲學，但涉及它在世界的信仰，信與不信沒有定然之數，有緣份的人信了而有以用爲生存之道，若是無緣於此信仰的人，而本身又是有理想的人，對世間懷抱熱情與胸懷的人，那麼老子哲學式的聖賢思想，就是這個生命的最高終趣了。

註釋：

❶本文爲參加「第二屆老子與道教文化國際學術論壇」而作，中國人民大學哲學院道教文化研究中心主辦。會議日期：2018年3月31日，地點：安徽。

❷參見《論語・微子第十八》「長沮桀溺耦而耕」「子路從而後遇丈人」兩文。

❸參見《莊子・人間世》「孔子適楚，楚狂接輿遊其門曰」一文。

❹參見《韓非子・難一、難二、難三、難四、難勢、問辯》諸篇。

❺參見《墨子・非儒》篇。

❻參見《漢書・藝文志》。

❼《論語・先進篇》。

❽《論語・泰伯篇》。

❾《莊子・人間世》。

❿《論語・微子篇》

⓫《論語・憲問》

⓬《莊子・養生主》

⓭《莊子・逍遙遊》

⓮《孟子・公孫丑上》

⑮《孟子・公孫丑上》
⑯《論語・微子篇》
⑰《論語・微子篇》
⑱《孟子・公孫丑下》
⑲《老子・四十四章》
⑳《論語・微子》
㉑《老子・十九章》
㉒《老子・三十章》
㉓《老子・四十三章》：「天下之至柔，馳騁天下之至堅。无有入无間，吾是以知无爲之有益。不言之教，无爲之益天下希及之。」
㉔《莊子・應帝王》
㉕《莊子・德充符》
㉖《老子・第二章》
㉗《老子・第七章》
㉘《老子・第八章》
㉙《老子・第十三章》

❸⓪《老子‧二十七章》

❸①《老子‧四十三章》

❸②《老子‧四十四章》

❸③《老子‧四十八章》

❸④參見：「此十數人者，皆世之仁賢忠良有道術之士也，不幸而遇悖亂闇惑之主而死，然則雖賢聖不能逃死亡避戮辱者何也？則愚者難說也，故君子不少也。且至言忤於耳而倒於心，非賢聖莫能聽，願大王熟察之也。」《韓非子‧難言篇》

❸⑤參見《韓非子‧亡徵篇》

❸⑥參見：爾時長者子寶積說此偈已，白佛言：「世尊，是五百長者子，皆已發阿耨多羅三藐三菩提心，願聞得佛國土清淨，唯願世尊，說諸菩薩淨土之行。」佛言：「善哉，寶積，乃能為諸菩薩，問於如來淨土之行，諦聽，諦聽，善思念之，當為汝說。」於是寶積及五百長者子，受教而聽。佛言：「寶積，眾生之類，是菩薩佛土。所以者何？菩薩隨所化眾生，而取佛土；隨所調伏眾生，而取佛土；隨諸眾生，應以何國入佛智慧，而取佛土；隨諸眾生，應以何國起菩薩根，而取佛土。所以者何？菩薩取於淨國，皆為饒益諸眾生故。譬如有人，欲於空地，造立宮室，隨意無礙；若於虛空，終不能成。菩薩如是，為成就眾生故，願取佛國；願取佛國者，非於空也。」《維摩詰經》

抱樸講堂簡介

抱樸講堂以上海交通大學特聘教授杜保瑞爲本講堂主講老師；以舉辦國學經典課程，培養「正確理解，準確詮釋」國學經典的國學師資人才爲重點，提升國民人文素養，助力國家偉大復興。

老子《道德經》有言：「見素抱樸，修己利人」。儒家《大學》有言：「格致誠正，修齊治平」。秉持中國傳統文化的優點，所開辦之「抱樸講堂」，旨在帶領大家深入國學經典，領略中華智慧寶庫。修爲自己，利益他人。

【願景】

做中國最專業、最實用的國學講堂

【使命】

培養國學經典師資人才，傳播中華優秀傳統文化

【理念】

務實讀書，深入經典，爲我所用，服務社會

抱樸講堂・勤學頌

凡我中華人，經典必學習
哲學為進路，義理務清晰
勤學在私塾，用功長友誼
三教免辯證，諸法皆通理

國家圖書館出版品預行編目資料

反者道之動 / 杜保瑞著. --初版. --新北市：華夏出版有限公司,
2024.06
面；　　公分. --（抱樸文庫；001）
ISBN 978-626-7393-43-7（平裝）
1.CST：（周）李耳 2.CST：道德經
3.CST：先秦哲學 4.CST：研究考訂

121.31　　113002673

抱樸文庫 001

反者道之動

著　　作　杜保瑞
出　　版　華夏出版有限公司
　　　　　220 新北市板橋區縣民大道 3 段 93 巷 30 弄 25 號 1 樓
　　　　　電話：02-32343788　傳眞：02-22234544
E-mail　pftwsdom@ms7.hinet.net
印　　刷　百通科技股份有限公司
　　　　　電話：02-86926066　傳眞：02-86926016
總 經 銷　貿騰發賣股份有限公司
　　　　　新北市 235 中和區立德街 136 號 6 樓
　　　　　電話：02-82275988　傳眞：02-82275989
　　　　　網址：www.namode.com
版　　次　2024 年 6 月初版一刷
特　　價　新台幣 680 元
　　　　　人民幣 160 元（缺頁或破損的書，請寄回更換）

ISBN-13：978-626-7393-43-7